Beck'sche Musterverträge, Band 5

Graf von Westphalen: Allgemeine Einkaufsbedingungen

Allgemeine Einkaufsbedingungen

von

Dr. Friedrich Graf von Westphalen

Rechtsanwalt in Köln

2., überarbeitete Auflage

C. H. Beck'sche Verlagsbuchhandlung
München 1997

CIP-Titelaufnahme der Deutschen Bibliothek

Westphalen, Friedrich von:
Allgemeine Einkaufsbedingungen / von Friedrich Graf von Westphalen. – 2., überarb. Aufl. – München : Beck, 1997
(Beck'sche Musterverträge ; Bd. 5)
ISBN 3-406-42583-6

ISBN 3 406 42583 6

© 1997 C. H. Beck'sche Verlagsbuchhandlung (Oscar Beck), München
Satz und Druck: Appl, Wemding
Gedruckt auf säurefreiem, alterungsbeständigem Papier
(hergestellt aus chlorfrei gebleichtem Zellstoff)

Inhaltsverzeichnis

A. Einleitung und Textabdruck

I. Einleitung 1
II. Textabdruck der Allgemeinen Einkaufsbedingungen 2

B. Allgemeine Einkaufsbedingungen mit Erläuterungen

§ 1 Allgemeines – Geltungsbereich 7
1. Qualifikation und Vertragsbedingungen als AGB-Klauseln 8
2. Die Voraussetzungen des „Aushandelns" von AGB gemäß § 1 Abs. 2 AGBG – Grenzziehung zur Individualabrede 11
3. Die Einbeziehung von AGB im kaufmännischen Verkehr 13
4. Das kaufmännische Bestätigungsschreiben – Einbeziehung von AGB 19
5. Die Kollision von Bedingungen 22
6. Die Schriftformklauseln 28
7. Geltungsbereich der AGB 35
8. Einbeziehung im nicht-kaufmännischen Verkehr 36

§ 2 Angebot – Angebotsunterlagen 39
1. Die Angebotsbindung 40
2. Angebotsklauseln – Vertragsabschlußklauseln 43
3. Angebotsunterlagen 44
4. Angebotsbindung im nicht-kaufmännischen Verkehr 44
5. Änderungsbefugnisse 45

§ 3 Preise – Zahlungsbedingungen 45
1. Der Preis 46
2. Preisanpassungsklauseln 51
3. Aufrechnungs- und Zurückbehaltungsrechte 51
4. Zahlungsverzug 54

§ 4 Lieferzeit 56
1. Bestimmung der Lieferzeit 56
2. Der Tatbestand der Unmöglichkeit 58
3. Lieferverzug – Voraussetzungen 59
4. Annahmeverzug des Bestellers 61
5. Verschulden – Vertretenmüssen 63
6. Unmöglichkeit – Rechtsfolgen 66
7. Lieferverzug – Rechtsfolgen 66

Inhaltsverzeichnis

8. Verzug des Bestellers – Mitwirkungspflichten 67
9. Nachfrist/Ablehnungsandrohnung – weitere Rechte 68
10. Klauselgestaltungen 70
11. Das kaufmännische Fixgeschäft 73
12. Änderungsbefugnis 74
13. Pauschalierter Schadensersatz/Vertragsstrafe 75

§ 5 Gefahrenübergang – Dokumente 79
1. Erfüllungsort 79
2. Gefahrenübergang 82

§ 6 Mängeluntersuchung – Gewährleistung 83
1. Mängeluntersuchung – Mängelrüge 84
2. Die Rügeobliegenheit 85
3. Gewährleistung – Fehlerhaftung 96
4. Eigenschaftszusicherungen 97
5. Mangelbeseitigung 99
6. Das „Fehlschlagen" der Mangelbeseitigung 100
7. Das Institut der positiven Vertragsverletzung 101
8. Schadensersatz – Eigenschaftszusicherungen 104
9. Wandelung – Minderung 107
10. Gewährleistungs- und Verjährungsfrist 110
11. Die Mängeluntersuchungs- und Rügepflicht 111
12. Qualitätssicherungsvereinbarungen 113
13. Garantien 114
14. Die Haltbarkeitsgarantie 116
15. Typische Gewährleistungsregelungen – AGB-Gesichtspunkte ... 118

§ 7 Produkthaftung – Freistellung – Haftpflichtversicherungsschutz ... 123

§ 8 Schutzrechte 128
1. Rechtsmängelhaftung 128
2. Klauselgestaltung 129

§ 9 Eigentumsvorbehalt – Beistellung – Werkzeuge – Geheimhaltung .. 131
1. Eigentumsvorbehalt 132
2. Werkzeuge – Auftragsfertigung – Geheimhaltung 133

§ 10 Gerichtsstand – Erfüllungsort 135
1. Gerichtsstandsklauseln 135
2. Salvatorische Klauseln 136
3. Trennbarkeit von AGB-Klauseln 137
4. Ersatz-AGB 138
5. Erfüllungsklauseln 138
6. Nicht-kaufmännischer Verkehr 138

C. Sachregister 139

A. Einleitung und Textabdruck

I. Einleitung

Es ist in der Tat ein erstaunliches Phänomen: Nahezu jedes Unternehmen verfügt über eigene Einkaufs-AGB; gleichwohl sind Entscheidungen zur Wirksamkeitskontrolle von Einkaufs-AGB gemäß § 9 AGB – im Verhältnis zur Inhaltskontrolle von Verkaufs-AGB – ausgesprochen selten. Dies ist – die Praxis bestätigt es regelmäßig – darauf zurückzuführen, daß sich Einkäufer mit ihren Lieferanten leichter „arrangieren" als im umgekehrten Fall. Die Gewißheit, wer über die Kasse verfügt, macht offenbar gefügig; und das Interesse, auch künftig miteinander Geschäfte zu machen, wirkt als dominantes Regulativ.

Dennoch ist unumwunden einzuräumen, daß die Verlockung zur Risikoverlagerung – und damit die Abweichung vom dispositiven Recht des BGB/HGB – in Einkaufs-AGB so hoch ist wie nirgendwo sonst.[1] Dem steht freilich seit Jahren die zwingende Norm von § 9 AGBG entgegen. Gleichwohl hat sich in Einkaufs-AGB seit dem Inkrafttreten des AGBG im Vergleich zu den Verkaufs-AGB nur mäßig viel geändert; alles bleibt beim alten: Verstöße in Einkaufs-AGB gegen § 9 AGBG sind an der Tagesordnung.

Ziel und Zweck dieser Abhandlung ist es, hier ein wenig gegenzusteuern – dem Ziel verpflichtet, auch bei der Gestaltung von Einkaufs-AGB sicherzustellen, daß die Normen des dispositiven Rechts das zentrale Wertungsmaterial sind, welches zur richterlichen Inhaltskontrolle von Einkaufs-AGB gemäß § 9 AGBG heranzuziehen ist. Dabei ist freilich eines sicher: Die verwirrende Vielgestalt, welche die BGH-Judikatur zu einer Wirksamkeitskontrolle von Verkaufs-AGB charakterisiert, findet sich bei Einkaufs-AGB nicht. Es ist nicht die Kontroverse in Rechtsprechung und Wissenschaft, die hier dominiert. Bei der Gestaltung von Einkaufs-AGB sind es vielmehr nur die Spezialkommentierungen, auf die bei der Kontrolle von Einkaufs-AGB abzuheben ist.[2] Zugegeben: Hier ist ein begrenztes Unterfangen angesagt, aber durchaus ein lohnendes – im Interesse einer größeren Fairneß bei der Gestaltung der Einkaufs-AGB.

---

1. Ulmer/Brandner/Hensen, AGBG, 7. Aufl., Anh. zu §§ 9–11 Rdnrn. 295.
2. Heinze, NJW 1973, 2182; Thamm/Hesse, BB 1979, 1583; Graf von Westphalen, ZIP 1984, 529; selbstverständlich finden sich in den einschlägigen AGB-Kommentaren entsprechende Ausführungen zu Einkaufs-AGB: Ulmer/Brandner/Hensen, AGBG, Anh. zu §§ 9–11 Rdnrn. 295 ff.; Wolf/Horn/Lindacher, AGBG, 3. Aufl., § 9 E 61 ff.; insbesondere AGB-Klauselwerke/Graf von Westphalen – Einkaufsbedingungen Rdn. 1 ff.

II. Textabdruck der Allgemeinen Einkaufsbedingungen

Allgemeine Einkaufsbedingungen

I. Text gut lesbar auf der **Vorderseite** der Bestellung:
„Wir bestellen hiermit bei Ihnen unter ausschließlicher Geltung unserer rückseitig abgedruckten Einkaufsbedingungen."
II. Text gut lesbar auf der **Rückseite** der Bestellung.

§ 1
Allgemeines – Geltungsbereich

(1) Unsere Einkaufsbedingungen gelten ausschließlich; entgegenstehende oder von unseren Einkaufsbedingungen abweichende Bedingungen des Lieferanten erkennen wir nicht an, es sei denn, wir hätten ausdrücklich schriftlich ihrer Geltung zugestimmt. Unsere Einkaufsbedingungen gelten auch dann, wenn wir in Kenntnis entgegenstehender oder von unseren Einkaufsbedingungen abweichender Bedingungen des Lieferanten die Lieferung des Lieferanten vorbehaltlos annehmen.

(2) Alle Vereinbarungen, die zwischen uns und dem Lieferanten zwecks Ausführung dieses Vertrages getroffen werden, sind in diesem Vertrag schriftlich niederzulegen.

(3) Unsere Einkaufsbedingungen gelten nur gegenüber Kaufleuten im Sinn von § 24 AGBG.

(4) Unsere Einkaufsbedingungen gelten auch für alle künftigen Geschäfte mit dem Lieferanten.

§ 2
Angebot – Angebotsunterlagen

(1) Der Lieferant ist verpflichtet, unsere Bestellung innerhalb einer Frist von 2 Wochen anzunehmen.

(2) An Abbildungen, Zeichnungen, Berechnungen und sonstigen Unterlagen behalten wir uns Eigentums- und Urheberrechte vor; sie dürfen Dritten ohne unsere ausdrückliche schriftliche Zustimmung nicht zugänglich gemacht werden. Sie sind ausschließlich für die Fertigung auf Grund unserer Bestellung zu verwenden; nach Abwicklung der Bestellung sind sie uns unaufgefordert zurückzugeben. Dritten gegenüber sind sie geheimzuhalten, insoweit gilt ergänzend die Regelung von § 9 Abs. (4).

§ 3
Preise – Zahlungsbedingungen

(1) Der in der Bestellung ausgewiesene Preis ist bindend. Mangels abweichender schriftlicher Vereinbarung schließt der Preis Lieferung „frei Haus", einschließlich Verpackung ein. Die Rückgabe der Verpackung bedarf besonderer Vereinbarung.

(2) Die gesetzliche Mehrwertsteuer ist im Preis enthalten.

(3) Rechnungen können wir nur bearbeiten, wenn diese – entsprechend den Vorgaben in unserer Bestellung – die dort ausgewiesene Bestellnummer angeben; für alle wegen Nichteinhaltung dieser Verpflichtung entstehenden Folgen ist der Lieferant verantwortlich, soweit er nicht nachweist, daß er diese nicht zu vertreten hat.

(4) Wir bezahlen, sofern nichts anderes schriftlich vereinbart ist, den Kaufpreis innerhalb von 14 Tagen, gerechnet ab Lieferung und Rechnungserhalt, mit 2% Skonto oder innerhalb von 30 Tagen nach Rechnungserhalt netto.

(5) Aufrechnungs- und Zurückbehaltungsrechte stehen uns in gesetzlichem Umfang zu.

§ 4
Lieferzeit

(1) Die in der Bestellung angegebene Lieferzeit ist bindend.

(2) Der Lieferant ist verpflichtet, uns unverzüglich schriftlich in Kenntnis zu setzen, wenn Umstände eintreten oder ihm erkennbar werden, aus denen sich ergibt, daß die bedungene Lieferzeit nicht eingehalten werden kann.

(3) Im Falle des Lieferverzuges stehen uns die gesetzlichen Ansprüche zu. Insbesondere sind wir berechtigt, nach fruchtlosem Ablauf einer angemessenen Nachfrist Schadensersatz wegen Nichterfüllung zu verlangen.

§ 5
Gefahrenübergang – Dokumente

(1) Die Lieferung hat, sofern nichts anderes schriftlich vereinbart ist, frei Haus zu erfolgen.

(2) Der Lieferant ist verpflichtet, auf allen Versandpapieren und Lieferscheinen exakt unsere Bestellnummer anzugeben; unterläßt er dies, so sind Verzögerungen in der Bearbeitung nicht von uns zu vertreten.

§ 6
Mängeluntersuchung – Gewährleistung

(1) Wir sind verpflichtet, die Ware innerhalb angemessener Frist auf etwaige Qualitäts- und Quantitätsabweichungen zu prüfen; die Rüge ist rechtzeitig, sofern sie innerhalb einer Frist von 5 Arbeitstagen, gerechnet ab Wareneingang oder bei versteckten Mängeln ab Entdeckung, beim Lieferanten eingeht.

(2) Die gesetzlichen Gewährleistungsansprüche stehen uns ungekürzt zu; unabhängig davon sind wir berechtigt, vom Lieferanten nach unserer Wahl Mangelbeseitigung oder Ersatzlieferung zu verlangen. In diesem Fall ist der Lieferant verpflichtet, alle zum Zweck der Mangelbeseitigung oder der Ersatzlieferung erforderlichen Aufwendungen zu tragen. Das Recht auf Schadensersatz, insbesondere das auf Schadensersatz wegen Nichterfüllung bleibt ausdrücklich vorbehalten.

(3) Die Gewährleistungsfrist beträgt 24 Monate, gerechnet ab Gefahrenübergang.

§ 7
Produkthaftung – Freistellung – Haftpflichtversicherungsschutz

(1) Soweit der Lieferant für einen Produktschaden verantwortlich ist, ist er verpflichtet, uns insoweit von Schadensersatzansprüchen Dritter auf erstes Anfordern freizustellen, als die Ursache in seinem Herrschafts- und Organisationsbereich gesetzt ist und er im Außenverhältnis selbst haftet.

(2) Im Rahmen seiner Haftung für Schadensfälle im Sinn von Abs. (1) ist der Lieferant auch verpflichtet, etwaige Aufwendungen gemäß §§ 683, 670 BGB sowie gemäß §§ 830, 840, 426 BGB zu erstatten, die sich aus oder im Zusammenhang mit einer von uns durchgeführten Rückrufaktion ergeben. Über Inhalt und Umfang der durchzuführenden Rückrufmaßnahmen werden wir den Lieferanten – soweit möglich und zumutbar – unterrichten und ihm Gelegenheit zur Stellungnahme geben. Unberührt bleiben sonstige gesetzliche Ansprüche.

(3) Der Lieferant verpflichtet sich, eine Produkthaftpflicht-Versicherung mit einer Deckungssumme von DM 10 Mio. pro Personenschaden/Sachschaden – pauschal – zu unterhalten; stehen uns weitergehende Schadensersatzansprüche zu, so bleiben diese unberührt.

§ 8
Schutzrechte

(1) Der Lieferant steht dafür ein, daß im Zusammenhang mit seiner Lieferung keine Rechte Dritter innerhalb der Bundesrepublik Deutschland verletzt werden.

(2) Werden wir von einem Dritten dieserhalb in Anspruch genommen, so ist der Lieferant verpflichtet, uns auf erstes schriftliches Anfordern von diesen Ansprüchen freizustellen; wir sind nicht berechtigt, mit dem Dritten – ohne Zustimmung des Lieferanten – irgendwelche Vereinbarungen zu treffen, insbesondere einen Vergleich abzuschließen.

(3) Die Freistellungspflicht des Lieferanten bezieht sich auf alle Aufwendungen, die uns aus oder im Zusammenhang mit der Inanspruchnahme durch einen Dritten notwendigerweise erwachsen.

§ 9
Eigentumsvorbehalt – Beistellung – Werkzeuge – Geheimhaltung

(1) Sofern wir Teile beim Lieferanten beistellen, behalten wir uns hieran das Eigentum vor. Verarbeitung oder Umbildung durch den Lieferanten werden für uns vorgenommen. Wird unsere Vorbehaltsware mit anderen, uns nicht gehörenden Gegenständen verarbeitet, so erwerben wir das Miteigentum an der neuen Sache im Verhältnis des Wertes unserer Sache (Einkaufspreis zuzüglich MwSt) zu den anderen verarbeiteten Gegenständen zur Zeit der Verarbeitung.

(2) Wird die von uns beigestellte Sache mit anderen, uns nicht gehörenden Gegenständen untrennbar vermischt, so erwerben wir das Miteigentum an der neuen Sache im Verhältnis des Wertes der Vorbehaltssache (Einkaufspreis zuzüglich MwSt) zu den anderen vermischten Gegenständen zum Zeitpunkt der Vermischung. Erfolgt die Vermischung in der Weise, daß die Sache des Lieferanten als Hauptsache anzusehen ist, so gilt als vereinbart, daß der Lieferant uns anteilmäßig Miteigentum überträgt; der Lieferant verwahrt das Alleineigentum oder das Miteigentum für uns.

(3) An Werkzeugen behalten wir uns das Eigentum vor; der Lieferant ist verpflichtet, die Werkzeuge ausschließlich für die Herstellung der von uns bestellten Waren einzusetzen. Der Lieferant ist verpflichtet, die uns gehörenden Werkzeuge zum Neuwert auf eigene Kosten gegen Feuer-, Wasser- und Diebstahlsschäden zu versichern. Gleizeitig tritt der Lieferant uns schon jetzt alle Entschädigungsansprüche aus dieser Versicherung ab; wir nehmen die Abtretung hiermit an. Der Lieferant ist verpflichtet, an unseren Werkzeugen etwa erforderliche Wartungs- und Inspektionsarbeiten sowie alle Instandhaltungs- und Instandsetzungsarbeiten auf eigene Kosten rechtzeitig durchzuführen. Etwaige Störfälle hat er uns sofort anzuzeigen; unterläßt er dies schuldhaft, so bleiben Schadensersatzansprüche unberührt.

(4) Der Lieferant ist verpflichtet, alle erhaltenen Abbildungen, Zeichnungen, Berechnungen und sonstigen Unterlagen und Informationen strikt geheimzuhalten. Dritten dürfen sie nur mit unserer ausdrücklichen Zustimmung offengelegt werden. Die Geheimhaltungsverpflichtung gilt

auch nach Abwicklung dieses Vertrages; sie erlischt, wenn und soweit das in den überlassenen Abbildungen, Zeichnungen, Berechnungen und sonstigen Unterlagen enthaltene Fertigungswissen allgemein bekannt geworden ist.

(5) Soweit die uns gemäß Abs. (1) und/oder Abs. (2) zustehenden Sicherungsrechte den Einkaufspreis aller unserer noch nicht bezahlten Vorbehaltswaren um mehr als 20 % übersteigt, sind wir auf Verlangen der Lieferanten zur Freigabe der Sicherungsrechte nach unserer Wahl verpflichtet.

§ 10
Gerichtsstand – Erfüllungsort

(1) Sofern der Lieferant Vollkaufmann ist, ist unser Geschäftssitz Gerichtsstand; wir sind jedoch berechtigt, den Lieferanten auch an seinem Wohnsitzgericht zu verklagen.

(2) Sofern sich aus der Bestellung nichts anderes ergibt, ist unser Geschäftssitz Erfüllungsort.

B. Allgemeine Einkaufsbedingungen mit Erläuterungen

Allgemeine Einkaufsbedingungen

I. Text gut lesbar auf der Vorderseite der Bestellung:
„Wir bestellen hiermit bei Ihnen unter ausschließlicher Geltung unserer rückseitig abgedruckten Einkaufsbedingungen."

II. Text gut lesbar auf der Rückseite der Bestellung.

§ 1
Allgemeines – Geltungsbereich

(1) Unsere Einkaufsbedingungen gelten ausschließlich; entgegenstehende oder von unseren Einkaufsbedingungen abweichende Bedingungen des Lieferanten erkennen wir nicht an, es sei denn, wir hätten ausdrücklich schriftlich ihrer Geltung zugestimmt. Unsere Einkaufsbedingungen gelten auch dann, wenn wir in Kenntnis entgegenstehender oder von unseren Einkaufsbedingungen abweichender Bedingungen des Lieferanten die Lieferung des Lieferanten vorbehaltlos annehmen.

(2) Alle Vereinbarungen, die zwischen uns und dem Lieferanten zwecks Ausführung dieses Vertrages getroffen werden, sind in diesem Vertrag schriftlich niederzulegen.

(3) Unsere Einkaufsbedingungen gelten nur gegenüber Kaufleuten im Sinn von § 24 AGBG.

Zusätzlich, falls laufende Geschäftsbeziehungen mit dem betreffenden Lieferanten sicher sind:

(4) Unsere Einkaufsbedingungen gelten auch für alle künftigen Geschäfte mit dem Lieferanten.

- Alternativen *für den nicht-kaufmännischen Verkehr:* Text gemäß Ziff. I und II; von § 1 nur Abs. (2).

Inhalt der Erläuterungen zu § 1:

1. Qualifikation von Vertragsbedingungen als AGB-Klauseln
2. Die Voraussetzungen des „Aushandelns" von AGB gemäß § 1 Abs. 2 AGBG – Grenzziehung zur Individualabrede
3. Die Einbeziehung von AGB im kaufmännischen Verkehr
4. Das kaufmännische Bestätigungsschreiben – Einbeziehung von AGB
5. Die Kollision von Bedingungen
6. Schriftformklauseln
7. Geltungsbereich der AGB
8. Einbeziehung im nicht-kaufmännischen Verkehr

1. Qualifikation von Vertragsbedingungen als AGB-Klauseln

Wenn ein Besteller Allgemeine Einkaufsbedingungen (AGB) verwendet, handelt es sich stets um **AGB-Klauseln** im Sinn von § 1 Abs. 1 AGBG. Diese AGB sind deshalb „Vertragsbedingungen" im Sinn von § 1 Abs. 1 AGBG, weil damit alle Regelungen erfaßt werden, die Inhalt des zwischen dem AGB-Verwender/Besteller und seinem Vertragspartner zu schließenden Rechtsgeschäfts sind.[1] Auch Klauseln, die unmittelbar den Vertragsabschluß betreffen, sind als AGB-Klauseln im Sinn § 1 AGBG einzuordnen.[2] Daraus folgt: Auch die auf der **Vorderseite** der Bestellung anzubringende Hinweisklausel, daß sich nämlich der jeweilige Kaufvertrag nach den AGB des Bestellers abwickelt, ist ihrerseits AGB-Klausel im Sinn der Legaldefinition des § 1 Abs. 1 AGBG.[3]

a) Aus den Merkmalen des „Stellens" in § 1 Abs. 1 AGBG – der Besteller als AGB-Verwender muß der anderen Vertragspartei, dem Lieferanten, bei Abschluß des Vertrages vorformulierte Vertragsbedingungen „stellen" – folgt, daß als AGB im Sinn von § 1 Abs. 1 AGBG nur solche Vertragsbedingungen anzusehen sind, die aufgrund des Willens des AGB-Verwenders und damit auf rechtsgeschäftlicher Grundlage Vertragsinhalt werden sollen.[4] Aber nicht nur schuldrechtliche, sondern auch sachenrechtliche Verträge, wie zum Beispiel die dingliche Einigung beim Eigentumsübergang gemäß §§ 929 ff. BGB,[5] fallen in den Anwendungsbereich von § 1 Abs. 1 AGBG.

b) Vertragsbedingungen als AGB-Klauseln im Sinn von § 1 Abs. 1 AGBG liegen jedoch nur dann vor, wenn sie auch „**vorformuliert**" sind. Dies ist immer dann zu bejahen, wenn sie – vor Abschluß des Einzelvertrages – aufgestellt wurden, um in künftigen Verträgen Verwendung zu finden. Dabei ist es gleichgültig, ob die Vorformulierung durch den AGB-Verwender/Besteller selbst oder durch einen Dritten bewerkstelligt wurde, zum Beispiel bei der Übernahme eines Mustervertrages oder einzelner Musterklauseln. In welcher Weise das Vorformulieren stattgefunden hat, ist ebenfalls irrelevant. Daher liegt ein Vorformulieren im Sinn von § 1 Abs. 1 AGBG vor, wenn AGB gedruckt, fotokopiert, von einem Schreibautomaten übernommen oder in sonstiger Weise vervielfältigt worden sind.[6] Nach der Auffassung des BGH[7] reicht es sogar aus, wenn die AGB-Klauseln im Gedächtnis des Verwenders

---

1. Wolf/Horn/Lindacher, AGBG, § 1 Rdnr. 6; Ulmer/Brandner/Hensen, AGBG, § 1 Rdnr. 9.
2. BGHZ 104, 95, 98 f.; Grunewald, ZIP 1987, 353, 356.
3. BGH ZIP 1981, 446.
4. Wolf/Horn/Lindacher, AGBG, § 1 Rdnr. 7; Ulmer/Brandner/Hensen, AGBG, § 1 Rdnr. 15.
5. BGH NJW 1985, 1836, 1837.
6. OLG Hamm, NJW-RR 1988, 726; OLG Frankfurt NJW 1991, 1489, 1490.
7. BGH NJW 1988, 410; BGH NJW 1992, 2759.

1. Qualifikation von Vertragsbedingungen als AGB-Klauseln

gespeichert worden sind.[8] Demgegenüber liegen dann die Voraussetzungen des Vorformulierens von AGB-Klauseln im Sinn von § 1 Abs. 1 AGBG nicht vor, wenn die AGB für den speziellen Vertragsabschluß entworfen worden sind.[9] Daraus folgt: Der Einzelvertrag – und die ausschließlich hierfür entwickelten Klauseln – unterfallen nicht der AGB-Definition des § 1 Abs. 1 AGBG; sie sind klassische Individualverträge. Wird jedoch dieser Vertrag oder einzelne Klauseln später – gleichgültig, aus welchen Gründen – gegenüber anderen Dritten oder gegenüber dem gleichen Lieferanten[10] verwendet, so ist insoweit – vom Tatbestandselement der „Vielzahl" abgesehen (hierzu sub c) dem Tatbestandselement des „Vorformulierens" von § 1 Abs. 1 AGBG Genüge getan.[11] Ein „Vorformulieren" kann wiederum zweifelhaft sein, wenn in einem Formular dem Vertragspartner des Verwenders Wahlmöglichkeiten belassen werden. Dabei handelt es sich um AGB im Sinn von § 1 Abs. 1 AGBG, wenn der Vorschlag des Verwenders durch die Gestaltung im Vordergrund steht und die anderen Wahlmöglichkeiten überlagert.[12]

c) § 1 Abs. 1 AGBG verlangt des weiteren, daß das Vorformulieren für eine „Vielzahl" von Verträgen erfolgen muß. Strittig ist, ob der AGB-Verwender insoweit von vornherein die Absicht haben muß, die vorformulierten AGB auch für andere Verwendungsfälle – also: für eine Vielzahl – einzusetzen,[13] oder ob es darauf ankommt, daß der AGB-Verwender die betreffenden AGB tatsächlich für eine Vielzahl eingesetzt hat.[14] Der ersten Auffassung ist zu folgen, weil nur so – bei gegebener Absicht künftiger Verwendung von AGB-Klauseln – sichergestellt ist, daß die Inhaltskontrolle von AGB-Klauseln nicht zu einer Privilegierung der ersten Verwendungsfälle führt.

Nicht erforderlich ist, daß eine „unbestimmte" Vielzahl von Verwendungsfällen vom AGB-Verwender in Betracht gezogen wird.[15] Vielmehr gilt: Das Kriterium der Vielzahl im Sinn von § 1 Abs. 1 AGBG ist immer dann erfüllt, wenn AGB-Klauseln mindestens in drei Fällen Verwendung gefunden haben.[16] Dies entspricht auch der Tendenz der Literatur.[17] Dabei ist

---

8. Wolf/Horn/Lindacher, AGBG, § 1 Rdnr. 12; Palandt/Heinrichs, AGBG, § 1 Rdnr. 5; a. M. Staudinger/Schlosser, AGBG, § 1 Rdnr. 16.
9. BGH NJW-RR 1988, 57; Ulmer/Brandner/Hensen, AGBG, § 1 Rdnr. 21; Wolf/Horn/Lindacher, AGBG, § 1 Rdnr. 12.
10. BGH NJW 1979, 367.
11. Ulmer/Brandner/Hensen, AGBG, § 1 Rdnr. 22; Wolf/Horn/Lindacher, AGBG, § 1 Rdnr. 12.
12. BGH NJW 1996, 1676, 1677; BGH NJWE-VHR 1996, 25; BGH NJWE-VHR 1996, 73.
13. Wolf/Horn/Lindacher, AGBG, § 1 Rdnr. 13; Palandt/Heinrichs, AGBG, § 1 Rdnr. 6; Staudinger/Schlosser, AGBG, § 1 Rdnr. 14; Ulmer/Brandner/Hensen, AGBG, § 1 Rdnr. 23; Michalski/Römermann ZIP 1993, 1434.
14. Löwe/Graf von Westphalen/Trinkner, AGBG, § 1 Rdnr. 8.
15. Palandt/Heinrichs, AGBG, § 1 Rdnr. 6.
16. BGH WM 1984, 1610: LG Konstanz, BB 1981, 1420.
17. Palandt/Heinrichs, AGBG, § 1 Rdnr. 6; Ulmer/Brandner/Hensen, AGBG, § 1 Rdnr. 25; Wolf/Horn/Lindacher, AGBG, § 1 Rdnr. 14.

es unerheblich, ob diese Verträge dem Massengeschäft oder selteneren Rechtsgeschäften zuzurechnen sind, wie zum Beispiel einem Lizenzvertrag oder einem Handelsvertretervertrag.

d) Gemäß § 1 Abs. 1 Satz 2 AGBG ist es gleichgültig, ob die als AGB-Klauseln zu qualifizierenden Vertragsbestimmungen mit dem Vertrag eine Einheit bilden oder äußerlich getrennt sind; und es ist des weiteren unerheblich, welchen Umfang die AGB-Klauseln aufweisen, in welcher Schriftart sie verfaßt sind und welche Form der Vertrag hat. Bereits das Wort „Gerichtsstand" in einem Briefkopf ist eine AGB-Klausel.[18] Deshalb kann auch eine einzelne Klausel in einem Individualvertrag AGB-Charakter haben.[19] Diesen Charakter büßt eine einzelne Klausel auch nicht dadurch ein, daß sie separat unterschrieben wird.[20]

e) Haben sich beide Parteien – dies kommt gelegentlich vor – darauf geeinigt, ein bestimmtes AGB-Formular zu verwenden, so ist bislang strittig, ob dann überhaupt die Bestimmungen des AGBG Anwendung finden. Die dies verneinende Ansicht beruft sich auf den Schutzzweck des AGBG: Geschützt werden soll die Vertragsgestaltungsfreiheit der Partei, die die jeweiligen AGB nicht in den Vertrag einbezogen, d. h. nicht „gestellt" hat.[21] Geschützt werden soll danach nur der AGB-Kunde gegenüber dem AGB-Verwender, soweit der AGB-Verwender seine Interessen einseitig im Rahmen der Vertragsgestaltungsfreiheit durch vorformulierte und „gestellte" AGB-Klauseln verfolgt hat.[22] Diese Meinung verdient jedoch nur dann – mit der Einschränkung in der Praxis – den Vorzug: die Einbeziehung bestimmter AGB beruht auf dem übereinstimmenden, frei entfalteten Rechtsgeschäftswillen beider Parteien. In der Sache ist dies nur dann zu bejahen, wenn die Tatbestandsvoraussetzungen einer **Individualvereinbarung** vorliegen, wie sie im Rahmen von § 1 Abs. 2 AGBG von der Judikatur[23] entwickelt wurden. Denn die Nichtanwendbarkeit der Schutzbestimmung des AGBG ist eben nur dann gerechtfertigt, wenn und soweit die Voraussetzungen eines Individualvertrages vorliegen.

Bezieht sich indessen der Wille beider Parteien lediglich darauf, bestimmte AGB in den Vertrag einzubeziehen, ohne daß auch ein inhaltliches „Aushandeln" im Sinn von § 1 Abs. 2 AGBG vorlag, so ist es sachgerechter: Beide Parteien sind dann gleichzeitig AGB-Verwender und AGB-Kunde.[24]

---

18. BGH ZIP 1987, 1185.
19. BGH NJW 1979, 2387, 2388.
20. BGHZ 104, 233, 236.
21. Wolf/Horn/Lindacher, AGBG, § 1 Rdnr. 29; Palandt/Heinrichs, AGBG, § 1 Rdnr. 10; Ulmer/Brandner/Hensen, AGBG, § 1 Rdnr. 29.
22. vgl. auch Erman/H. Hefermehl, AGBG, § 1 Rdnr. 11; Jaeger, NJW 1979, 1969, 1972.
23. vgl. nachfolgend Ziff. 2.
24. Koch/Stübing, AGBG, § 1 Rdnr. 18; Staudinger/Schlosser, AGBG, § 1 Rdnr. 22; Sonnenschein, NJW 1980, 1489, 1492.

2. Die Voraussetzungen des „Aushandelns" von AGB 11

AGB-Verwender im Sinn von § 1 Abs. 1 AGBG ist unter dieser Voraussetzung stets diejenige Partei, die sich auf eine bestimmte AGB-Klausel des Vertrages zur Begründung der von ihr reklamierten Rechtsfolge beruft.[25]

2. Die Voraussetzungen des „Aushandelns" von AGB gemäß § 1 Abs. 2 AGBG – Grenzziehung zur Individualabrede

Die Schutzbestimmungen des AGBG sind dann nicht anwendbar, wenn die Voraussetzungen eines Individualvertrages gemäß § 1 Abs. 2 AGBG erfüllt sind. Dies setzt voraus und schließt ein, daß zwischen den Parteien die jeweilige AGB-Klausel „im einzelnen ausgehandelt" wurde.

a) Die BGH-Judikatur zur inhaltlichen Bestimmung des Begriffselements „Aushandeln" im Sinn von § 1 Abs. 2 AGBG hat sich inzwischen verfestigt.[26] Danach erfordert ein „Aushandeln" im Sinn von § 1 Abs. 2 AGBG mehr als ein reines Verhandeln.[27] Deshalb genügt es für ein derartiges „Aushandeln" nicht, daß das Vertragsformular dem Vertragspartner bekannt ist und nicht auf Bedenken stößt; nicht ausreichend ist des weiteren, daß der Inhalt lediglich erläutert oder erörtert wird und den Vorstellungen des Kunden entspricht.[28] Vielmehr kann nur dann – dies gilt als Grundsatz – von einem „Aushandeln" im Sinn von § 1 Abs. 2 AGBG gesprochen werden, wenn der AGB-Verwender zunächst den in seinen AGB enthaltenen „gesetzesfremden" Kerngehalt, „also die den wesentlichen Inhalt der gesetzlichen Regelung ändernden oder ergänzenden Bestimmungen inhaltlich ernsthaft zur Disposition" stellt[29] und dem Vertragspartner damit „Gestaltungsfreiheit zur Wahrung eigener Interessen einräumt mit zumindest der realen Möglichkeit, die inhaltliche Ausgestaltung der Vertragsbedingungen zu beeinflussen".[30] Es gilt also ein „Regelsatz":[31] Die dem anderen Vertragspartner eindeutig und unmißverständlich signalisierte Abänderungsbereitschaft[32] wird sich „in aller Regel"[33] auch in „erkennbaren Änderungen des vorformulierten Textes niederschlagen".[34]

---

25. OLG Köln, WM 1989, 93, 95.
26. BGH NJW 1977, 624, 625; BGH WM 1982, 871, 872; BGH ZIP 1986, 1466, 1467; BGH ZIP 1987, 448, 449; BGH ZIP 1987, 1576.
27. BGH ZIP 1986, 1466; BGH ZIP 1987, 448, 449; BGH ZIP 1987, 1576; BGH NJW 1991, 1679.
28. BGH ZIP 1987, 1576; BGH NJW 1992, 2759.
29. BGH ZIP 1986, 1466, 1467; BGH ZIP 1987, 448, 449; BGH ZIP 1987, 1576.
30. BGH ZIP 1986, 1466, 1467; BGH ZIP 1987, 1576, 1577; BGHZ 104, 233, 236; BGH NJW 1992, 1107; BGH NJW 1992, 2759, 2760; BGH NJW-RR 1993, 504; BGH WM 1995, 1455.
31. BGH ZIP 1986, 1466, 1467; BGH ZIP 1987, 1576, 1577 – „in aller Regel".
32. BGH NJW 1977, 624, 625.
33. BGH ZIP 1986, 1466, 1467.
34. BGH ZIP 1986, 1466, 1467; BGH ZIP 1987, 1576, 1577; vgl. auch BGH WM 1994, 1137.

b) „Unter besonderen Umständen"[35] kann ein Vertrag allerdings auch dann das Ergebnis eines „Aushandelns" im Sinn von § 1 Abs. 2 AGBG sein, „wenn es schließlich nach gründlicher Erörterung bei dem gewünschten Entwurf verbleibt".[36] Dann aber muß die Beibehaltung der vorformulierten AGB-Klausel darauf beruhen, daß der AGB-Verwender „den Kunden von ihrer sachlichen Notwendigkeit überzeugt" hat.[37] Dies schließt ein und setzt voraus, daß zwischen beiden Parteien detaillierte, auf Abänderung zielende – und diese schließlich verwerfende – Vertragsverhandlungen stattgefunden haben. Denn es ist nicht ausreichend, wenn der AGB-Verwender seinen Vertragspartner lediglich vor die Wahl stellt, entweder die gestellten Bedingungen unverändert zu übernehmen oder ganz von dem Vertrag Abstand zu nehmen.[38]

aa) Ob die Tatbestandsvoraussetzungen des „Aushandelns" im Sinn von § 1 Abs. 2 AGBG erfüllt sind, ist für jede einzelne Klausel gesondert festzustellen – eine Erkenntnis, die bereits aus dem Wortlaut von § 1 Abs. 2 AGBG abgeleitet wird.[39] Das ist wesentlich. Denn es ist in der Praxis durchaus üblich, daß einzelne Klauseln – z. B. Verzugs- oder Gewährleistungsregeln – im einzelnen „ausgehandelt" werden, während der Vertragsinhalt im übrigen den AGB unterworfen bleibt. Soweit ein derartiges „Aushandeln" stattgefunden hat, ist aber stets weiter zu prüfen, ob von der abgeänderten Klausel eine **Ausstrahlungswirkung** auf übrige – nicht abgeänderte – Klauseln ausgehen kann.[40] Ob es in diesem Zusammenhang entscheidend darauf ankommt, daß die – „ausgehandelte" – Klausel von zentraler oder untergeordneter Bedeutung ist,[41] oder ob dieses Kriterium irrelevant ist,[42] braucht hier nicht weiter vertieft zu werden. Richtig erscheint allemal: Es kommt auf die jeweiligen Umstände des Einzelfalls an, weil der Zweck des AGBG darauf abhebt, die Partei zu schützen, die nicht in der Lage war, die **Gestaltungsfreiheit** zur Wahrung ihrer eigenen Interessen im Blick auf die jeweilige Klausel wahrzunehmen. Soweit festgestellt ist, daß dies zutrifft, liegt ein „Aushandeln" im Sinn von § 1 Abs. 2 AGBG vor.

bb) Unerheblich im Sinn eines „Aushandelns" gemäß § 1 Abs. 2 AGBG ist – entgegen einem weitverbreiteten Mißverständnis – auch die Tatsache, ob der Lieferant den Vertrag unterzeichnet hat. Denn damit dokumentiert der Kunde lediglich, er sei mit den AGB des Verwenders einverstan-

---

35. BGH ZIP 1986, 1466, 1467; BGH ZIP 1987, 1576, 1577.
36. BGH ZIP 1982, 969, 970; BGH ZIP 1986, 1466, 1467; BGH ZIP 1987, 1576, 1577; BGH NJW 1991, 1679; BGH NJW 1992, 2283, 2285.
37. BGH ZIP 1987, 1576, 1577; BGH NJW 1992, 2283, 2285.
38. BGH ZIP 1987, 1576, 1577.
39. Wolf/Horn/Lindacher, AGBG, § 1 Rdnr. 37.
40. vgl. Löwe/Graf von Westphalen/Trinkner, AGBG, § 1 Rdnr. 24.
41. so Löwe/Graf von Westphalen/Trinkner, a. a. O.; Palandt/Heinrichs, AGBG, § 1 Rdnr. 18 f.
42. so Wolf/Horn/Lindacher, AGBG, § 1 Rdnr. 37.

den.⁴³ Die Unterzeichnung eines Vertrages, der AGB-Klauseln des Verwenders einschließt, besagt also nur, daß diese wirksam in den jeweiligen Individualvertrag einbezogen worden sind. Dies gilt auch dann, wenn die Klausel dahin lautet, der Kunde habe die AGB „anerkannt".⁴⁴

cc) Auch eine formularmäßige Erklärung des AGB-Verwenders, er sei zur Abänderung der AGB jederzeit bereit, begründet nicht die tatsächliche **Abänderungsbereitschaft** des AGB-Verwenders für eine Individualvereinbarung gemäß § 1 Abs. 2 AGBG.⁴⁵ Sie ist auch nicht geeignet, die Beweislast für das Vorliegen eines Individualvertrages zum Nachteil des AGB-Kunden zu ändern.⁴⁶ Selbst eine früher erklärte oder praktizierte Abänderungsbereitschaft wirkt nicht ohne weiteres auf spätere Verträge nach; vielmehr ist es geboten, daß der AGB-Verwender diese – gesondert, d. h. bei jedem Vertragsabschluß – eindeutig und unmißverständlich erklärt.⁴⁷

dd) Da die richterliche Inhaltskontrolle von AGB-Klauseln streng ist, empfiehlt es sich dringend, bei den Vertragsverhandlungen sicherzustellen, daß der Tatbestand des „Aushandelns" im Sinn von § 1 Abs. 2 AGBG beweismäßig festgehalten wird. Die Darlegungs- und Beweislast hierfür trifft den AGB-Verwender/Besteller: Liegen nämlich die formalen Voraussetzungen einer AGB-Klausel im Sinn von § 1 Abs. 1 AGBG vor, so ist es Sache des AGB-Verwenders, das „Aushandeln" für die jeweilige Klausel im Sinn von § 1 Abs. 2 AGBG nachzuweisen, weil er nur auf diese Weise die richterliche Inhaltskontrolle der AGB-Klausel vermeiden kann.⁴⁸

3. Die Einbeziehung von AGB im kaufmännischen Verkehr

Gemäß § 24 AGBG gilt: Die Einbeziehungsvoraussetzungen von § 2 AGBG, welche im nicht-kaufmännischen Bereich zwingend zu beachten sind, finden bei der **Einbeziehung** von AGB-Klauseln gegenüber Kaufleuten keine Anwendung. Doch auch im kaufmännischen Verkehr gilt für die Einbeziehung von AGB-Klauseln, daß diese nach Maßgabe der §§ 145 ff. BGB erfolgen müssen.⁴⁹

a) Von besonderer Bedeutung ist, daß eine Kongruenz zwischen dem Typus des jeweiligen Individualvertrages und den in Bezug genommenen AGB besteht. Ist zum Beispiel der Individualvertrag ein Wartungsvertrag, so scheitert die Einbeziehung von Verkaufs-AGB.⁵⁰ Notfalls kann eine solche

---

43. BGH ZIP 1986, 1466, 1467.
44. BGH BB 1983, 13 m. Anm. von Bohle.
45. BGB NJW 1977, 624.
46. BGH ZIP 1987, 448, 450.
47. BGH NJW 1979, 367, 368.
48. BGH NJW 1977, 624, 625; OLG Stuttgart, NJW-RR 1987, 143.
49. BGH BB 1978, 1085; BGH BB 1982, 2074; BGH ZIP 1985, 623; BGH NJW 1992, 1232; Ulmer/Brandner/Hensen, AGBG, § 2 Rdnr. 80; Wolf/Horn/Lindacher, AGBG, § 2 Rdnr. 61.
50. BGH VersR 1976, 286 f.; Schmidt-Salzer, AGB, D 41 ff.

Diskrepanz unter Berücksichtigung des Vorrangprinzips von § 4 AGBG bewältigt werden; doch ist es durchaus sachgerecht, auch in diesem Zusammenhang auf die Einbeziehungsvoraussetzungen gemäß § 2 AGBG oder – im kaufmännischen Bereich – auf die §§ 145 ff. BGB zurückzugreifen. Das gleiche gilt in der Sache, wenn der Besteller verschiedene AGB verwendet; in diesem Fall ist er verpflichtet, gegenüber dem Lieferanten von vornherein klarzustellen, welche AGB gelten sollen.[51]

Hinweis: Das gesamte Formular bezieht sich ausschließlich auf einen als Kaufvertrag gemäß §§ 433 ff. BGB zu qualifizierenden Individualvertrag. Sollten andere Verträge Verwendung finden, so ist ein Rückgriff auf dieses Formular – wenn überhaupt – nur in sehr engen Grenzen vertretbar.

b) Die erforderliche rechtsgeschäftliche Einbeziehung von AGB-Klauseln ist immer dann zu bejahen, wenn der AGB-Verwender/Besteller durch „ausdrückliche" Erklärung auf die Geltung seiner AGB gegenüber dem Lieferanten hingewiesen hat. Anstelle eines „ausdrücklichen" Hinweises ist auch ein **konkludenter Hinweis** auf die Geltung der AGB zulässig, sofern sich hierfür ausreichende Anhaltspunkte gemäß §§ 133, 157 BGB finden lassen.[52] Diese Voraussetzung wird man dann als erfüllt ansehen dürfen, wenn – unter Berücksichtigung der jeweiligen Umstände des Einzelfalls – eine genaue Prüfung des Verhaltens beider Vertragsparteien ergibt, daß auf Seiten des Lieferanten das erforderliche Einverständnis mit der Geltung der AGB des Bestellers vorliegt.

c) Um alle anfallenden praktischen Schwierigkeiten in diesem Zusammenhang von vornherein auszuräumen, empfiehlt es sich dringend, bei Verwendung von Einkaufs-AGB zum einen sicherzustellen, daß ein entsprechender – deutlicher – Hinweis auf die Geltung der AGB auf der **Vorderseite** der Bestellung erfolgt, und daß zum anderen die Einkaufs-AGB auf der Rückseite der Bestellung abgedruckt sind. Davon geht das hier unterbreitete Formular aus.

Fehlt es im Gegensatz zu dem hier vorgeschlagenen Formular an diesen – eindeutigen – Voraussetzungen für eine „ausdrückliche" Einbeziehung der jeweiligen Einkaufs-AGB, so sind folgende Gesichtspunkte relevant:

aa) Ob eine wirksame Einbeziehung der AGB-Klauseln auch dann vorliegt, wenn der Besteller auf seine Einkaufs-AGB lediglich auf der Rückseite seiner Bestellung hingewiesen hat – ohne die Einbeziehung auf der Vorderseite durch einen entsprechenden Verweis sicherzustellen –, ist umstritten.[53]

---

51. BGH ZIP 1981, 1220.
52. BGHZ 12, 136, 142; BGH BB 1978, 1085; BGHZ 117, 190, 194; Wolf/Horn/Lindacher, AGBG, § 2 Rdnr. 62; Ulmer/Brandner/Hensen, AGBG, § 2 Rdnr. 80; Palandt/Heinrichs, AGBG, § 2 Rdnr. 24; für die Geltung der VOB/B im Baubereich BGH WM 1990, 437; BGH WM 1990, 482.
53. bejahend: Ulmer/Brandner/Hensen, AGBG, § 2 Rdnr. 80; Erman/Hefermehl, AGBG, § 2 Rdnr. 33; Wolf/Horn/Lindacher, AGBG, § 2 Rdnr. 62; verneinend: Löwe/Graf von Westphalen/Trinkner, AGBG, § 2 Rdnr. 35; Schmidt-Salzer, AGBG, D 55.

3. Die Einbeziehung von AGB im kaufmännischen Verkehr

Regelmäßig dürfte in diesen Fällen eine wirksame Einbeziehung zu verneinen sein, es sei denn, aufgrund der besonderen Umstände des Einzelfalls war für den Lieferanten der Wille des AGB-Verwenders/Bestellers unübersehbar, seine Einkaufs-AGB in den Individualvertrag einzubeziehen.[54] Jedenfalls reicht es nicht aus, wenn in den AGB selbst bestimmt ist, daß diese auch für künftige Verträge gelten sollen, ohne daß bei diesen Verträgen die Einbeziehungsvoraussetzungen ihrerseits nicht beachtet worden sind (vgl. cc).

bb) Stets muß der Lieferant in der Lage sein, aufgrund des – ihm erkennbaren – **Einbeziehungswillens** des AGB-Verwenders/Bestellers eindeutig festzustellen, welche AGB einbezogen werden sollten, so daß er in der Lage ist, sich vom Inhalt dieser – einzubeziehenden – AGB selbst zu überzeugen und entsprechende Kenntnis zu verschaffen.[55] Unter Berücksichtigung dieser rechtsgeschäftlichen Einbeziehungskriterien ist deshalb die Bezugnahme auf AGB im Rahmen von Einzelklauseln, z.B. in den Zahlungsbedingungen, nicht ausreichend.[56] Gleiches gilt dann, wenn nicht erkennbar ist, welche AGB von mehreren in Betracht kommenden AGB einbezogen werden sollten, weil zum Beispiel der Einbeziehungshinweis mißverständlich war.[57] Auch der Abdruck von AGB in Prospekten, Katalogen, Preislisten, Broschüren u.ä. reicht grundsätzlich nicht aus.[58] Eine Ausnahme kann freilich dann gelten, sofern an deutlicher und unübersehbarer Stelle auf die Geltung der AGB verwiesen wurde und wenn üblicherweise Preislisten, Kataloge, Prospekte etc. dem Bestellvorgang zugrunde gelegt werden.[59] Auch sind Hinweise auf Rechnungen[60] sowie in Lieferscheinen, Warenbegleitpapieren etc. grundsätzlich nicht geeignet, eine wirksame Einbeziehung der AGB in einen Individualvertrag sicherzustellen, weil und soweit ja diese Dokumente dem Vertragsabschluß nachfolgen.[61] Man kann die Begründung für die Nichteinbeziehung auch darin sehen, daß diese Dokumente und damit die entsprechenden AGB regelmäßig einer Person zugehen, die nicht für die Abänderung von (ohne einbezogene AGB bereits abgeschlossene) Verträgen zuständig ist, z.B. der Warenannahmestelle.[62]

cc) Bei **laufenden Geschäftsbeziehungen**[63] stellt sich regelmäßig die Frage, ob die bei früheren Anlässen wirksam einbezogenen AGB unverändert – aufgrund stillschweigender Einbeziehung auch für künftige Rechtsgeschäfte

---

54. Staudinger/Schlosser, AGBG, § 2 Rdnr. 17.
55. Palandt/Heinrichs, AGBG, § 2 Rdnr. 26.
56. OLG Düsseldorf, NJW 1965, 761, 762.
57. BGH WM 1980, 164.
58. LG Berlin MDR 1980, 404: Erman/Hefermehl, AGBG, § 2 Rdnr. 33.
59. Wolf/Horn/Lindacher, AGBG, § 2 Rdnr. 62.
60. vgl. BGH ZIP 1986, 1125.
61. Staudinger/Schlosser, AGBG, § 2 Rdnr. 17.
62. BGH NJW 1978, 2243; Palandt/Heinrichs, AGBG, § 2 Rdnr. 24.
63. Müller-Graff, Festschrift für Pleyer, 401, 412 ff.

– fortgelten.[64] Die damit aufgeworfene Frage bedarf sorgfältigster Prüfung.[65] Voraussetzung für ihre Bejahung ist allemal, daß bei Beginn der Geschäftsbeziehungen – auf beiden Seiten – der erkennbare Wille vorhanden war, in Zukunft miteinander nicht nur unregelmäßig Geschäfte einer bestimmten Art abzuwickeln.[66] Die rechtliche Selbständigkeit der Einzelverträge darf also nicht im Vordergrund stehen;[67] nichts anderes gilt dann, wenn die Geschäftsbeziehungen zwischen den Parteien erst kurze Zeit andauern und es ungewiß ist, ob sie weiter fortgesetzt werden.[68] Für sich allein genommen ist jedenfalls die Existenz laufender Geschäftsbeziehungen – auch im kaufmännischen Verkehr – kein Geltungsgrund für die wirksame Einbeziehung der AGB des Verwenders/Bestellers. Auch der einfache Hinweis in den AGB, daß diese auch für künftige Verträge gelten sollen, hilft angesichts der vorrangigen Bedeutung des Individualvertrages, laufende Geschäftsbeziehungen eingehen und aufrechterhalten zu wollen, nicht weiter.

Diese Gesichtspunkte haben auch dann hohe Bedeutung, wenn der AGB-Verwender/Besteller bei früheren Verträgen nur auf Rechnungen[69] oder auf Warenbegleitpapieren auf die Geltung seiner AGB hingewiesen hat.[70] Anders ist freilich die Rechtslage dann zu beurteilen, wenn es sich um eine **Nachbestellung** handelt, sofern bei der Erstbestellung die AGB bereits wirksam einbezogen worden sind, zum Beispiel bei einer nachfolgenden Ersatzteilbestellung.[71]

dd) Eine AGB-Klausel, die auf die Einbeziehung der AGB für künftige Verträge abstellt, ist daher nicht geeignet, die fehlende – rechtsgeschäftliche – Einbeziehung zu ersetzen. Sie ist sogar gemäß § 9 Abs. 2 Nr. 1 AGBG unwirksam.

ee) Bei der Verwendung branchenüblicher AGB-Klauseln ist anerkannt: In diesen Fällen werden die AGB-Klauseln ohne einen besonderen Hinweis aufgrund konkludenter Einbeziehung wirksamer Bestandteil des jeweiligen Individualvertrages, sofern nicht besondere Umstände dem entgegenstehen.[72] Im Rahmen des hier diskutierten Musters von Einkaufs-AGB hat diese Frage keine Bedeutung, weil sie lediglich für die Verwendung der ADSp,[73] für die

---

64. hierzu BGH NJW 1982, 1751 – Eigentumsvorbehalt; BGH NJW-RR 1991, 571.
65. Wolf/Horn/Lindacher, AGBG, § 2 Rdnr. 63.
66. BGH ZIP 1986, 1125, 1126.
67. BGH a. a. O.
68. BGH BB 1978, 1085; Erman/Hefermehl, AGBG, § 2 Rdnr. 38.
69. OLG Hamburg, ZIP 1984, 1241.
70. BGH BB 1978, 1085; OLG Celle WM 1987, 1569, 1570; vgl. auch Philipowski, Betr 1979, 248.
71. BGH BB 1965, 435; Staudinger/Schlosser, AGBG, § 2 Rdnr. 60; Ulmer/Brandner/Hensen, AGBG, § 2 Rdnr. 86; Wolf/Horn/Lindacher, AGBG, § 2 Rdnr. 63.
72. BGHZ 7, 187, 191; BGH NJW 1964, 1788, 1789; Palandt/Heinrichs, AGBG, § 2 Rdnr. 29.
73. BGH VersR 1974, 327, 328; BGH NJW 1976, 2075; BGH RIW 1982, 55; BGH NJW 1986, 1434; OLG Düsseldorf NJW-RR 1993, 1190.

3. Die Einbeziehung von AGB im kaufmännischen Verkehr

AGB im Bankengewerbe[74] sowie für die Versicherungsbedingungen[75] sowie für sonstige Einzelfälle anerkannt ist.[76]

d) Verweist der AGB-Verwender/Besteller „ausdrücklich" – also: auf der Vorderseite der Bestellung – auf die Geltung seiner AGB, so ist er auch im kaufmännischen Verkehr entgegen der weiter oben apostrophierten Empfehlung nicht zwingend verpflichtet, die AGB auf der Rückseite der Bestellung abzudrucken oder diese dem Vertragsdokument beizufügen.[77] Ausreichend, aber auch erforderlich ist, daß der Lieferant die Möglichkeit der Kenntnisnahme vom Inhalt der AGB hat.[78] Deshalb besteht – im Gegensatz zum nicht-kaufmännischen Bereich gemäß § 2 Abs. 1 Nr. 2 AGBG – eine Erkundigungspflicht des Lieferanten.[79] Notfalls ist der Lieferant deshalb verpflichtet, die ihm nicht bekannten, aber konkret als einbezogen bezeichneten AGB beim AGB-Verwender/Besteller anzufordern oder sie sich in sonstiger Weise zu beschaffen.[80]

aa) Erfüllt aber der AGB-Verwender/Besteller in Übereinstimmung mit der hier ausgesprochenen Empfehlung seine **Kenntnisverschaffungsobliegenheit**, dann müssen die AGB-Klauseln drucktechnisch so gestaltet sein, daß sie ohne Mühe gelesen werden können.[81] Maßgebend ist in diesem Zusammenhang das Kriterium der Zumutbarkeit.[82] Die Benutzung einer Lupe ist unzumutbar.[83] Die Rechtsprechung ist hier in starkem Maße einzelfallbezogen.[84]

Aus praktischer Sicht ist es empfehlenswert, für die auf der Rückseite der Bestellung abzudruckenden Einkaufs-AGB eine Drucktype zu verwenden, die ausreichend groß und daher mühelos lesbar ist. Bei der Abfassung üblicher Einkaufs-AGB kann dies – auch vom Umfang her – unschwer bewältigt werden; die Erfahrung belegt dies nachhaltig. Gleichzeitig sollte vermieden werden, daß ein zu dünnes Papier verwendet wird, weil „Farbe oder Helligkeit des Untergrundes und die drucktechnische Sauberkeit eine wesentliche Rolle" spielen, um – unter Berücksichtigung allgemeiner Zumutbarkeitskriterien – abzuklären, ob das Kriterium der mühelosen Lesbarkeit erreicht ist.[85]

bb) Die Beachtung der rechtsgeschäftlichen Einbeziehungsvoraussetzungen für AGB erfordert auch, daß die AGB – gerade dann, wenn sie umfang-

---

74. BGH WM 1971, 987, 988; BGH WM 1973, 635, 636.
75. Wolf/Horn/Lindacher, AGBG, § 2 Rdnr. 65.
76. Ulmer/Brandner/Hensen, AGBG, § 2 Rdnr. 85; Wolf/Horn/Lindacher, a. a. O.
77. BGH Betr 1976, 1616; BGH Betr 1985, 884.
78. BGHZ 102, 293, 304; Wolf/Horn/Lindacher, AGBG, § 2 Rdnr. 68.
79. OLG Hamburg, Betr 1981, 470.
80. BGH NJW 1987, 487, 491; OLG München NJW 1995, 733, 734.
81. BGH NJW 1982, 2772; BGH NJW-RR 1986, 1311; OLG Hamburg, BB 1987, 1703.
82. Thamm/Detzer, BB 1989, 1133, 1134.
83. BGH VersR 1986, 678, 679; BGH BB 1983, 2074; OLG Hamm, NJW-RR 1988, 944.
84. OLG Hamburg, BB 1987, 1703, 1704 – Lieferbedingungen; BGH BB 1983, 2074 – Konnossementsbedingungen; BGH VersR 1986, 678, 679 – Konnossementsbedingungen; Rabe, RIW 1984, 589; umfassend Thamm/Detzer, BB 1989, 1133 ff.
85. BGH VersR 1986, 678.

reich sind – übersichtlich gestaltet und ausreichend gegliedert sind.[86] Dies schließt eine **logische Gliederung** ein; eine klare inhaltliche Konzeption muß in Aufbau und Ausgestaltung erkennbar werden.[87] Die Verwendung von Überschriften ist geboten, weil so – bezogen auf die Verständnismöglichkeit eines durchschnittlichen Kaufmanns – eine raschere Übersicht ermöglicht wird.[88] Das Formular bemüht sich, diesen Anforderungen zu entsprechen.

e) Unter Berücksichtigung der rechtsgeschäftlichen Kriterien der §§ 145 ff. BGB ist besonders im kaufmännischen Verkehr zu berücksichtigen, ob die Einbeziehung der Einkaufs-AGB im Rahmen einer „Auftragsbestätigung" nicht den Tatbestand des § 150 Abs. 2 BGB – **„modifizierte Auftragsbestätigung"** – erfüllt. Dies ist z. B. dann der Fall, wenn der Lieferant aufgrund einer Anfrage ein Angebot unterbreitet, so daß dann die Bestellung in Wirklichkeit eine „Auftragsbestätigung" ist. Zu berücksichtigen ist dabei: Der – erstmalige – Hinweis des AGB-Verwenders/Bestellers auf die Geltung seiner AGB in einer „modifizierten Auftragsbestätigung" gemäß § 150 Abs. 2 BGB ist grundsätzlich nicht geeignet, als rechtzeitige, d. h. auf den Vertragsabschluß gerichtete Einbeziehung gewertet zu werden. Denn die widerspruchslose Entgegennahme einer „modifizierten Auftragsbestätigung" ist – auch im kaufmännischen Verkehr – nicht als Einverständnis zu qualifizieren, weil insoweit Schweigen als Ablehnung gilt.[89] Unter Berücksichtigung der jeweiligen Umstände des Einzelfalls bleibt jedoch zu prüfen, ob nicht die spätere – widerspruchslose – Erbringung der Lieferung/Leistung durch den Lieferanten als Einverständnis mit der Geltung der Einkaufs-AGB zu werten ist.[90]

Für sich allein genommen ist freilich die **Erbringung** der Lieferung/Leistung genauso erklärungsneutral wie die Bezahlung des geschuldeten Entgelts. Aber auch in diesem Zusammenhang ist das Konsens-Dissens-Prinzip der §§ 154, 155 BGB anwendbar,[91] falls die Parteien die Durchführung des Vertrages in Angriff genommen haben.[92] Daraus folgt: Angesichts der im kaufmännischen Verkehr ständig praktizierten Trennung zwischen Individualvertrag[93] und der regelmäßig als nachrangig angesehenen Bedeutung von AGB ist deshalb die Regel aufzustellen: Die vorbehaltlose Erbringung der Lieferung/Leistung läßt regelmäßig den Schluß zu, daß der Lieferant – in Kenntnis der einbezogenen Einkaufs-AGB handelnd – diese unter Berücksichtigung

---

86. BGH BB 1978, 1085, 1086; OLG Saarbrücken, NJW-RR 1988, 858; Palandt/Heinrichs, AGBG, § 2 Rdnr. 26.
87. Thamm/Detzer, BB 1989, 1133, 1135.
88. Thamm/Detzer, a. a. O.
89. BGHZ 18, 212, 216; BGHZ 61, 282, 285; BGH JZ 1977, 602, 603; BGH NJW 1988, 2106; OLG Köln BB 1994, 741; Eckert DB 1994, 718.
90. BGH LM Nr. 3 zu § 150 BGB; BGH LM Nr. 6 zu § 150 BGB; LG Rottweil NJW-RR 1992, 688.
91. Wolf/Horn/Lindacher, AGBG, § 2 Rdnr. 70.
92. Palandt/Heinrichs, § 154, Rdnr. 2.
93. Konsens-Dissens-Prinzip gemäß §§ 154, 155 BGB.

von § 242 BGB gegen sich gelten lassen muß: Betrachtet er nämlich den abgeschlossenen Individualvertrag und die danach erbrachte Lieferung/Leistung als rechtswirksam, so ist die „modifizierte Auftragsbestätigung" gemäß §§ 150 Abs. 2, 242 BGB Vertragsbestandteil geworden. Das darin liegende neue Angebot ist vom Lieferanten – unter Einbeziehung der Einkaufs-AGB – wirksam angenommen worden; und dem Lieferanten ist es unter Berücksichtigung des Verbots widersprüchlichen Verhaltens gemäß § 242 BGB verwehrt, sich gleichwohl darauf zu berufen, daß die Einkaufs-AGB – mangels Konsenses – nicht wirksam einbezogen worden seien.
Das **Formular** berücksichtigt diesen Gesichtspunkt in Abs. (1) Satz 2.

4. Das kaufmännische Bestätigungsschreiben – Einbeziehung von AGB

Die wirksame Einbeziehung von Einkaufs-AGB kann auch im Rahmen einer Bestellung stattfinden, die als kaufmännisches Bestätigungsschreiben zu qualifizieren ist. Verweist der Lieferant – erstmalig – im Rahmen eines kaufmännischen Bestätigungsschreibens auf die Geltung seiner AGB, so gelten folgende Erwägungen:

a) Es entspricht einer vielfach geübten kaufmännischen Praxis, einen formlos, d. h. mündlich geschlossenen Vertrag gegenüber dem anderen Vertragsteil schriftlich zu bestätigen. Die schriftliche Fixierung des Vertragsinhalts in einem Bestätigungsschreiben dient in erster Linie dem Zweck der Beweissicherung. Das Bestätigungsschreiben muß sich daher auf eine mündliche, fernmündliche oder telegrafisch getroffene Vereinbarung beziehen.[94] Notwendigerweise müssen dies Vertragsverhandlungen sein.[95] Dabei reicht das Handeln eines vollmachtlosen Vertreters aus.[96] Eine Schriftformklausel schließt die Anwendung dieser Grundsätze nicht aus.[97]

Die Rechtswirkungen eines kaufmännischen Bestätigungsschreibens sind also nicht davon abhängig, daß bereits ein Vertragsabschluß mündlich, fernmündlich oder telegrafisch erfolgt ist.[98] Aus diesem Grund wird zwischen einem deklaratorischen – den Vertragsabschluß lediglich bestätigenden – und einem vertragskonstitutiven, d. h. den Vertragsabschluß begründenden kaufmännischen Bestätigungsschreiben differenziert.[99]

aa) Kraft Gewohnheitsrecht[100] gilt, daß Schweigen auf den Erhalt eines kaufmännischen Bestätigungsschreibens – jedenfalls unter Kaufleuten – als Zustimmung zum Inhalt des kaufmännischen Bestätigungsschreibens zu werten ist. Nicht erforderlich ist, daß das Schreiben ausdrücklich als Bestä-

---
94. BGH NJW 1965, 965; BGH NJW 1990, 386.
95. BGH NJW 1974, 992.
96. BGH Betr 1967, 1362; BGH NJW 1990, 386.
97. OLG Düsseldorf NJW-RR 1991, 374; AGB-Klauselwerke/Graf von Westphalen, Schriftformklausel, Rdnr. 18 ff.; 35.
98. Palandt/Heinrichs, § 148 Rdnr. 11 m. w. N.
99. Lindacher, WM 1981, 702 ff.
100. Im einzelnen Baumbach/Hopt § 346 Rdnr. 16 ff.

tigungsschreiben bezeichnet ist; es kann auch als „Bestellung", als „Auftragsschreiben" oder als „Auftragsbestätigung" bezeichnet sein; entscheidend ist die Zweckrichtung des jeweiligen Schreibens.[101] Damit die Rechtswirkungen des kaufmännischen Bestätigungsschreibens – im Fall des Schweigens des Empfängers – eintreten, verlangt die Judikatur regelmäßig, daß der Absender des Bestätigungsschreibens im guten Glauben gehandelt hat und folglich mit einem Einverständnis des Empfängers rechnen konnte und durfte.[102] Demzufolge ist das Bestätigungsschreiben dann ohne Wirkung, wenn der Bestätigende das Verhandlungsergebnis bewußt unrichtig oder entstellt wiedergibt.[103] Dies ist immer dann zu bejahen, wenn sich der Inhalt des Schreibens so weit von dem Inhalt der vertraglichen Vereinbarung entfernt, daß der Absender mit dem Einverständnis des Empfängers nicht rechnen konnte.[104] Teilweise wird auch darauf abgehoben, ob der Empfänger des kaufmännischen Bestätigungsschreibens – unter Berücksichtigung der Kriterien von **Treu und Glauben** – mit dem Inhalt des Bestätigungsschreibens rechnen mußte, dem er nicht widersprochen hat.[105] Indessen ist diese Rechtsprechung aus zutreffenden Gründen auf erhebliche Kritik gestoßen.[106] Sie dürfte auch inzwischen überholt sein, so daß ausschließlich auf den guten Glauben des Absenders des kaufmännischen Bestätigungsschreibens abzustellen ist.[107]

bb) Die Rechtswirkung des kaufmännischen Bestätigungsschreibens tritt auch dann ein, wenn der Bestätigende den Vertragsinhalt in Nebenpunkten ergänzt.[108] Aus diesem Grund hat die BGH-Judikatur die nachträgliche Einbeziehung der AGB im Rahmen eines kaufmännischen Bestätigungsschreibens – zu Lasten des Empfängers – grundsätzlich als wirksam angesehen, sofern der Empfänger des Bestätigungsschreibens seinem Inhalt nicht unverzüglich widersprochen hat.[109] Mangels eines – rechtzeitigen – Widerspruchs des Empfängers richtet sich folglich der Inhalt des Vertrages nach den AGB des Bestätigenden.[110] So gesehen gelten bei der erstmaligen Einbeziehung von Einkaufs-AGB im Rahmen eines kaufmännischen Bestätigungsschreibens die gleichen Grundsätze, die zuvor erörtert worden sind: Erforderlich ist also zumindest der „ausdrückliche" Hinweis auf die Geltung der AGB,

---

101. BGHZ 54, 236, 238f.; BGH NJW 1965, 965, 966.
102. BGH NJW 1965, 965; BGH BB 1967, 902; BGH BB 1969, 1455; BGH BB 1974, 524; Walchshöfer, BB 1975, 719ff.
103. BGHZ 40, 42, 45; BGH ZIP 1987, 584, 586.
104. BGH ZIP 1987, 584, 586.
105. BGHZ 54, 236, 242.
106. Götz/Huhn, Das kaufmännische Bestätigungsschreiben, 54ff.; Walchshöfer, BB 1975, 719ff.
107. BGH ZIP 1987, 584, 586.
108. BGH Betr 1969, 2172.
109. BGHZ 7, 187, 190; BGH BB 1962, 902; BGH BB 1968, 354; BGH BB 1968, 398; BGH BB 1985, 546, 547.
110. BGH BB 1970, 1324; BGH BB 1974, 524; BGH BB 1985, 546, 547.

4. Das kaufmännische Bestätigungsschreiben – Einbeziehung von AGB

d. h. auf der Vorderseite des Schreibens; auch eine stillschweigende, konkludente Einbeziehung der AGB im Rahmen der §§ 145 ff. BGB ist jedoch – unabhängig von den Umständen des Einzelfalls – ausreichend.[111]

cc) Die erstmalige, wirksame Einbeziehung von Einkaufs-AGB im Rahmen eines kaufmännischen Bestätigungsschreibens scheitert jedoch dann, wenn und soweit ein erheblicher, unauflöslicher **Erklärungskonflikt**[112] zwischen dem Inhalt des kaufmännischen Bestätigungsschreibens – und den einbezogenen Einkaufs-AGB – einerseits und dem jeweiligen Inhalt des Individualvertrages andererseits besteht.[113] Aus dem Vorrangprinzip von § 4 AGBG folgt nämlich, daß die Teile der Einkaufs-AGB – trotz ihrer Einbeziehung im Rahmen des kaufmännischen Bestätigungsschreibens – unbeachtlich sind, die dem Inhalt des Individualvertrages widerstreiten.[114] Soweit die Parteien in einzelnen Punkten keine Individualvereinbarung getroffen haben, gilt insoweit dispositives Recht. Einkaufs-AGB scheitern deshalb am Vorrangprinzip des Individualvertrages gemäß § 4 AGBG, weil und soweit ein unmittelbarer, unauflösbarer Erklärungskonflikt zwischen AGB und dem dispositiven Recht besteht.[115] Die damit aufgeworfene Frage kann im Rahmen von Gewährleistungsklauseln in Einkaufs-AGB oder bei Haftungsfreizeichnungsklauseln – freilich nur in Verkaufs-AGB – bedeutsam werden, was insbesondere gegenüber Eigenschaftszusicherungen gemäß §§ 463, 480 Abs. 2, 635 BGB relevant ist.[116] Klauseln des einfachen Eigentumsvorbehalts sind indessen unproblematisch.[117] Aber auch der verlängerte oder erweiterte Eigentumsvorbehalt begegnet – mangels einer Kollision mit entgegenstehenden Verkaufs-AGB – keinen grundsätzlichen Bedenken, weil der Empfänger eines kaufmännischen Bestätigungsschreibens mit derartigen Klauseln durchaus rechnen muß (S. 131 ff.).

b) Soweit das kaufmännische Bestätigungsschreiben gegenüber dem Empfänger Rechtswirkungen entfalten kann, ist dieser verpflichtet, unverzüglich seinem Inhalt zu widersprechen, sofern er die Bindungswirkung ausschließen will.[118] Die widerspruchslose Entgegennahme des kaufmännischen Bestätigungsschreibens – und die darin liegende Bindungswirkung – beruht auf **Gewohnheitsrecht**;[119] es handelt sich um den Tatbestand eines sogenannten normierten Schweigens.[120] Gemäß der Rechtsregeln des § 121

---

111. Staudinger/Schlosser, AGBG, § 2 Rdnr. 76; Ulmer/Brandner/Hensen, AGBG, § 2 Rdnr. 88.
112. Löwe/Graf von Westphalen/Trinkner, ABGB, § 2 Rdnr. 57.
113. Coester, Botr 1982, 1551, 1553; Wolf/Horn/Lindacher, AGBG, § 2 Rdnr. 72.
114. weitergehend Lindacher, WM 1981, 702 ff.
115. vgl. auch Batsch, NJW 1980, 1731; Coester, Betr 1982, 1551 ff.
116. BGHZ 50, 200, 206; BGH BB 1985, 546, 547.
117. BGH NJW 1982, 1749; BGH NJW 1982, 1751.
118. BGHZ 7, 187, 189 f.; BGHZ 11, 1, 3 f.
119. vgl. Baumbach/Hopt, HGB, § 346 Rdnr. 16 ff.
120. MünchKomm/Kramer, § 151 Rdnrn. 12 ff. m. w. N.

BGB muß der Widerspruch unverzüglich – also: binnen einer dem kaufmännischen Geschäftsverkehr entsprechenden angemessenen kurzen Frist – erklärt werden.[121] Die Regelfrist ist ein bis zwei Tage;[122] die Frist von einer Woche ist regelmäßig zu lang.[123] Gemäß § 130 BGB muß der Widerspruch notwendigerweise dem Bestätigenden zugehen.

c) Da es um individuelles Verhalten des Empfängers eines kaufmännischen Bestätigungsschreibens geht, ist eine Beeinflussung aller hier aufgezeigten Rechtswirkungen durch AGB nicht möglich. Eine das Schweigen des Empfängers als Widerspruch qualifizierende Klausel wäre nach § 9 Abs. 2 Nr. 1 AGBG unwirksam; sie würde auch gegen das Vorrangprinzip von § 4 AGBG verstoßen. Gleiches gilt auch für eine Klausel, die die Widerspruchsfrist unangemessen verändert, insbesondere verlängert.

5. Die Kollision von Bedingungen

In der Praxis ist es überaus häufig, daß sowohl der Lieferant im Rahmen seiner Verkaufs-AGB als auch der Besteller im Rahmen seiner Einkaufs-AGB jeweils auf die Geltung der eigenen AGB verweist. Der damit vorgezeichnete Kollisionsfall – durch das widerstreitende Aufeinandertreffen von Einkaufs- und Verkaufs-AGB bedingt – hat unterschiedliche Antworten erzeugt.[124] Für die Praxis zeichnen sich folgende Lösungswege ab:

a) Formal gewertet ist im Hinblick auf die Texierung von Einbeziehungsklauseln – entsprechend dem jeweiligen Inhalt der AGB-Klausel – folgende Unterscheidung angezeigt: Soweit der Besteller in seinen Einkaufs-AGB auf deren Geltung verweist, spricht man von einer „Geltungsklausel". Ihre Verwendung ist kardinale Voraussetzung für eine „ausdrückliche" Einbeziehung der jeweiligen AGB. Eine solche Klausel ist im **Formular** vorgesehen (vgl. Ziff. I). Vielfach begnügen sich jedoch die AGB-Verwender – entsprechend dem hier vorliegenden Muster (vgl. Ziff. II Abs. (1)) – nicht mit der Verwendung einer einfachen „Geltungsklausel"; sie legen vielmehr gleichzeitig fest, daß die – einzubeziehenden – AGB „ausschließlich" gelten sollen, so daß eine sogenannte **Ausschließlichkeitsklausel"** vorliegt. Diese notifiziert, daß für die Einbeziehung/Geltung entgegenstehender oder widerstreitender AGB kein Raum ist. Regelmäßig wird dieser Sachverhalt auch noch durch eine weitere, eigenständige Texierung unterstrichen, indem entgegenstehende oder widerstreitende AGB des anderen Vertragsteils ausdrücklich abgewehrt werden, diese wird als „Abwehrklausel" bezeich-

---

121. BGHZ 18, 212, 216.
122. Palandt/Heinrichs, § 148 Rdnr. 17.
123. BGH NJW 1962, 104; OLG Köln, BB 1971, 286.
124. Im einzelnen AGB-Klauselwerke/Graf von Westphalen, Vertragsabschlußklauseln, Rdnr. 8 ff. m.w.N.; Tengelmann, Betr 1968, 205; Schmidt-Salzer, BB 1971, 591; Schlechtriem, BB 1974, 1309; Vogt, BB 1975, 200; Graf von Westphalen, Betr 1976, 1317; Ebel, NJW 1978, 1033.

5. Die Kollision von Bedingungen

net.[125] Dabei ist unbestritten, daß auch Vertragsabschlußklauseln ihrerseits als AGB-Klauseln im Sinn von § 1 Abs. 1 AGBG zu qualifizieren sind.[126] Denn gerade das Zusammenspielen von Geltungs-, Ausschließlichkeits- und Abwehrklauseln dient dem Zweck, den Vertragsabschluß – und damit den Vertragsinhalt – zugunsten des jeweiligen AGB-Verwenders inhaltlich zu fixieren.[127]

b) Aus dieser unterschiedlichen Struktur von Geltungs-, Ausschließlichkeits- und Abwehrklauseln ergeben sich folgende Bewertungen, welche für die Praxis relevant sind.

aa) Die frühere Rechtsprechung des BGH fand die Lösung des Kollisionsproblems vorwiegend in § 150 Abs. 2 BGB. Danach blieb der Vertragsabschluß züachst offen; es setzte sich die Partei mit ihren AGB durch, welche zuletzt auf ihre Bedingungen verwiesen hatte, sofern die andere Partei die vertraglich geschuldete Lieferung/Leistung widerspruchs- und vorbehaltlos entgegengenommen bzw. erbracht hatte.[128] Dabei ist erneut darauf hinzuweisen, daß auch im kaufmännischen Verkehr Schweigen auf eine „modifizierte Auftragsbestätigung" gemäß § 150 Abs. 2 BGB nicht als Einverständniserklärung zu werten ist.[129] Diese Theorie hat freilich eklatante Nachteile, weil sie den Vertragsabschluß bis zur Erfüllung in der Schwebe läßt. Zutreffend wird sie – durchaus plastisch formuliert – als „**Theorie des letzten Wortes**" apostrophiert, weil sich ja die Partei mit ihren AGB durchsetzt, welche zuletzt, d. h. vor Erbringung oder Annahme der Leistung auf deren Geltung verwiesen hat, was zu einem unliebsamen Ping-Pong-Spiel im Streit um die Geltung der jeweiligen eigenen AGB zwischen Lieferant und Besteller geführt und dem Zufall Tür und Tor geöffnet hat. Regelmäßig war der Besteller die Partei, die zuletzt geschwiegen hatte. Daher setzte sich der Lieferant mit den Verkaufs-AGB durch.

bb) Inzwischen ist allerdings der BGH dazu übergegangen, die Lösung des Kollisionsproblems im Konsens-Dissens-Prinzip der §§ 154, 155 BGB zu sehen, ohne freilich ausdrücklich die Alternative gemäß § 150 Abs. 2 BGB aufzugeben.[130] Diese – letzte – Feststellung trifft indessen mit umgekehrten Vorzeichen für die instanzgerichtliche Judikatur zu.[131] Dabei ist je-

---

125. Palandt/Heinrichs, AGBG, § 2 Rdnr. 27; BGH BB 1982, 1751; BGH ZIP 1986, 1052; BGH NJW 1991, 1606; vgl. auch Graf Lambsdorff, ZIP 1987, 1370 ff.
126. BGHZ 104, 93, 99; LG München NJW-RR 1992, 244; Grunewald, ZIP 1987, 353 ff.
127. Rieger/Friedrich, JuS 1987, 118, 125.
128. BGH LM Nr. 3 zu § 150 BGB; BGH LM Nr. 6 zu § 150 BGB; OLG Stuttgart, NJW 1947/1948, 383; OLG Köln, WM 1971, 846.
129. BGHZ 18, 212, 216; BGHZ 61, 282, 287; LG Rottweil NJW-RR 1992, 688.
130. BGH BB 1973, 1459; BGH BB 1974, 1136; BGH WM 1977, 451; BGH WM 1977, 555, 556; BGH NJW 1980, 449; BGH NJW 1985, 1838, 1839; BGH NJW-RR 1986, 984; BGH NJW 1991, 1604, 1606.
131. OLG Frankfurt, BB 1975, 601; LG Hagen, BB 1976, 723; OLG Hamm, BB 1979, 701; OLG Köln, BB 1980, 1237; OLG Stuttgart, ZIP 1981, 176, 177; OLG Koblenz, WM 1984, 1347, 148; OLG Hamm, WM 1985, 785, 786; OLG Karlsruhe VersR 1990, 1283.

doch zu unterstreichen, daß der BGH – zumindest teilweise – darauf abstellt, ob der Besteller in seinen Einkaufs-AGB eine „Abwehrklausel" verwendet hat.[132] Die Bedeutung der in den Einkaufs-AGB enthaltenen „Abwehrklauseln" äußerte sich dabei insbesondere gegenüber der Wirksamkeit eines in den Verkaufs-AGB des Lieferanten enthaltenen erweiterten und verlängerten Eigentumsvorbehalts.[133] Denn durch eine derartige „Abwehrklausel" gibt der Besteller dem Lieferanten – von vornherein – zu erkennen, daß er die Verkaufs-AGB „weder insgesamt noch teilweise" zum Inhalt des Vertrages werden lassen will.[134]

Die rechtsgeschäftliche Funktion von „Abwehrklauseln" und „Ausschließlichkeitsklauseln" ist im übrigen identisch.[135] Sie sind – von den Fällen des noch zu behandelnden Eigentumsvorbehalts abgesehen – nicht geeignet, entgegenstehende AGB-Klauseln des anderen Vertragsteils einseitig abzuwehren, d.h. eine sich selbst Geltung verschaffende Funktion in bezug auf ihren eigenen Vorrang zu erreichen.[136] Daher gilt die hier behandelte Lösung immer dann, wenn beide Parteien im kaufmännischen Verkehr die Geltung ihrer AGB rechtsgeschäftlich wollten (vgl. sub dd).

cc) Die notwendige Voraussetzung dafür, auf das **Konsens-Dissens-Prinzip** der §§ 154, 155 BGB bei kollidierenden AGB zu rekurrieren, ist stets die Feststellung: Beide Parteien haben den Abschluß des Vertrages gewollt; sie waren sich in den wesentlichen Punkten des Individualvertrages – Liefergegenstand, Lieferzeit, Lieferort, Zahlungsbedingungen, Preis – einig. Der Dissens im Hinblick auf die Geltung der AGB ist dann – infolge des Konsenses beider Parteien über die essentialia negotii – irrelevant.[137] Auch die Literatur folgt dieser dogmatischen Einordnung.[138]

dd) Wenn und soweit beide Parteien den Individualvertrag gewollt und mit seiner Ausführung begonnen haben, ist der Dissens in den AGB irrelevant: Die AGB gelten vielmehr – im Rahmen des Kongruenzprinzips – insoweit, als sie einander entsprechen,[139] also nicht im Widerspruch zueinander

---

132. BGH BB 1974, 1136; BGH WM 1977, 451; BGH NJW 1985, 1838; BGH NJW-RR 1986, 984; BGH NJW 1991, 1604, 1606.
133. BGH NJW 1985, 1838; BGH NJW-RR 1986, 984; im einzelnen auch de Lousanoff, NJW 1985, 1921 ff.; Graf Lambsdorff, ZIP 1987, 1370 ff.
134. BGH NJW 1985, 1838.
135. Wolf/Horn/Lindacher, AGBG, § 2 Rdnr. 76.
136. OLG Köln, WM 1980, 905, 908 = BB 1980, 1237.
137. BGH NJW 1985, 1838; OLG Hamm, BB 1979, 701; OLG Stuttgart, ZIP 1981, 176; OLG Koblenz, WM 1984, 1347; OLG Hamm, WM 1985, 785.
138. Wolf/Horn/Lindacher, AGBG, § 2 Rdnrn. 74 ff.; Ulmer/Brandner/Hensen, AGBG, § 2 Rdnrn. 98 ff.; Palandt/Heinrichs, AGBG, § 2 Rdnr. 27; AGB-Klauselwerke/Graf von Westphalen, Vertragsabschlußklauseln, Rdnrn. 8 ff.; Staudinger/Schlosser, AGBG, § 2 Rdnr. 83; Erman/Hefermehl, AGBG, § 2 Rdnrn. 47, 49.
139. Wolf/Horn/Lindacher, AGBG, § 2 Rdnr. 78; Staudinger/Schlosser, AGBG, § 2 Rdnr. 85; Palandt/Heinrichs, AGBG, § 2 Rdnr. 27; Ulmer/Brandner/Hensen, AGBG, § 2 Rdnrn. 1 ff.

5. Die Kollision von Bedingungen

stehen.[140] Notwendigerweise ist dabei nicht am Wortlaut der einzelnen Bestimmungen zu haften, was auch dem allgemeinen Auslegungsprinzip von § 133 BGB entspricht.

ee) Ob dies auch insoweit gilt, als ein „gemeinsames Minimum" der im übrigen widerstreitenden AGB-Klauseln vorliegt, läßt sich nicht generell sagen, dürfte aber regelmäßig abzulehnen sein,[141] zum Beispiel bei einer sechsmonatigen Gewährleistungsfrist in den Verkaufs-AGB gemäß §§ 477, 638 BGB, während in den entgegenstehenden Einkaufs-AGB eine Gewährleistungsfrist von 24 Monaten bedungen ist. Das führt dann zur Anwendung des dispositiven Rechts gemäß §§ 477, 638 BGB unter Berücksichtigung von § 6 Abs. 2 AGBG. Verlangt der Lieferant in seinen Einkaufs-AGB eine Nachfrist im Rahmen von § 326 BGB von sechs Wochen, während der Besteller in seinen Einkaufs-AGB als angemessene Nachfrist eine solche von zwei Wochen stipuliert, so wird man sicherlich nicht soweit gehen können, das Kongruenzprinzip auf das „gemeinsame Minimum", d. h. auf den Zeitraum von zwei Wochen zu erstrecken. Sachgerechter ist es dann, gemäß § 6 Abs. 2 AGBG unmittelbar an § 326 BGB anzuknüpfen.

ff) Aus der Geltung des Kongruenzprinzips folgt gemäß § 6 Abs. 2 AGBG: Soweit die Verkaufs-AGB und die Einkaufs-AGB einander widersprechen, gilt dispositives Recht.[142] Bei der – beiderseitigen – Verwendung einer „Abwehrklausel" oder einer entsprechenden „Ausschließlichkeitsklausel" ist dieses Ergebnis – schon nach der Sinn- und Zweckrichtung einer derartigen Klausel – evident. Die gleiche Rechtsfolge muß aber auch dann gelten, wenn der Kollisionsfall von Verkaufs- und Einkaufs-AGB dadurch charakterisiert ist, daß eine Partei lediglich eine „Geltungsklausel" – regelmäßig auf der Vorderseite der Auftragsbestätigung – verwendet, während die andere Partei – weitergehend – eine entsprechende „Ausschließlichkeitsklausel" oder auch eine noch weitergehende „Abwehrklausel" formuliert hat.[143] Diese Sicht entspricht auch der instanzgerichtlichen Judikatur.[144] Der gegenteiligen Auffassung, wonach die Verwendung einer „Ausschließlichkeitsklausel" oder einer „Abwehrklausel" dazu führt, daß die von dem anderen Vertragsteil lediglich verwendete „Geltungsklausel" verdrängt wird, ist nicht zu folgen.[145] Denn bereits aus der Verwendung der „Gel-

---

140. BGH NJW 1985, 1838, 1839; OLG Hamm, WM 1985, 785, 786; Löwe/Graf von Westphalen/Trinkner, AGBG, § 2 Rdnr. 46; Ulmer/Brandner/Hensen, AGBG, § 2 Rdnr. 101.
141. AGB-Klauselwerke/Graf von Westphalen, a. a. O., Rdnr. 16; Wolf/Horn/Lindacher, a. a. O.; Ulmer/Brandner/Hensen, a. a. O.
142. Ulmer/Brandner/Hensen, AGBG, § 2 Rdnr. 103; Löwe/Graf von Westphalen/Trinkner, AGBG, § 2 Rdnr. 46; Palandt/Heinrichs, AGBG, § 2 Rdnr. 27.
143. AGB-Klauselwerke/Graf von Westphalen, Vertragsabschlußklauseln, Rdnr. 14f.; Ulmer/Brandner/Hensen, AGBG, § 2 Rdnr. 98.
144. OLG Köln, BB 1980, 1237, 1239; OLG Hamm, BB 1983, 1814.
145. so aber Wolf/Horn/Lindacher, AGBG, § 2 Rdnrn. 74 ff.; Schmidt-Salzer, AGBG, Rdnr. B 25; Schmidt-Salzer, BB 1971, 591, 596 f.

tungsklausel" wird deutlich, daß der AGB-Verwender seiner Vertragserklärung seine AGB zugrunde legen will; dies ist auch dem anderen Vertragsteil – unter Berücksichtigung der §§ 145 ff. BGB – unmittelbar erkennbar. Würde man anders argumentieren,[146] so wären – erneut – der Kautelarjurisprudenz Tür und Tor geöffnet: Jeder AGB-Verwender hätte dann ein primäres Interesse daran, seine jeweilige „Abwehrklausel" so zu gestalten, daß sie gegenüber – wie auch immer gearteten – entsprechenden „Abwehrklauseln" der Gegenseite hieb- und stichfest wäre. Damit aber würde das endlich anerkannte Konsens-Dissens-Prinzip der §§ 154, 155 BGB zur Bewältigung des leidigen Kollisionsproblems auf den Kopf gestellt.

gg) Gerade bei der Kollision von AGB ist die Antwort auf die Frage von hoher praktischer Bedeutung, ob dispositives Recht gemäß § 6 Abs. 2 AGBG auch dann gilt, wenn die andere Partei in ihren AGB auf die entsprechende AGB-Klausel in den Verkaufs-AGB praktisch „schweigt", d.h. nur eine Regelung aufweist, die dem dispositiven Recht entspricht. Die praktische Bedeutung dieser Frage zeigt sich vor allem bei Haftungsbegrenzungs- und Haftungsfreizeichnungsklauseln sowie bei Eigentumsvorbehaltsklauseln, welche ja integraler Bestandteil aller Verkaufs-AGB ist, weil hierzu in den Einkaufs-AGB häufig keine entsprechende Regelung enthalten ist.[147] Denn diesen Bestimmungen in den Verkaufs-AGB setzt der Besteller in seinen Einkaufs-AGB regelmäßig keine ausdrückliche AGB-Klausel entgegen, sondern läßt eine Regelungslücke, d.h. er will die Geltung des dispositiven Rechts.

Ob in diesen Fällen gemäß § 6 Abs. 2 AGBG dispositives Recht oder ob die einseitig formulierten AGB gelten, ist stets durch **Auslegung** gemäß §§ 133, 157 BGB zu ermitteln.[148] Maßgebend ist dabei das Interesse des Bestellers: Läßt sich dies als stillschweigendes Einverständnis mit der einseitigen Regelung in den Verkaufs-AGB deuten, wie zum Beispiel bei Klauseln des einfachen Eigentumsvorbehalts,[149] oder ist die in den Einkaufs-AGB fehlende vertragliche Regelung dahin zu verstehen, daß damit – entsprechend dem Interesse des Bestellers – dispositives Recht sich durchsetzt, wie zum Beispiel gegenüber einseitig formulierten Haftungsfreizeichnungs- oder Haftungsbegrenzungsklauseln des Lieferanten? Dabei ist allerdings die Auslegung gemäß §§ 133, 157 BGB unabhängig davon vorzunehmen, ob die eine oder die andere Partei eine „Abwehrklausel" verwendet.[150]

---

146. dagegen auch mit Recht Graf Lambsdorff, ZIP 1987, 1370, 1373.
147. AGB-Klauselwerke/Graf von Westphalen, Vertragsabschlußklauseln, Rdnr. 18 f.
148. Ulmer/Brandner/Hensen, AGBG, § 2 Rdnr. 104; Erman/Hefermehl, AGBG, § 2 Rdnr. 48, 49; Löwe/Graf von Westphalen/Trinkner, AGBG, § 2 Rdnr. 47; Graf von Westphalen, Betr 1976, 1317; 1329.
149. BGH BB 1985, 1818, 1819; BGH ZIP 1986, 1052, 1054; BGH WM 1988, 740; BGH WM 1989, 1342, 1343.
150. vgl. BGH NJW-RR 1986, 984; hierzu auch Graf Lambsdorff, ZIP 1987, 1370 ff.

5. Die Kollision von Bedingungen

Regelmäßig dürfte die Auslegung dahin gehen, daß der Besteller die Geltung dispositiven Rechts wollte, so daß dieses dann gemäß § 6 Abs. 2 AGBG, nicht aber die einseitige Regelung in den Einkaufs-AGB gilt. Zugunsten des Lieferanten gilt gleiches, etwa bei der Regelung der Wareneingangskontrolle und Mängelrüge nach §§ 377, 378 HGB oder den sehr kurzen Gewährleistungsfristen der §§ 477, 638 BGB.

b) Um aber allen Fährnissen der Judikatur Rechnung zu tragen, ist im Hinblick auf die Geltung der im **Formular** vorgeschlagenen Einkaufs-AGB eine umfassende Ausschließlichkeits- und Abwehrklausel vorgesehen worden. Sie bewirkt zumindest, daß entgegenstehende oder widerstreitende Verkaufs-AGB abgewehrt werden, so daß – soweit der Widerspruch der einzelnen AGB reicht – dispositives Recht gemäß § 6 Abs. 2 AGBG gilt. Eine weitergehende Bedeutung hat die Klausel gemäß § 1 Abs. 1 des vorgesehenen Formulars nicht. Sie ist für den Besteller deshalb vorteilhaft, weil die Bestimmungen des dispositiven Rechts regelmäßig käuferfreundlich sind.

c) Die Kollision von Einkaufs- und Verkaufs-AGB ist – ausnahmsweise – gemäß § 150 Abs. 2 BGB zu bewältigen, wenn und soweit eine Partei den entgegenstehenden AGB der anderen Partei ausdrücklich gesondert – außerhalb der eigenen AGB und der dort enthaltenen „Abwehrklausel"/„Ausschließlichkeitsklausel" – widersprochen hat.[151] Dies gilt jedoch nur dann, wenn die schweigende Partei – in Kenntnis des gesonderten Widerspruchs – eine nach außen erkennbare, schlüssige Willenserklärung gesetzt hat, welche als Einverständnis mit den durch den gesonderten Widerspruch in Geltung gesetzten AGB zu verstehen ist.[152] Es kommt also dann darauf an, ob der Besteller – in Kenntnis des gesonderten Widerspruchs des Lieferanten – die Lieferung/Leistung vorbehaltlos entgegengenommen hat oder ob – im umgekehrten Fall – der Lieferant in Kenntnis des gesonderten Widerspruchs des Bestellers die Lieferung/Leistung vorbehaltlos ausgeführt hat.[153] Der Rückgriff auf das Konsens-Dissens-Prinzip der §§ 154, 155 BGB scheitert in diesen Fällen ersichtlich daran, daß die widersprechende Partei eine rechtsgeschäftlich bindende Erklärung abgegeben hat, welche die Anwendung des Konsens-Dissens-Prinzips der §§ 154, 155 BGB sprengt. Dem kann nicht entgegengehalten werden,[154] daß es sich – auch in diesen Fällen – um einen formelhaften Widerspruch handelt. Denn man darf nicht übersehen, daß ein derartiger gesonderter Widerspruch gegen die Geltung der AGB der anderen Partei dazu führt, das Annahmeverhalten im Sinn von § 150 Abs. 2 BGB als neuen Antrag, bei Ablehnung des ersten zu modifizieren.

---

151. AGB-Klauselwerke/Graf von Westphalen, Vertragsabschlußklauseln, Rdnr. 22
152. Wolf/Horn/Lindacher, AGBG, § 2 Rdnr. 75.
153. A. M. OLG Köln BB 1980, 1237, 1239 f.; Staudinger/Schlosser, AGBG, § 2 Rdnr. 83.
154. so aber OLG Köln, a. a. O.

d) Das **Formular** geht in § 1 Abs. (1) Satz 2 davon aus, daß – ungeachtet entgegenstehender Stimmen – der Lösungsansatz des Kollisionsproblems von AGB in § 150 Abs. 2 BGB gesucht wird. Für diesen Fall soll die Klausel gewährleisten, daß die eigenen AGB ausschließlich gelten, was zusätzlich zur Regelung von Abs. (1) Satz 1 angestrebt wird. Ob auch der gesonderte Widerspruch – außerhalb der AGB – von dieser Klausel erfaßt wird und erfaßt werden kann, erscheint angesichts des Vorrangs des Individualverhaltens zweifelhaft.[155]

e) Im Ergebnis wird man einräumen müssen, daß bei Widerstreit der AGB der Wert der eigenen AGB des Bestellers gering ist. Man mag die Regelung von § 1 Abs. (1) des Formulars textieren wie man will, unter Berücksichtigung des Konsens-Dissensprinzips der §§ 154, 155 BGB läßt sich eine unmittelbare und ausschließliche Geltung der eigenen AGB nicht erreichen. Hierfür ist der Abschluß einer Individualabrede notwendig, etwa auch eines Rahmenvertrages. Doch ist durch die Einkaufs-AGB – das ist schließlich das Resultat – für den Besteller die Geltung dispositiven Rechts erreicht, was für ihn tendenziell wegen der Käuferfreundlichkeit des dispositiven Rechts wesentlich vorteilhafter ist als für den Lieferanten.

6. Schriftformklauseln

Die hier verwendete Schriftformklausel bewirkt lediglich einen sehr moderaten Schutz des Bestellers. Doch ist entscheidend, daß sowohl das Vorrangprinzip von § 4 AGBG als auch die allgemeine Unwirksamkeitsregel des § 9 AGBG enge Grenzen für die Wirksamkeit von Schriftformklauseln aufstellen.

a) Aus § 127 BGB folgt, daß die Vorschrift des § 126 BGB „im Zweifel" auch für die durch das Rechtsgeschäft bestimmte schriftliche Form gilt. Das bedeutet: § 126 Abs. 1 BGB fordert – zur Wahrung der Schriftform – die eigenhändige Unterzeichnung der Urkunde durch den Aussteller; dabei muß die Unterschrift den Urkundentext räumlich abschließen.[156] Es muß sich um eine eigenhändige Unterschrift handeln, so daß – dies ist Konsequenz der Namensunterschrift – die Person des Ausstellers erkennbar wird. § 126 Abs. 2 BGB verlangt, daß die Parteien zur Wahrung der Schriftform dieselbe Urkunde unterzeichnen. In Abweichung von § 126 Abs. 2 BGB bestimmt § 127 BGB, daß zur Wahrung des Formerfordernisses – „soweit nicht ein anderer Wille anzunehmen ist" – neben der telegrafischen Übermittlung auch ein Briefwechsel ausreicht, um auf diese Weise einen formgültigen Vertragsabschluß zu dokumentieren.

Ist die nach § 127 BGB vertraglich vereinbarte, d. h. gewillkürte Schriftform nicht beachtet, so folgt aus § 125 Satz 2 BGB, daß dann das Rechtsge-

---

155. vgl. auch BGH NJW 1982, 1749; OLG Köln BB 1980, 1237, 1239f.
156. Palandt/Heinrichs, § 126 Rdnr. 5

6. Schriftformklauseln

schäft „im Zweifel" nichtig ist. Damit wird eine **Auslegungsregel** bezeichnet; es ist also jeweils gemäß §§ 133, 157 BGB zu ermitteln, welche Rechtsfolgen sich aus dem Formverstoß ergeben.[157] Dabei ist zu differenzieren: Dient unter Berücksichtigung der Parteiabrede die vereinbarte, d. h. gewillkürte Schriftform lediglich dem Zweck, das Vereinbarte schriftlich zum Zweck der Beweissicherung zu fixieren, so ist „im Zweifel" das Rechtsgeschäft auch dann wirksam, wenn dieses Formerfordernis nicht eingehalten wurde; es besteht jedoch dann ein Anspruch darauf, die fehlende Schriftform nachzuholen.[158] Ist aber zwischen Kaufleuten – und dies geschieht häufig – vereinbart, daß zum Zweck der Beweissicherung das mündlich Vereinbarte schriftlich bestätigt werden soll, so handelt es sich im Zweifel um ein **kaufmännisches Bestätigungsschreiben** gemäß § 346 HGB, dem deklaratorische Bedeutung zukommt.[159]

b) Soweit die Parteien im Sinn von § 127 BGB die Schriftform vereinbart haben, gilt diese für das gesamte Rechtsgeschäft; sie erstreckt sich also auch auf Nebenabreden.[160] Auch Vertragsänderungen werden von dem Schriftformerfordernis erfaßt.[161] Von Wichtigkeit ist in diesem Zusammenhang, daß die Parteien – als Herren des Rechtsgeschäfts – auch jederzeit in der Lage sind, das vereinbarte Formerfordernis formlos aufzuheben.[162] Hierfür aber ist erforderlich, daß ein entsprechender Wille eindeutig zum Ausdruck kommt. In der Praxis ist allerdings eine ausdrückliche Aufhebung der Schriftform selten; die stillschweigende Aufhebung oder Einschränkung des vereinbarten Formerfordernisses steht im Vordergrund: Haben die Parteien die Maßgeblichkeit der mündlichen Vereinbarung – in der Sache übereinstimmend – gewollt, so liegt darin oft eine stillschweigende Aufhebung des Formerfordernisses.[163] Dabei ist es unerheblich, ob die Parteien daran gedacht haben, daß – entsprechend der vorhergehenden Vereinbarung – Formzwang bestand.[164] Umstritten ist freilich die Antwort auf die Frage, ob die Parteien auch dann befugt sind, durch mündliche Vereinbarung den – früher begründeten – Formzwang aufzuheben, wenn die vereinbarte Schriftformklausel auch für diesen Fall Formzwang vorsieht. Nach der BGH-Judikatur ist dies zu verneinen.[165] Doch ist es zutreffender, unter Berücksichtigung der noch darzustellenden BGH-Judikatur zur Schriftformklausel im Sinn der §§ 4, 9 AGBG ein hiervon abweichendes Resultat durch die Erwägung zu begründen: Auch bei einer derart umfassend formulierten,

---

157. Palandt/Heinrichs, § 125 Rdnr. 12
158. Palandt/Heinrichs, a. a. O.
159. BGH NJW 1964, 1269, 1270
160. Soergel/Hefermehl, § 125 Rdnr. 32
161. Palandt/Heinrichs, § 125 Rdnr. 13
162. BGH NJW 1968, 32, 33; BGH WM 1981, 121, 122; BGH NJW 1991, 1751
163. BGH WM 1982, 902
164. BGHZ 71, 162, 164
165. BGHZ 66, 378, 381 f.; BGH NJW-RR 1991, 1290

mündliche Vereinbarungen ausschließenden Schriftformklausel hat das von den Parteien tatsächlich Gewollte, weil mündlich Vereinbarte Vorrang gemäß § 4 AGBG vor der früher vereinbarten Schriftform.[166] Daraus folgt, daß der praktische Nutzen einer derart weitreichend formulierten Schriftformklausel neu als Auslegungsregel zu qualifizieren ist.

c) Wenn und soweit die Parteien gemäß § 127 BGB Schriftform vereinbart haben, entfaltet die Urkunde eine **Beweisvermutung**, daß nämlich das schriftlich Vereinbarte richtig und vollständig in der Urkunde enthalten ist.[167] Dies gilt auch dann, wenn die Schriftform nur zu dem Zweck der Beweissicherung vereinbart wurde.[168] Gleichwohl bleibt der Nachweis zulässig, daß – außerhalb der Urkunde – eine mündliche Vereinbarung getroffen wurde.[169] Erforderlich ist aber in jedem Fall der Nachweis, daß die Parteien das mündlich Vereinbarte noch in dem Zeitpunkt als Vertraginhalt wollten, als sie darüber einig waren, über das Vereinbarte eine Urkunde zu errichten. Daran wird erkennbar, daß in diesem Punkt die Beweisanforderungen hoch liegen.

d) Hinsichtlich der Erscheinungsform typischer Schriftformklauseln bietet sich folgende Differenzierung an, die auch im Hinblick auf deren Wirksamkeitskontrolle gegenüber dem Vorrangprinzip von § 4 AGBG und der allgemeinen Unwirksamkeitsregel des § 9 AGBG Bdeutung hat.[170] Der Zweck aller Schriftformklauseln besteht darin, individuelle Abweichungen und Ergänzungen des vorformulierten Textes nur unter den erschwerten Voraussetzungen der Schriftform wirksam werden zu lassen; dies gilt insbesondere im Hinblick auf mündliche Zusagen, Nebenabreden oder sonstige Ergänzungen des schriftlich Vereinbarten. Zu unterscheiden ist deshalb:

aa) Die **einfache Schriftformklausel**, die etwa lautet: „Mündliche Abreden bedürfen zu ihrer Wirksamkeit der Schriftform". Daneben spielen **Vollständigkeitsklauseln** eine gewisse Rolle; sie lauten zum Beispiel: „Mündliche Abreden außerhalb dieses Vertrages sind nicht getroffen". Zwischen diesen Formen schwankt – je nach ihrem konkreten Inhalt – die Schriftformklausel, die entweder gegenüber dem Inhalt des Individualvertrages sowie der AGB-Klauseln Abweichungsverbote aufstellt und diese nur unter Berücksichtigung der Schriftform zuläßt sowie die Schriftformklausel, welche in bezug auf mündliche Abreden, Zusagen oder sonstige Erklärungen den schriftlichen Bestätigungsvorbehalt durch den Lieferanten stipuliert.[171]

---

166. Palandt/Heinrichs, § 125 Rdnr. 14; Soergel/Hefermehl, § 125 Rdnr. 33; Erman/Brox, § 125 Rdnr. 8 f.
167. BGH NJW 1980, 1680; BGH NJW 1981, 922; BGH NJW 1985, 623, 630; BGH NJW 1991, 1751; OLG Hamm NJW-RR 1993, 1490
168. MünchKomm/Foerschler, § 125 Rdnr. 26
169. Palandt/Heinrichs, § 125 Rdnr. 15
170. Vgl. im übrigen AGB-Klauselwerke/Graf von Westphalen, Schriftformklauseln Rdnr. 6 ff.
171. hierzu Ulmer/Brandner/Hensen, AGBG, § 4 Rdnr. 30

6. Schriftformklauseln

bb) Die **Rechtsprechung** des BGH – sie bietet in der Tat ein verwirrendes Bild – läßt gegenwärtig den Regelsatz unberührt: Schriftformklauseln sind nicht schlechthin gemäß §§ 4, 9 AGBG unwirksam. Vielmehr ist im Einzelfall eine Prüfung der Ausgestaltung der Klausel und ihres Anwendungsbereichs erforderlich.[172] Auch die Literatur reflektiert diesen Zusammenhang.[173] Gleichwohl werden regelmäßig im praktischen Ergebnis – besonders im Bereich abstrakter Kontrollverfahren gemäß §§ 13 ff. AGBG – die zur Prüfung gestellten Schriftformklauseln als einwirksam gemäß § 9 Abs. 1 AGBG verworfen. Im einzelnen:

(1) Unbedenklich im Sinn der §§ 4, 9 AGBG sind – entsprechend dem hier vorgelegten Muster – solche Schriftformklauseln, die für Vereinbarungen bei den Vertragsverhandlungen, einschließlich der Ausfüllung eines Bestellformulars die Schriftform vorsehen. Denn sie zielen in der Sache darauf ab sicherzustellen, daß der gesamte Vertrag – entsprechend der Vollständigkeitsvermutung einer rechtsgeschäftlich begründeten Urkunde – in schriftlicher Form niedergelegt ist.[174] Allerdings ist zu unterstreichen, daß der BGH[175] ausdrücklich offengelassen hat, ob aufgrund einer derartig formulierten Schriftformklausel eine unangemessene Benachteiligung des anderen Vertragsteils im Sinn von § 9 Abs. 1 AGBG anzunehmen ist, wenn die Schriftform nicht sicherstellt, daß auch solche mündlichen Vereinbarungen unwirksam sind, die „bei den Vertragsverhandlungen oder bei Ausfüllung des Bestellformulars" getroffen, nicht aber in der Urkunde enthalten sind.

(2) Unwirksam im Sinn der §§ 4, 9 AGBG ist jedoch eine Schriftformklausel, wenn und soweit sie sich auch auf nachträglich getroffene mündliche Vereinbarungen bezieht.[176] Denn unter dieser Voraussetzung zielt die Schriftformklausel darauf ab, dem Besteller/AGB-Verwender die Möglichkeit zu eröffnen, wirksame Individualvereinbarungen – mangels beachteter Schriftform – abzuwehren.[177] Allerdings ist allgemein anerkannt,[178] daß die Parteien eines Vertrages die Rechtsmacht besitzen, eine Schriftformklausel durch eine mündlich getroffene Abrede außer Funktion zu setzen, sofern sie deutlich einen diesbezüglichen Willen zum Ausdruck bringen. Differenziert also eine Schriftformklausel – dieses Erfordernis wird in der Praxis indessen selten beachtet – nicht nach solchen mündlichen Vereinbarungen, die bei Vertragsabschluß oder später getroffen worden sind, so ist die Schriftformklausel wegen Verstoßes gegen § 9 Abs. 1 AGBG insgesamt un-

---

172. BGH NJW 1982, 231, 333; BGH NJW 1985, 320, 322; BGH NJW 1986, 1809, 1810; offen gelassen in BGH ZIP 1992, 1573, 1575
173. Ulmer/Brandner/Hensen, AGBG, Anh. zu §§ 9 bis 11 Rdnr. 630; Wolf/Horn/Lindacher, AGBG, § 9 S 33 ff.; Palandt/Heinrichs, AGBG, § 5 Rdnr. 6
174. BGH NJW 1985, 320, 322; BGH NJW 1982, 331, 333
175. BGH NJW 1985, 320, 322
176. BGH NJW 1985, 320, 322; Palandt/Heinrichs, AGBG, § 9 Rdnr. 128
177. Wolf/Horn/Lindacher, AGBG, § 9 S 38
178. BGH NJW 1968, 32; BGH WM 1981, 121, 122

wirksam;[179] eine Teilbarkeit kommt nicht in Betracht.[180] Auch in der instanzgerichtlichen Judikatur wird die zu §§ 4, 9 AGBG gefolgerte Unwirksamkeit derartiger Schriftformklauseln reflektiert.[181] Entscheidend ist letztlich: Für nachträgliche Vereinbarungen besteht häufig ein berechtigtes Bedürfnis, zum Beispiel bei telefonischen Vertragsänderungen oder Ergänzungen. Ist dann die getroffene – mündlich vereinbarte, die den bisherigen Vertrag ergänzende – Individualabrede wirksam zustande gekommen, so steht die fehlende Schriftform im Sinn der §§ 127, 125 Satz 2 BGB nicht entgegen.[182] Wichtig ist in diesem Zusammenhang zu erkennen: Die Unwirksamkeitssanktion der §§ 4, 9 AGBG erfaßt derartige Schriftformklauseln unmittelbar, so daß es nicht mehr entscheidend darauf ankommt, daß die Parteien gleichzeitig den Nachweis erbringen, das nach Abschluß des Vertrages mündlich Vereinbarte habe die – einverständige – Aufhebung des Schriftformerfordernisses eingeschlossen. Denn das Vorrangprinzip der Individualabrede gemäß § 4 AGBG sowie die Unwirksamkeitssanktion des § 9 Abs. 1 AGBG bewirken, daß die – zu weit gefaßte – Schriftformklausel überhaupt nicht zum Zuge gelangt, also nicht in der Sache geeignet ist, der mündlich vereinbarten Individualabrede entgegengesetzt zu werden.

(3) Zahlreiche in der Praxis gebräuchliche Schriftformklauseln sind als **Bestätigungsklauseln** aufgebaut, weil sie die Wirksamkeit mündlicher Zusicherungen, Zusagen, Nebenabreden und Vertragsänderungen davon abhängig machen, daß diese gesondert vom AGB-Verwender schriftlich bestätigt werden. Derartige Bestätigungsklauseln verstoßen grundsätzlich gegen § 9 Abs. 2 Nr. 1 AGBG und sind unwirksam.[183] Daher hat eine Einmann-GmbH kein schutzwürdiges Interesse daran, eine solche Schriftformklausel zu verwenden.[184] In Übereinstimmung mit dem zuvor Gesagten sind deshalb Schriftformklauseln – gerade auch in der Form der Bestätigungsklausel – gemäß § 9 Abs. 2 Nr. 1 AGBG unwirksam, welche sich auf solche mündlichen Abreden beziehen, die nach Vertragsabschluß getroffen werden.[185] Deshalb läßt sich die Schlußfolgerung halten: Schriftformklauseln in der Form der Bestätigungsklausel sind nicht mehr geeignet, dem Besteller/AGB-Verwender das Risiko abzunehmen, sich vor unkontrollierbaren Äußerungen seiner Angestellten zu schützen und sich gegen mögliche, dadurch auftretende Beweisschwierigkeiten zu sichern.[186]

---

179. BGH NJW 1985, 320, 322
180. BGH NJW 1985, 320, 322
181. LG Frankfurt, AGBE V § 9 Nr. 129; LG Hamburg, AGBE V § 9 Nr. 130; LG Dortmund, AGBE V § 9 Nr. 134
182. BGH NJW 1985, 320, 322; BGH NJW 1986, 1809, 1810
183. BGH NJW 1985, 623, 630; Palandt/Heinrichs, AGBG, § 9 Rdnr. 128; AGB-Klauselwerke/Graf von Westphalen, Schriftformklausel, Rdnr. 18 ff.; 35 m. w. N.
184. BGH NJW 1983, 1853
185. BGH NJW 1986, 1809, 1810
186. so aber BGH NJW 1980, 234, 235

6. Schriftformklauseln

(4) Darüber hinaus dient eine Schriftformklausel in Form der Bestätigungsklausel auch dem Zweck, die Voraussetzungen der **Duldungs- und Anscheinsvollmacht** der für den Lieferanten/AGB-Verwender handelnden Personen zu beschränken, weil – entsprechend dem Klauselinhalt – als weitere Wirksamkeitsvoraussetzung für Zusagen, Zusicherungen, Nebenabreden etc. eine schriftliche Bestätigung des Bestellers/AGB-Verwenders gefordert wird.[187] Von einer Duldungsvollmacht ist dann zu sprechen, wenn der Vertretene es wissentlich geschehen läßt, daß ein anderer für ihn – wie ein Vertreter – auftritt und der Vertragspartner dieses Dulden unter Berücksichtigung der Gebote von Treu und Glauben gemäß § 242 BGB dahin verstehen darf, daß der als Vertreter Handelnde auch bevollmächtigt ist.[188] Eine Anscheinsvollmacht liegt hingegen dann vor, wenn der Vertretene das Handeln eines angeblichen Vertreters nicht kennt, er es aber bei pflichtgemäßer Sorgfalt hätte erkennen und verhindern können, und wenn – dies ist weitere Voraussetzung – der Geschäftspartner nach Treu und Glauben gemäß § 242 BGB annehmen durfte, daß der Vertretene das Handeln seines Vertreters duldete und billigte.[189] Bei allen Differenzierungen im Detail[190] unterscheiden sich Duldungs- und Anscheinsvollmacht vor allem dadurch: Die Anscheinsvollmacht – sie beruht ja auf der Zurechnung eines schuldhaft verursachten Rechtsscheins[191] – setzt in der Regel eine gewisse Dauer des Tätigwerdens des Verhaltens des Vertreters voraus.[192] Demgegenüber reicht bei einer Duldungsvollmacht bereits aus, wenn ein weiterer, gleich gelagerter Fall eintritt, aus dem unter Berücksichtigung der Gebote von Treu und Glauben gemäß § 242 BGB der Schluß abgeleitet werden kann, daß der Vertretene dieses Verhalten duldet.[193]

Zielt eine Schriftformklausel in Form der Bestätigungsklausel darauf ab, die Tatbestände der Anscheins- oder Duldungsvollmacht zu negieren, so kommt es ganz entscheidend darauf an: Ist diese Klausel derart eindeutig, unmißverständlich und klar formuliert, so daß sie bereits die Voraussetzungen beseitigt, welche für das Bestehen der Anscheins- oder Duldungsvollmacht konstitutiv sind, so wird sie als wirksam angesehen.[194] Die nicht ganz leicht nachzufollziehende Begründung liegt darin: Eine derart abgefaßte Klausel beseitigt bereits das Vertrauen des anderen Vertragsteils und das Entstehen einer Anscheins- oder Duldungsvollmacht, so daß das Vertrauen

---

187. BGH NJW 1985, 623, 630
188. BGH LM Nr. 4 zu § 167 BGB; BGH LM Nr. 13 zu § 167 BGB
189. BGH LM Nr. 4 zu § 167 BGB; BGH LM Nr. 8 zu § 167 BGB, BGH LM Nr. 17 zu § 167 BGB
190. Palandt/Heinrichs, § 173 Rdnr. 10 ff. m. w. N.
191. BGH LM Nr. 4 zu § 167 BGB
192. BGH LM Nr. 4 zu § 167 BGB; BGH WM 1986, 901
193. Palandt/Heinrichs, § 173 Rdnr. 11
194. Wolf/Horn/Lindacher, AGBG, § 9 Rdnr. S 47; Ulmer/Brandner/Hensen, AGBG, Anh. zu §§ 9 bis 11 Rdnr. 635

auf das mit dem „Vertreter" mündlich Vereinbarte nicht schutzwürdig ist. Daß es nach §§ 4, 9 AGBG nicht zu beanstanden ist, durch eindeutige, unmißverständliche und klare Erklärungen gegenüber dem anderen Vertragsteil sicherzustellen, daß die Vollmachten der Vertreter beschränkt sind, und daß deshalb die Voraussetzungen für das Entstehen einer Anscheinsoder Duldungsvollmacht abgeschnitten werden, ist sicherlich zutreffend.

Entscheidend aber ist in diesem Zusammenhang: Soweit derartige Bestätigungsvorbehalte in einer Schriftformklausel enthalten sind, finden sie regelmäßig beim anderen Vertragsteil nicht die erforderliche Aufmerksamkeit; sie sind daher – jedenfalls im Rahmen einer Schriftformklausel „versteckt" – nicht geeignet, den für das Entstehen einer Anscheins- oder Dulungsvollmacht konstitutiven Vertrauenstatbestand zu negieren. Dieser hat nämlich stets individualvertraglichen Charakter.

Der – individualvertraglich – erzeugte Vertrauenstatbestand, der zum Entstehen einer Anscheins- oder Duldungsvollmacht führt, ist also allemal im Sinn von § 4 AGBG stärker, was auch im Rahmen von § 9 Abs. 2 Nr. 1 AGBG beachtlich ist.[195] Zwar ist sicherlich einzuräumen, daß Kaufleute – durchaus im Gegensatz zu Nicht-Kaufleuten – eine höhere Gewandtheit im Schriftverkehr besitzen; schriftliche Abreden sind deshalb üblich. Doch ist gleichwohl das Vertrauen in das mündlich Vereinbarte – unter Kaufleuten weniger, unter Technikern in viel stärkerem Maß – eine wesentliche Grundlage des täglichen Geschäftsverkehrs, weil der Inhalt der AGB auch hier erfahrungsgemäß praktisch nicht zur Kenntnis genommen wird. Soweit dann – unter exakter Berücksichtigung der tatbestandlichen Voraussetzungen einer Anscheins- oder Duldungsvollmacht – eine mündliche Vereinbarung wirksam ist, scheitert ein in der Schriftformklausel enthaltener, gegenläufiger Bestätigungsvorbehalt sowohl am Vorrangprinzip von § 4 AGBG als auch an § 9 Abs. 2 Nr. 1 AGBG. Uneingeschränkt gilt dies, soweit nachträgliche, d. h. dem Vertragsabschluß folgende mündliche Abreden in Rede stehen.[196] Es gibt aber gleichermaßen mündliche Nebenabreden, die vor oder bei Vertragsabschluß getroffen werden.

c) **Zusammenfassend** ist also zu unterstreichen: Außerhalb – widerlegbar ausgestalteten – Vollständigkeitsklauseln sind Schriftformklauseln in Einkaufs-AGB wenig hilfreich, weil die Grenzen des Vorrangs der Individualabrede gemäß § 4 AGBG sowie die Unwirksamkeitskriterien von § 9 AGBG erhebliche praktische Auswirkungen haben. Man kann sogar mit guten Gründen[197] darüber streiten, ob eine Vollständigkeitsklausel, wie sie hier im Formular verwendet wird, überhaupt eine Schriftformklausel darstellt. Denn aus der simplen Tatsache, daß ein schriftlicher Vertrag – Bestellungen

---

195. AGB-Klauselwerke/Graf von Westphalen, Schriftformklausel, Rdnr. 25 ff.; a. M. Wolf/Horn/Lindacher, AGBG, § 9 Rdnr. S 51 bis 70
196. BGH NJW 1986, 1809, 1810
197. hierzu Wolf/Horn/Lindacher, AGBG, § 9 Rdnr. S 49

7. Geltungsbereich der AGB   35

und Auftragsbestätigungen werden unter Kaufleuten stets schriftlich abgefaßt – vorliegt, folgt bereits, daß diese Urkunde die Vermutung der Vollständigkeit und Richtigkeit – vorbehaltlich des zu führenden Gegenbeweises – verkörpert.[198]

7. Geltungsbereich der AGB

Es empfiehlt sich vorsorglich – wie im **Formular** vorgeschlagen – eine Regelung darüber zu treffen, für welchen Geltungsbereich die Einkaufsbedingungen Gültigkeit erlangen sollen. Die Notwendigkeit hierzu ergibt sich unmittelbar aus § 24 AGBG. Denn gemäß § 24 Satz 1 AGBG gelten die Bestimmungen der §§ 2, 10, 11, 12 AGBG nicht für die Verwendung von AGB-Klauseln gegenüber Kaufleuten, wenn und soweit der Vertrag zum Betrieb ihres Handelsgewerbes gehört; gleiches gilt, sofern die AGB gegenüber juristischen Personen des öffentlichen Rechts oder öffentlich-rechtlichen Sondervermögen Verwendung finden.

Soweit ein Besteller – aus welchen Gründen immer, was jedoch höchst selten, fast nie vorkommen dürfte – gehalten ist, seine Einkaufsbedingungen sowohl gegenüber **Nichtkaufleuten** als auch gegenüber **Kaufleuten** im Sinn von § 24 AGBG einzusetzen, sind die dadurch für die Praxis auftretenden Probleme schwer zu bewältigen:

Abhängig von den organisatorischen Möglichkeiten des Bestellers empfehlen sich folgende Wege:

– Läßt sich **keine organisatorische Trennung** zwischen den Geschäften herbeiführen, die einerseits gegenüber Nicht-Kaufleuten, andererseits gegenüber Kaufleuten abgeschlossen werden, so bleibt keine andere Wahl: der Besteller/AGB-Verwender ist dann gehalten, seine Einkaufsbedingungen insgesamt an den Wirksamkeitsgrenzen des nicht-kaufmännischen Verkehrs zu orientieren, d.h. die §§ 2, 10, 11 AGBG sind strikt zu beachten. Wesentliche Änderungen ergeben sich freilich dadurch nicht. Eine „geltungserhaltende Reduktion" der jeweiligen AGB-Klausel scheidet jedoch aus.[199] Dabei ist insbesondere zu berücksichtigen, daß der Schutzzweck der abstrakten Kontrollklage gemäß §§ 13 ff. AGBG darauf abzielt, den Rechtsverkehr davor zu schützen, daß gesetzeswidrige AGB-Klauseln verwendet werden, weil diese geeignet sind, den – rechtsunkundigen – Vertragspartner zu täuschen.[200] Wenn also die Verwendung von Einkaufsbedingungen gegenüber Nichtkaufleuten nicht von vornherein sicher ausgeschlossen werden kann, erfolgt die AGB-Kontrolle strikt an den Standards des nicht-kaufmännischen Verkehrs im Sinn der §§ 9, 10, 11 AGBG.

---

198. BGHZ 79, 281, 287; BGH NJW 1985, 623, 630
199. BGHZ 84, 109, 114f.; BGHZ 86, 284, 297, BGHZ 90, 69, 73; BGHZ 91, 375, 384; BGH ZIP 1986, 32, 34; Ulmer/Brandner/Hensen, AGBG, § 6 Rdnrn. 20ff.; Palandt/Heinrichs, AGBG, vor § 8 Rdnr. 9 m.w.N.
200. BGHZ 82, 21, 26; BGH ZIP 1987, 1185, 1186; BGH NJW 1990, 318

– Alternativ ist daran zu denken, in den Einkaufsbedingungen eindeutig klarzustellen, welche Klauseln für den nicht-kaufmännischen Verkehr gelten und welche für den kaufmännischen Verkehr vorgesehen sind. Redaktionell ist ein solches Vorgehen zu bewältigen. Doch leidet nicht selten die Transparenz der Vertragsgestaltung. Dabei ist zu berücksichtigen, daß für den nicht-kaufmännischen Verkehr das Verständlichkeits- und Transparenzgebot hohe Bedeutung hat.[201]

– Eine weitere Alternative besteht darin, auf die Besonderheiten des nichtkaufmännischen Verkehrs überhaupt nicht einzugehen, weil in der Praxis diese Konstellation vernachlässigenswert ist. Davon geht dieses Formular aus.

8. Einbeziehung im nicht-kaufmännischen Verkehr

Gleichwohl sind folgende Gesichtspunkte – für den „Fall aller Fälle" – zu berücksichtigen: Es ist unerläßlich, daß der AGB-Verwender seine Obliegenheit erfüllt, dem Lieferanten die Möglichkeit zumutbarer Kenntnisnahme vom Inhalt der AGB zu verschaffen – vgl. Formulartext zu Ziff. II. Besondere Bedeutung hat, daß gemäß § 2 Abs. 1 Nr. 2 AGBG die AGB für den Durchschnittskunden verständlich sein müssen.[202] Auf die Verwendung juristischer Begriffe ist deshalb zu verzichten. Vor allem aber: Der „ausdrückliche" Hinweis auf die Geltung der AGB ist dann im Sinn von § 2 AGBG verspätet, wenn er erst im Rahmen einer „modifizierten" Auftragsbestätigung erfolgt,[203] weil auch die Erbringung der Lieferung/Leistung regelmäßig nicht als Einverständnis mit der Geltung der AGB zu werten ist.[204]

a) Ein **Hinweis** ist im Sinn von § 2 Abs. 1 Nr. 1 AGBG nur dann im nicht-kaufmännischen Bereich als „ausdrücklich" zu qualifizieren, wenn er vom Besteller/AGB-Verwender unmißverständlich formuliert ist und für den Lieferanten klar erkennbar geäußert wurde.[205] Durch eben dieses Erfordernis wird der Einbeziehungsvorgang formalisiert; § 2 AGBG weicht von den Vorschriften der §§ 133, 157 BGB ab, weil eine Einbeziehungserklärung des Bestellers/AGB-Verwenders im Wege der Auslegung seiner sonstigen auf den Vertragsabschluß gerichteten Erklärungen nicht zu erzielen ist.[206]

b) § 2 Abs. 1 Nr. 2 AGBG erfordert des weiteren, daß der Besteller/ AGB-Verwender dem Lieferanten die Möglichkeit zumutbarer **Kenntnisnahme** vom Inhalt der AGB verschafft. Abgesehen davon, daß die AGB

---

201. Ulmer/Brandner/Hensen, AGBG, § 2 Rdnr. 5; Palandt/Heinrichs, AGBG, § 2 Rdnr. 14
202. Ulmer/Brandner/Hensen, AGBG, § 2 Rdnr. 51
203. Palandt/Heinrichs, AGBG, § 2 Rdnr. 6
204. Palandt/Heinrichs, AGBG, § 2 Rdnr. 16
205. BGH NJW-RR 1987, 112, 113
206. BGH NJW-RR 1987, 112, 113; Ulmer/Brandner/Hensen, AGBG, § 2 Rdnr. 19

8. Einbeziehung im nicht-kaufmännischen Verkehr

auf der Rückseite der Bestellung abgedruckt sein müssen,[207] ist der Besteller/AGB-Verwender verpflichtet, seinem Vertragspartner die AGB zu übersenden.

aa) Nach einem schriftlichen Angebot ist grundsätzlich ein schriftlicher – und damit „ausdrücklicher" – Hinweis auf die Geltung der AGB erforderlich, und zwar in gut lesbarer Form.[208] Verdeckte oder versteckte Hinweise reichen nicht aus.[209] Auch der Abdruck der AGB auf einem Lieferschein ist nicht ausreichend.[210] Im Sinn von § 2 Abs. 1 Nr. 2 AGBG ist auch die Verfügbarkeit der AGB für den Lieferanten – grundsätzlich: bei Vertragsabschluß – erforderlich.[211] Zum Kriterium der zumutbaren Kenntnisnahme im Sinn von § 2 Abs. 1 Nr. 2 AGBG zählt des weiteren die mühelose **Lesbarkeit** und **Verständlichkeit** des Inhalts der AGB.[212] Übermäßiger Kleindruck ist ebenso zu vermeiden wie eine ungewöhnliche Schriftart; insbesondere ist darauf zu achten, daß sich die AGB farblich von dem Papier abheben.[213]

bb) Die Voraussetzungen von § 2 Abs. 1 Nr. 1 und Nr. 2 AGBG müssen bei Vertragsabschluß vorliegen. Wird eine der beiden Voraussetzungen erst nach Abschluß des Vertrages erfüllt, so werden die AGB nicht Vertragsbestandteil, es sei denn, eine nachträgliche Änderung des Vertrages – unter Einbeziehung der AGB – ist – unter Beachtung der Voraussetzungen von § 2 Abs. 1 AGBG – vereinbart worden.[214] Frühere Hinweise des AGB-Verwenders/Bestellers wirken nur bis zum Vertragsabschluß fort; sie sind also – als Teil der jeweiligen Vertragsverhandlungen – auf den jeweiligen Individualvertrag beschränkt.[215]

c) Bei einem **mündlichen Vertragsabschluß** gelten die Obliegenheiten gemäß § 2 Abs. 1 Nr. 1 und Nr. 2 AGBG ungekürzt.[216] Doch bestehen bei einem fernmündlichen Vertragsabschluß erhebliche praktische Probleme.[217] Denn der Besteller/AGB-Verwender ist in der Regel außerstande, seinen Vertragspartner vor dem fernmündlichen Vertragsabschluß die Möglichkeit zu verschaffen, vom Inhalt der AGB Kenntnis zu nehmen. Die AGB vorzulesen, ist eine völlig unpraktische Lösung. Andererseits: Das Angebot des Bestellers/AGB-Verwenders, die einzubeziehenden AGB seinem Vertrags-

---

207. BGH NJW-RR 1987, 112, 114
208. BGH NJW 1986, 1608; OLG Hamm r + s 1996, 22
209. OLG Düsseldorf, BB 1983, 84; OLG Nürnberg BB 1990, 1999; OLG Hamm a.a.O.
210. BGH NJW-RR 1987, 112, 114
211. BGH NJW 1986, 1748, 1749; BGHZ 109, 192, 195; BGH NJW 1994, 2547; anders in einem Spezialfall; OLG Hamm NJW-RR 1996, 593
212. BGH BB 1983, 2074; BGH NJW-RR 1986, 1311; OLG Saarbrücken, NJW-RR 1988, 858; Palandt/Heinrichs, AGBG, § 2 Rdnr. 13 f.
213. OLG Hamburg, BB 1987, 1703
214. BGH NJW 1983, 816, 817; BGH NJW-RR 1987, 112, 114
215. Wolf/Horn/Lindacher, AGBG, § 2 Rdnr. 39
216. Wolf/Horn/Lindacher, AGBG, § 2 Rdnrn. 14 ff.
217. Palandt/Heinrichs, AGBG, § 2 Rdnr. 11; Wolf/Horn/Lindacher, AGBG, § 2 Rdnr. 17

partner zu übersenden, genügt den Erfordernissen von § 2 Abs. 1 Nr. 2 AGBG nicht, weil damit die Möglichkeit zumutbarer Kenntnisnahme erst für den Zeitpunkt nach Vertragsabschluß geschaffen wird. Ob die Lösung dieses leidigen Problems darin besteht, daß der Besteller/AGB-Verwender mit seinem Vertragspartner – anläßlich des Vertragsabschlusses – vereinbart, daß auf die Erfüllung der Einbeziehungsvoraussetzungen gemäß § 2 Abs. 1 Nr. 2 AGBG verzichtet wird, ist umstritten.[218] Im Zweifel ist dies zu verneinen, denn § 2 AGBG ist eine Schutzbestimmung,[219] auf die – jedenfalls im Rahmen und auf Grund von AGB-Klauseln – nicht wirksam verzichtet werden kann.[220]

d) Wenn die Einbeziehung der AGB-Klauseln gemäß § 2 Abs. 1 Nr. 1 und Nr. 2 AGBG vorgenommen wurde, ist regelmäßig davon auszugehen, daß der Lieferant mit der Geltung der AGB einverstanden war. Dieses Einverständnis kann ausdrücklich oder durch schlüssiges Verhalten erklärt werden.[221]

e) Bestätigungsklauseln[222] unterscheiden sich von Vertragsabschlußklauseln: Letztere betreffen AGB-Klauseln, die unmittelbar den Vertragsabschluß regeln und in diesem Zusammenhang auch sicherstellen sollen, daß AGB-Klauseln in den jeweiligen Individualvertrag einbezogen werden, etwa in Form der Geltungs-, Ausschließlichkeits- oder Abwehrklausel. Demgegenüber zielen Bestätigungsklauseln darauf ab, das nach § 2 Abs. 1 AGBG erforderliche Einverständnis mit der Geltung der AGB zu unterstreichen. Sie lauten zum Beispiel: „Der Lieferant bestätigt, von den umstehenden AGB Kenntnis genommen zu haben und mit deren Geltung einverstanden zu sein".

Für die Wirksamkeitskontrolle derartiger Bestätigungsklauseln gilt: Die Darlegungs- und Beweislast dafür, daß die Einbeziehungsvoraussetzungen gemäß § 2 Abs. 1 AGBG erfüllt sind, obliegt dem Besteller/AGB-Verwender.[223] Rechtsgeschäftliche Bestätigungen des Lieferanten, welche auf eine Änderung der Beweislast abzielen, sind jedoch nach § 11 Nr. 15 b AGBG unwirksam.[224] Deshalb ist bei Bestätigungsklauseln stets exakt danach zu differenzieren, ob ihre inhaltliche Ausgestaltung derart ist, zugunsten des Bestellers/AGB-Verwenders die sich aus § 2 Abs. 1 AGBG ergebende Be-

---

218. Ulmer/Brandner/Hensen, AGBG, § 2 Rdnr. 49; Löwe/Graf von Westphalen/Trinkner, AGBG, § 2 Rdnr. 16; Palandt/Heinrichs, AGBG, § 2 Rdnr. 11; a. M. Wolf/Horn/Lindacher, § 2 Rdnr. 47
219. BGH a. a. O.
220. a. M. OLG Koblenz ZIP 1983, 557
221. Palandt/Heinrichs, AGBG, § 2 Rdnr. 16
222. BGH BB 1983, 13 m. Anm. von Bohle
223. BGH NJW-RR 1987, 112, 113; Ulmer/Brandner/Hensen, AGBG, § 2 Rdnr. 66; Staudinger/Schlosser, AGBG, § 2 Rdnr. 16; Wolf/Horn/Lindacher, AGBG, § 2 Rdnr. 48
224. Löwe/Graf von Westphalen/Trinkner, Großkommentar, Bd. II § 11 Nr. 15 Rdnr. 28; Wolf/Horn/Lindacher, AGBG, § 2 Rdnr. 44

8. Einbeziehung im nicht-kaufmännischen Verkehr

weislast eine tatsächlich vollzogene Einbeziehung zum Nachteil des Lieferanten zu verschieben.[225] Beschränkt sich hingegen die Bestätigungsklausel darauf, daß der Lieferant lediglich erklärt, mit der „Geltung der AGB einverstanden zu sein", so ist dies weder nach § 2 Abs. 1 Nr. 2 – letzter Halbsatz – AGBG noch nach § 11 Nr. 15 AGBG oder nach § 9 Abs. 2 Nr. 1 AGBG zu beanstanden.[226] Denn unter dieser Voraussetzung hat eine solche Bestätigungsklausel lediglich deklaratorische Bedeutung. Sie erschöpft sich darin, die rechtsgeschäftliche Konsequenz in Form des Einverständnisses des Lieferanten zu wiederholen, sofern der Besteller/AGB-Verwender seine Erklärungsobliegenheiten gemäß § 2 Abs. 1 Nr. 1 und Nr. 2 AGBG erfüllt hat. Lautet die Bestätigungsklausel jedoch dahin, der Lieferant habe vom Inhalt der AGB „Kenntnis genommen" oder fingiert, der Besteller/AGB-Verwender habe ordnungsgemäß auf die Geltung seiner AGB „hingewiesen", so handelt es sich entweder um eine Erklärungsfiktion, die nach § 10 Nr. 5 AGBG zu beanstanden ist, oder um eine unwirksame Tatsachenbestätigung, weil der Verbotstatbestand von § 11 Nr. 15 b AGBG eingreift.[227]

§ 2
Angebot – Angebotsunterlagen

(1) Der Lieferant ist verpflichtet, unsere Bestellung innerhalb einer Frist von 2 Wochen anzunehmen.
- Alternativ:
Der Lieferant ist verpflichtet, innerhalb einer Frist von 2 Wochen unsere Bestellung durch Rücksendung des von ihm unterschriebenen Doppels dieser Bestellung anzunehmen.
(2) An Abbildungen, Zeichnungen, Berechnungen und sonstigen Unterlagen behalten wir uns Eigentums- und Urheberrechte vor; sie dürfen Dritten ohne unsere ausdrückliche schriftliche Zustimmung nicht zugänglich gemacht werden. Sie sind ausschließlich für die Fertigung auf Grund unserer Bestellung zu verwenden; nach Abwicklung der Bestellung sind sie uns unaufgefordert zurückzugeben. Dritten gegenüber sind sie geheimzuhalten; insoweit gilt ergänzend die Regelung von § 9 Abs. (4).
- Alternative *für den nicht-kaufmännischen Verkehr:*
Wie Abs. (1) – erste Alternative, sonst gleichlautend.

---

225. Bohle, BB 1983, 16f.
226. BGH BB 1983, 16f.; Wolf/Horn/Lindacher, AGBG, § 2 Rdnr. 44
227. Wolf/Horn/Lindacher, a.a.O.; a.M. BGH, a.a.O.; Ulmer/Brandner/Hensen, AGBG, § 2 Rdnr. 66

Inhalt der Erläuterungen zu § 2:

1. Die Angebotsbindung
2. Angebotsklauseln – Vertragsabschlußklauseln
3. Angebotsunterlagen
4. Angebotsbindung im nicht-kaufmännischen Verkehr
5. Änderungsbefugnisse

1. Die Angebotsbindung

Im kaufmännischen Verkehr ist die Bestellung regelmäßig als Angebot gemäß § 145 BGB zu qualifizieren. Voraussetzung für die nach § 145 BGB eintretende Bindungswirkung ist jedoch, daß aufgrund der Bestellung Gegenstand und Inhalt des Vertrages so bestimmt oder doch zumindest gemäß §§ 133, 157 BGB bestimmbar sind, daß die Annahmeerklärung des Lieferanten – regelmäßig verkörpert in der Auftragsbestätigung – durch das einfache „Ja" den Vertrag zustande bringt.[1]

a) Der **Antrag** ist für den Besteller gemäß § 145 BGB bindend; er kann deshalb – soweit die Bindungswirkung des Angebots reicht – dieses nicht frei widerrufen. Selbstverständlich kann der Besteller gemäß § 145 BGB – letzter Halbsatz – die Bindungswirkung an das Angebot ausschließen. Dies geschieht zum Beispiel dadurch, daß das Angebot als „freibleibend" oder als „unverbindlich" bezeichnet wird. Im kaufmännischen Verkehr ist jedoch anerkannt: Wird ein Antrag – regelmäßig geschieht dies freilich aus der Perspektive des Lieferanten – als „freibleibend" bezeichnet, geht aber dem Lieferanten daraufhin eine Bestellung zu, so gilt das Schweigen des Lieferanten als Zustimmung.[2] Soll die durch das Schweigen eintretende Bindungswirkung ausgeschlossen werden, so ist der Empfänger in diesen Fällen verpflichtet, unverzüglich die Annahme der Bestellung abzulehnen.

b) Die **Annahme** eines Vertrages ist eine einseitige, empfangsbedürftige Willenserklärung; ihr Inhalt besteht in einer vorbehaltlosen Bejahung des Angebots.[3] Gemäß § 146 BGB erlischt der Antrag, wenn er entweder gegenüber dem Antragenden abgelehnt oder nicht rechtzeitig gemäß §§ 147 ff. BGB angenommen worden ist. Auch die Ablehnung eines Antrags ist eine empfangsbedürftige Willenserklärung.[4]

aa) Aus den §§ 147, 148 BGB ergibt sich: Lediglich die rechtzeitige Annahme führt zum Vertragsabschluß. Hat der Besteller eine **Annahmefrist** bestimmt, so ist diese maßgebend, wie § 148 BGB bestimmt. Ist eine Frist für die Angebotsbindung – zum Beispiel für einen Zeitraum von 2 Wochen – vorgesehen, so beginnt im Zweifel die Frist mit der Abgabe des in der Bestellung liegenden Angebots, nicht erst mit dessen Zugang.[5] Aus dem Zu-

---

1. Palandt/Heinrichs, § 145 Rdnr. 1
2. Palandt/Heinrichs, § 145 Rdnr. 4; RG JW 1926, 2674
3. Staudinger/Dilcher, § 146 Rdnr. 1
4. Palandt/Heinrichs, § 146 Rdnr. 1
5. Soergel/Wolf, § 148 Rdnr. 8

1. Die Angebotsbindung

gangserfordernis gemäß § 130 Abs. 1 BGB ergibt sich des weiteren, daß die Annahmeerklärung innerhalb der bedungenen Frist zugegangen sein muß; es reicht im Zweifel nicht aus, daß innerhalb dieser Frist die erforderliche Annahmeerklärung abgegeben oder abgesandt wurde.[6]

bb) Die Annahme braucht nicht ausdrücklich erklärt zu werden; schlüssiges Verhalten reicht aus: Nimmt der Besteller die beim Lieferanten bestellte Lieferung/Leistung vorbehaltlos entgegen, obwohl eine Auftragsbestätigung deckungsgleich mit der Bestellung nicht vorliegt, so spricht vieles dafür, daß dann der Vertrag durch schlüssiges Verhalten wirksam zustande gekommen ist.[7] Doch ist entscheidend: Bloßes **Schweigen** ist keine Annahmerklärung.[8] Dies gilt auch grundsätzlich im kaufmännischen Geschäftsverkehr.[9] Doch ist gemäß § 242 BGB die vorbehaltlose Annahme der jeweiligen Lieferung/Leistung, die in Kenntnis einer „modifizierten" Auftragsbestätigung erfolgt, im kaufmännischen Verkehr als Zustimmung zu qualifizieren. Bei **laufenden Geschäftsbeziehungen** kann es jedoch anders sein: Abhängig von den Umständen des Einzelfalls kann sich aus § 242 BGB eine Widerspruchspflicht gegen die abweichende Auftragsbestätigung im Sinn von § 150 Abs. 2 BGB ergeben, sofern die Bindungswirkung ausgeschlossen werden soll.[10] Dies gilt vor allem dann, wenn die Parteien – im Rahmen laufender Geschäftsbeziehungen – eine Bindung auch bei partiellem Dissens eintreten ließen, weil dann § 154 Abs. 1 BGB § 150 Abs. 2 BGB verdrängt.

cc) Beide im Vertragsformular vorgesehenen Alternativen zu § 2 Abs. (1) gehen von einer zeitlichen Bindungswirkung der Bestellung aus. Die vorgeschlagene Alternative berücksichtigt darüber hinaus – abhängig von der jeweiligen Marktstärke des Bestellers –, daß das Kollisionsproblem von Einkaufs- und Verkaufs-AGB durch schriftliche Annahme des Doppels der Bestellung bewältigt wird. Wird diese Annahme vorbehaltlos erklärt, gelten ausschließlich die Einkaufs-AGB; werden Vorbehalte erklärt, sind diese – abhängig von den Umständen des Einzelfalls – nach §§ 154, 155 AGB aufzulösen, so daß dann bei widersprechenden AGB dispositives Recht gilt (S. 24 ff.).

c) In der Regel setzt die Bejahung eines Vertragsabschlusses voraus, daß Angebot und Annahmeerklärung einander in allen Punkten decken. Ist dies nicht der Fall, weil die Annahmeerklärung – im Gegensatz zur Bestellung – Abänderungen oder Ergänzungen enthält, so ist – abhängig von den Umständen des Einzelfalls – entweder auf § 150 Abs. 2 BGB oder auf das Konsens-Dissens-Prinzip der §§ 154, 155 BGB zurückzugreifen. Entschei-

---

6. Palandt/Heinrichs, § 148 Rdnr. 5
7. BGH NJW 1980, 2246
8. Palandt/Heinrichs, § 148 Rdnr. 3
9. BGHZ 18, 212, 216; BGH BB 1973, 1459; BGH BB 1974, 524; BGH NJW 1991, 1601 f.; BGH NJW-RR 1994, 1163, 1165; BGH NJW 1995, 1281
10. BGH LM Nr. 4 zu § 157 BGB (Gb); BGH NJW 1995, 1671, 1672

dend ist hierbei die Erkenntnis, daß § 154 Abs. 1 BGB eine Auslegungsregel enthält.[11] Demzufolge kommt es darauf an, ob sich beide Parteien – trotz des Dissenses – erkennbar vertraglich binden wollten.[12] Im Rahmen der Auslegungsregel des § 154 Abs. 1 BGB ist folglich ein vertraglicher Bindungswille immer dann zu bejahen, wenn beide Parteien – im beiderseitigen Einverständnis – mit der Durchführung des Vertrages trotz der noch offenstehenden, vom Dissens erfaßten Punkte begonnen haben.[13] Bezieht sich die fehlende Übereinstimmung von Angebot und Annahmeerklärung – in der kaufmännischen Terminologie: Bestellung und Auftragsbestätigung – auf die jeweilige, einander ausschließende Geltung der Einkaufs- und Verkaufs-AGB, so ergibt sich aus dem Konsens-Dissens-Prinzip der §§ 154, 155 BGB: Wenn und soweit sich die Parteien im Rahmen der individualvertraglichen Bindung tatsächlich geeinigt haben (Leistung, Preis, Zahlungsbedingungen, Lieferzeit, Lieferort), ist der Vertrag – ungeachtet des Dissenses in der Geltung der jeweiligen AGB – wirksam abgeschlossen, so daß – wie dargelegt (S. 28 f.) – anstelle der einander widersprechenden AGB-Klauseln gemäß § 6 Abs. 2 AGBG die Bestimmungen des dispositiven Rechts eingreifen.[14]

Bezieht sich hingegen der Dissens zwischen Angebot und Annahmeerklärung auf die zu erbringende Lieferung/Leistung, den Preis, die Zahlungsbedingungen, Lieferzeit oder Lieferort, so stellt sich jedesmal die Frage: Ist unter Berücksichtigung der Auslegungsregel des § 154 BGB – trotz des vorhandenen Dissenses – eine wirksame Vertragsbindung begründet? Oder ist dies erst dann gemäß § 150 Abs. 2 BGB zu bejahen, wenn und soweit die Parteien – in Kenntnis des Dissenses – mit der Erfüllung der Vertragspflichten begonnen haben? Freilich ist erst dann, wenn als Folge des Dissenses der Abschluß eines wirksamen Vertrages verneint wird, auf § 150 Abs. 2 BGB – „modifizierte" Auftragsbestätigung als neuer Antrag mit Ablehnung des vorherigen Angebots – zurückzugreifen: Weil auch im kaufmännischen Verkehr eine „modifizierte" Auftragsbestätigung der Annahme bedarf, ist also entscheidend, ob der Adressat der „modifizierten" Auftragsbestätigung – in Kenntnis ihres Charakters als eines neuen Angebotes – dieses ausdrücklich oder stillschweigend dadurch angenommen hat, daß er die aufgrund der „modifizierten" Auftragsbestätigung erbrachte Lieferung/Leistung vorbehaltlos entgegengenommen hat.[15] Unter Berücksichtigung der Gebote von Treu und Glauben gemäß § 242 BGB ist nämlich dann der Besteller regelmäßig gehindert, gegenüber seinem tatsächlichen Annahmever-

---

11. BGH NJW 1951, 397
12. BGH WM 1981, 1141; BGH NJW-RR 1992, 977, 978; KG NJW 1971, 1139
13. BGH NJW 1983, 1728; BGHZ 119, 283, 288
14. BGH BB 1974, 1136, 1137; BGH WM 1977, 451; BGH NJW 1980, 449; BGH NJW 1985, 1838
15. BGH LM Nr. 3 zu § 150 BGB; BGH LM Nr. 6 zu § 150 BGB

halten geltend zu machen, der Vertrag sei nicht zustande gekommen, so daß er folglich berechtigt sei, die erbrachte Lieferung/Leistung zurückzuweisen.

2. Angebotsklauseln – Vertragsabschlußklauseln

Alle die das Angebots- oder Annahmeverhalten der Parteien regelnden AGB-Klauseln müssen sich an die rechtsgeschäftlichen Grundsätze der §§ 145 ff. BGB anlehnen. Soweit dies nicht geschieht, verstoßen sie gegen § 9 Abs. 2 Nr. 1 AGBG und sind unwirksam.

a) Die den Abschluß des Vertrages unmittelbar regelnden AGB-Klauseln unterliegen – gemessen an den §§ 145 ff. BGB – den Kategorien der richterlichen Inhaltskontrolle gemäß § 9 AGBG.[16] Vertragsabschlußklauseln, die den jeweiligen Individualvertrag durch Schweigen des anderen Vertragsteils zustande bringen, verstoßen deshalb gegen § 9 Abs. 2 Nr. 1 AGBG.[17] Dies gilt nur dann nicht, wenn der – seltene – Ausnahmetatbestand des § 151 BGB vorliegt. Voraussetzung ist jedoch insoweit, daß der „Schweigende" – in Kenntnis eines an ihn gerichteten Angebots – eindeutig seinen Annahmewillen betätigt,[18] und daß zum anderen gemäß § 151 BGB ausnahmsweise auf den Zugang der Annahmeerklärung entweder aufgrund vertraglicher Vereinbarung verzichtet wurde oder ein Zugang der Annahmeerklärung nach näherer Maßgabe der Verkehrssitte nicht zu erwarten ist.[19]

b) Häufig wird die Klausel verwendet, daß sich „Inhalt und Umfang des Vertrages" ausschließlich nach der jeweiligen Bestellung richten.[20] Derartige AGB-Klauseln sind nicht geeignet, einen nach § 154 Abs. 1 BGB als maßgeblich einzustufenden Dissens zwischen Bestellung und Auftragsbestätigung zu überbrücken.[21]

c) Sofern der Besteller ein Angebot im Sinn von § 145 BGB abgibt, gilt für die bedungene Annahmefrist der Verbotstatbestand von § 9 Abs. 2 Nr. 1 AGBG unter Berücksichtigung von § 10 Nr. 1 AGBG: Unangemessen lange Fristen verstoßen gegen § 9 Abs. 2 Nr. 1 AGBG, wobei der jeweilige Individualvertrag und die Besonderheiten der Branche zu berücksichtigen sind.[22] Derartige Konstellationen sind allerdings im kaufmännischen Verkehr selten, weil eine in den Einkaufs-AGB vorgesehene Bindungsfrist regelmäßig kurz ist. Sie darf jedoch nicht unangemessen kurz sein, da dadurch die dem Lieferanten einzuräumende Überlegungs- und Dispositionsfreiheit

---

16. Grunewald, ZIP 1987, 353 ff.
17. AGB-Klauselwerke/Graf von Westphalen, Vertragsabschlußklauseln, Rdnr. 4 f.
18. Palandt/Heinrichs, § 151 Rdnr. 2
19. Palandt/Heinrichs, § 151 Rdnr. 3 f. m. w. N.
20. Bunte, Handbuch der Allgemeinen Geschäftsbedingungen, 167
21. AGB-Klauselwerke/Graf von Westphalen, Vertragsabschlußklauseln, Rdnr. 4
22. Löwe/Graf von Westphalen/Trinkner, Großkommentar, Bd. II S. 10 Nr. 1 Rdnr. 30; Wolf/Horn/Lindacher, AGBG, § 10 Nr. 1 Rdnr. 54

unangemessen im Sinn von § 9 Abs. 2 Nr. 1 AGBG beeinträchtigt wird. Es entscheiden hierbei stets die Umstände des Einzelfalls.

3. Angebotsunterlagen

Soweit zum Angebot – und dies ist in der Praxis ausgesprochen häufig – technische Dokumentationen, wie zum Beispiel Zeichnungen, Kalkulationen etc. gehören, beurteilt sich ihre Maßgeblichkeit unmittelbar nach § 145 BGB: Ist das Angebot bindend, so gilt dies uneingeschränkt, also auch für die gesamte Dokumentation, soweit sie Teil des Angebotes ist. Eine generelle Ausnahme wie oft in Lieferanten-AGB vorgesehen, daß die beigefügten technischen Spezifikationen Zeichnungen, Abbildungen etc. nur „annähernd" maßgebend sein sollen, scheitert an § 9 Abs. 2 Nr. 1 AGBG. In Einkaufs-AGB – und darum geht es hier – sind sie jedoch aufgrund der Interessenkonstellation regelmäßig nach § 145 BGB als bindend zu beurteilen, z. B. Ausschreibungsunterlagen oder Bestellspezifikationen.

Soweit im Angebot Zeichnungen, technische Spezifikationen etc. beigefügt werden, sollte zweckmäßigerweise eine über die Verbotstatbestände der §§ 17, 18 UWG hinausreichende Absicherung (Geheimhaltung, weitere Verwendung etc.) vertraglich vereinbart werden. Das UrhG schützt persönliche geistige Schöpfungen der Literatur, Wissenschaft und Kunst durch die Gewährung zeitlich beschränkter Ausschließlichkeitsrechte; ob und inwieweit diese tatsächlich eingreifen, ist abhängig von den jeweiligen Umständen des Einzelfalls. Deshalb empfiehlt sich eine weitergehende vertragliche Regelung; die hier vorgeschlagene ist nach § 9 AGBG unbedenklich.

4. Angebotsbindung im nicht-kaufmännischen Verkehr

Die hier vorgeschlagene Klausel geht davon aus, daß das Angebot in der Bestellung liegt. Unter dieser Voraussetzung ist stets der Verbotstatbestand von § 10 Nr. 1 AGBG zu berücksichtigen. Die Bindungsfrist darf nicht unangemessen lang oder nicht hinreichend bestimmt sein. Generelle Richtwerte verbieten sich.[23] Es ist stets eine umfassende Interessenabwägung unter Beachtung von § 147 BGB vorzunehmen.[24] Bei Alltagsgeschäften kann die im Formular vorgesehene Frist von zwei Wochen zu lang sein.[25] Bei hochwertigen Gütern, z. B. Kraftfahrzeugen kann eine Frist von vier Wochen angemessen sein.[26]

---

23. Löwe/Graf von Westphalen/Trinkner, Großkommentar, Bd. II § 10 Nr. 1 Rdnr. 12
24. Wolf/Horn/Lindacher, AGBG, § 10 Nr. 1 Rdnr. 9 ff.
25. Löwe/Graf von Westphalen/Trinkner, Großkommentar, Bd. Ii § 10 Nr. 1 Rdnr. 13; a. M. Wolf/Horn/Lindacher, AGBG § 10 Nr. 1 Rdnr. 15
26. BGH NJW 1985, 623, 626; BGH ZIP 1990, 241

5. Änderungsbefugnisse

Einseitige Änderungsbefugnisse sind in Einkaufs-AGB durchaus häufig. Sie kommen – wie noch zu zeigen ist – vor allem im Hinblick auf Lieferzeit (S. 74) sowie im Hinblick auf die Bestellmenge – allein diese wird hier behandelt – vor.

a) Soweit der Besteller die vertraglich bedungene Lieferung/Leistung **einseitig** aufgrund seiner Einkaufs-AGB ändert, verstößt er damit gegen das individualvertragliche Konsensprinzip, wie es in § 4 AGBG seinen Niederschlag gefunden hat. Folglich sind diese Klauseln regelmäßig gemäß § 9 Abs. 2 Nr. 1 AGBG unwirksam.[27] Wie bei allen Änderungsklauseln müssen die Voraussetzungen objektiv nachprüfbar vorliegen und Inhalt der Klausel sein.[28] Auch die Änderungsfolgen müssen entsprechend den Interessen des Lieferanten angemessen berücksichtigt werden.[29] Das ist selten in einer AGB-Klausel zu erreichen.

b) Darüber hinaus werden **Kündigungsklauseln** häufig verwendet; sie unterscheiden sich von den hier diskutierten Änderungsbefugnissen des Bestellers dadurch, daß der gesamte Auftrag annulliert, storniert oder sistiert wird.[30] Sie sind, was bereits in diesem Zusammenhang betont werden soll, nicht nur im Werkvertragsrecht an § 649 BGB zu messen, was gemäß § 9 Abs. 2 Nr. 1 AGBG nicht zu beanstanden ist.[31] Im Hinblick auf die bedungenen Rechtsfolgen ist es mit § 9 Abs. 2 Nr. 1 AGBG vereinbar, wenn der Besteller zu seinen Gunsten anstelle der Rechtsfolge des § 649 BGB – Erstattung des vollen Kaufpreises bzw. des vollen Werklohns – den Lieferanten darauf beschränkt, angemessenen Aufwendungsersatz zu erhalten, einschließlich eines anteiligen Gewinns.[32]

§ 3
Preise – Zahlungsbedingungen

(1) Der in der Bestellung ausgewiesene Preis ist bindend. Mangels abweichender schriftlicher Vereinbarung schließt der Preis Lieferung „frei Haus", einschließlich Verpackung ein. Die Rückgabe der Verpackung bedarf besonderer Vereinbarung.

---

27. AGB-Klauselwerke/Graf von Westphalen, Einkaufsbedingungen Rdnr. 15 ff.
28. BGH NJW 1980, 2518; BGH NJW 1986, 3135
29. BGH NJW 1994, 1060, 1063
30. Thamm, BB 1975, 1280 ff.; Grüter, Betr. 1980, 867
31. Thamm/Hesse, BB 1979, 1583, 1585
32. AGB-Klauselwerke/Graf von Westphalen, a. a. O.; Thamm/Hesse, BB 1979, 1583, 1587; Wolf/Horn/Lindacher, AGBG, § 9 E 83

(2) Die gesetzliche Mehrwertsteuer ist im Preis enthalten.

(3) Rechnungen können wir nur bearbeiten, wenn diese – entsprechend den Vorgaben in unserer Bestellung – die dort ausgewiesene Bestellnummer angeben; für alle wegen Nichteinhaltung dieser Verpflichtung entstehenden Folgen ist der Lieferant verantwortlich, soweit er nicht nachweist, daß er diese nicht zu vertreten hat.

(4) Wir bezahlen, sofern nichts anderes schriftlich vereinbart ist, den Kaufpreis innerhalb von 14 Tagen, gerechnet ab Lieferung und Rechnungserhalt, mit 2 % Skonto oder innerhalb von 30 Tagen nach Rechnungerhalt.

- Alternativ:
Wir behalten uns vor, die Rechnung des Lieferanten mit diskontfähigen Wechseln zu bezahlen; alle anfallenden Gebühren und Spesen gehen zu unseren Lasten.

- Alternativ, allerdings nur im Fall einer zusätzlichen Individualabrede:
Wir behalten uns vor, die Rechnung des Lieferanten auch im Scheck-Wechsel-Verfahren zu begleichen; alle anfallenden Gebühren und Spesen gehen zu unseren Lasten. Soweit ein einfacher Eigentumsvorbehalt zugunsten des Lieferanten besteht, erlischt dieser nicht bei Gutschrift des Gegenwerts des Schecks, sondern bleibt bis zur Einlösung des Wechsels bestehen.

(5) Aufrechnungs- und Zurückbehaltungsrechte stehen uns in gesetzlichem Umfang zu.

- Alternativen *für den nicht-kaufmännischen Verkehr:* keine, jedoch nicht Übernahme der zweiten Alternative von Abs. (4).

Inhalt der Erläuterungen zu § 3:

1. Der Preis
2. Preisanpassungsklauseln
3. Aufrechnungs- und Zurückbehaltungsrechte
4. Zahlungsverzug

1. Der Preis

Der vom Besteller zu entrichtende Preis ist – entsprechend der Struktur des Kaufvertrages als eines gegenseitigen Vertrages – die **Hauptpflicht** des Bestellers. Soweit nichts anderes vereinbart ist, ist sie gemäß §§ 320 Abs. 1, 322 BGB Zug um Zug gegen Übertragung der Kaufsache zu erfüllen.

a) Die auf die Kaufpreisforderung entfallende **Umsatzsteuer** ist Teil des Kaufpreises.[1] Doch läßt sich insoweit keine generelle Regel aufstellen; vielmehr kommt es jeweils auf die getroffenen Abreden und deren Auslegung gemäß §§ 133, 157 BGB an. Regelmäßig kann der zum Vorsteuerabzug berechtigte Lieferant die Mehrwertsteuer nicht zusätzlich zum Kaufpreis verlangen, wenn ein bestimmter Betrag als „Preis" angegeben wurde.[2] Deshalb

---

1. Palandt/Putzo, § 433 Rdnr. 30
2. BGH WM 1973, 677

1. Der Preis

braucht der Besteller – mangels abweichender Vereinbarung oder eines abweichenden Handelsbrauchs[3] – nur den bezifferten „Preis" zu zahlen; die Mehrwertsteuer ist dann als Kostenfaktor eingeschlossen.[4] Ob überhaupt ein abweichender Handelsbrauch für Kaufverträge besteht, die zwischen vorsteuerabzugsberechtigten Unternehmen abgeschlossen worden sind, ist umstritten.[5] Um etwaigen Auslegungsschwierigkeiten von vornherein vorzubeugen, empfiehlt es sich deshalb, eine eindeutige Regelung zu treffen, ob der zu zahlende „Preis" die Mehrwertsteuer einschließt oder zusätzlich zu dieser zu berücksichtigen ist.

b) Soweit nichts anderes vereinbart ist, muß und darf der Besteller den Kaufpreis in bar entrichten.[6]

aa) In der Praxis ist die bargeldlose Zahlung zur Regel geworden: Zahlung wird grundsätzlich durch Überweisung des geschuldeten Betrages auf ein Konto des Lieferanten geleistet.[7] Durch vorbehaltlose Gutschrift erhält der Lieferant jedoch nur einen Anspruch gegenüber der Bank. Die Tilgung tritt dann mit vorbehaltloser Gutschrift des eingezahlten Geldbetrages ein.[8] Das für die Zulässigkeit des Überweisungsverkehrs erforderliche Einverständnis des Lieferanten liegt dabei regelmäßig in der Angabe der Kontonummer auf der Rechnung bzw. der Auftragsbestätigung.[9] Für die Rechtzeitigkeit der Zahlung kommt es entscheidend darauf an, ob der Eingang des Überweisungsauftrages bei der Erst-Bank – Deckung vorausgesetzt – rechtzeitig ist.[10] Folglich beschränkt sich die vom Besteller geschuldete Leistungshandlung auf die Einreichung des Überweisungsauftrags; alles Weitere ist dann Sache der beauftragten Bank.[11] Eine Gutschrift auf dem Konto des Lieferanten ist also nicht erforderlich, weil auf die geschuldete Leistungshandlung, nicht aber auf den Leistungserfolg abzustellen ist.[12] Demzufolge kommt es auch nicht darauf an, zu welchem Zeitpunkt der zu überweisende Betrag auf dem Konto des Bestellers abgebucht wurde.[13]

bb) Grundsätzlich ist der geschuldete Preis ohen Abzüge zu bezahlen. Der Abzug von Skonto für vorzeitige oder pünktliche Zahlung ist nur zulässig, wenn dies vereinbart, im betreffenden Geschäftszweig handelsüblich

---

3. Schaumburg, NJW 1975, 1261
4. BGH WM 1972, 414; BGH WM 1973, 677
5. bejahend: RGRK-BGB/Mezger, § 433 Rdnr. 23; Palandt/Putzo, a. a. O.; Staudinger/Köhler, § 433 Rdnr. 79, verneinend: OLG Oldenburg, NJW 1969, 1486; OLG Düsseldorf, NJW 1976, 1268
6. Staudinger/Köhler, § 433 Rdnr. 156; Palandt/Putzo, § 433 Rdnr. 31
7. Staudinger/Köhler, § 433 Rdnr. 158
8. BGHZ 6, 121, 124; BGH NJW 1981, 380, 381
9. Palandt/Putzo, § 433 Rdnr. 34; a. M. Staudinger/Köhler, a. a. O.
10. RGZ 99, 23, 25; KG JW 1927, 527; Staudinger/Köhler, § 433 Rdnr. 162
11. OLG Düsseldorf, Betr. 1984, 2686; BFH WM 1986, 431
12. BGH NJW 1964, 499
13. MünchKomm/Keller, § 270 Rdnr. 22; Palandt/Heinrichs, § 270 Rdnr. 7

oder einseitig gestattet ist.[14] Anders formuliert: Der Abzug von Skonto setzt eine Barzahlungsvereinbarung voraus.[15] Soweit eine Skontofrist vereinbart, handelsüblich oder gestattet ist, liegt darin grundsätzlich eine wirksame Stundungsvereinbarung.[16] Die Vereinbarung von Skonto schließt die Vereinbarung als zeitliche Bedingung[17] ein, daß rechtzeitig Zahlung geleistet wird.[18] Soweit eine Skontofrist vereinbart ist, muß der skontierte Geldbetrag innerhalb der Frist beim Lieferanten eingegangen sein.[19] Die Beweislast für die rechtzeitige Zahlung trifft den Besteller, da er die Erfüllung des Kaufpreises schuldet.[20]

Die Feststellung einer **Skontovereinbarung** kann bei kollidierenden Verkaufs- und Einkaufs-AGB zweifelhaft sein, weil die „Skontofrist" in Verkaufsbedingungen regelmäßig vom „Rechnungsdatum" an rechnet, während die entsprechende Bestimmung in Einkaufsbedingungen dahin lautet, daß es auf das „Datum des Rechnungseingangs" ankommt.[21] Ungeachtet dieses Dissenses wird man gleichwohl – entsprechend der weiter oben aufgezeigten Regel (S. 22 ff.) – auch hier gemäß § 154 Abs. 1 BGB „im Zweifel" das Entstehen einer Skontovereinbarung bejahen dürfen. Voraussetzung ist allerdings, daß für die Vergangenheit – nicht nur gelegentlich – eine einseitige Gestattung des Skontoabzuges durch den Lieferanten innerhalb einer bestimmten Frist nachgewiesen werden kann. Anders gewendet: Handelt es sich um eine erstmalige Kollision von Einkaufs- und Verkaufs-AGB, so kann im Sinn der §§ 154, 155 BGB von einer Skontovereinbarung nicht ohne weiteres die Rede sein. Dies ist aber dann – abhängig von den Umständen des Einzelfalls – anders, wenn der Besteller Skonto in Abzug gebracht und der Lieferant dem nicht unverzüglich widersprochen und auf einer Barzahlung bestanden hat. Dann dürfte Schweigen als Zustimmung anzusehen sein.

c) Das **Formular** geht hier von dem Recht des Bestellers aus, Skontoabzüge vorzunehmen:

aa) Daß – entsprechend der Interessenlage bei Einkaufs-AGB – die Zahlungsfrist – insbesondere die Skontofrist – erst ab Rechnungserhalt läuft, ist unter Berücksichtigung von § 9 Abs. 2 Nr. 1 AGBG nicht zu beanstanden, weil auch für die Rechnung das in § 130 BGB normierte Zugangserfordernis gilt.[22]

bb) Der im **Formular** ausgewiesene Skontoabzug von 2 % ist handelsüb-

---

14. Staudinger/Köhler, § 433 Rdnr. 157
15. MünchKomm/Westermann, § 433 Rdnr. 74
16. BGH NJW 1981, 1959
17. § 163 BGB
18. OLG Düsseldorf, WM 1984, 248
19. Staudinger/Köhler, § 433 Rdnr. 157
20. BGH WM 1983, 1008, 1009
21. AGB-Klauselwerke/Graf von Westphalen, Zahlungsklauseln Rdnr. 5
22. AGB-Klauselwerke//Graf von Westphalen, Einkaufsbedingungen Rdnr. 60

1. Der Preis

lich und daher nicht zu beanstanden. Auch ist die Skontofrist von 14 Tagen moderat; es ist durchaus vorstellbar, daß die Skontofrist auf 30 Tage erstreckt wird, ohne daß dies – wegen des darin liegenden Stundungseffekts – an § 9 Abs. 2 Nr. 1 AGBG scheitert.[23] In jedem Fall aber muß sichergestellt sein, daß eine genaue Fristberechnung möglich ist.[24] Unwirksam im Sinn von § 9 Abs. 2 Nr. 1 AGBG ist deshalb eine Skontoklausel, die weder den Fristbeginn noch die Höhe des Skontoabzugs erkennen läßt.[25] Unwirksam gemäß § 9 Abs. 2 Nr. 1 AGBG sind aber auch Skontofristen, die dem Besteller das Recht einräumen, Skonto auch nach 45 oder gar 90 Tagen zu reklamieren, es sei denn, derartige Zahlungsbedingungen sind branchentypisch.[26]

cc) Unbedenklich ist es, wenn der Besteller – entsprechend der hier vorgesehenen Formulierung – darauf abhebt, daß die Rechnung exakt die **Bestellnummer** widerspiegeln muß, so daß eine Rechnungsprüfung – angesichts der organisatorischen Zwänge von Großbetrieben – überhaupt durchführbar ist, und daß selbstverständlich die Skontofrist erst dann beginnt, wenn der Lieferant seinerseits ordnungsgemäße Dokumente – Rechnungen, Versandpapiere, Lieferscheine etc. – vorgelegt hat.

d) Auf eine Zahlung des Bestellers durch **Wechsel** braucht sich der Lieferant nicht einzulassen; umgekehrt gilt: Auch der Besteller ist nicht verpflichtet, einen auf ihn gezogenen Wechsel zur Abdeckung des Kaufpreises zu akzeptieren.[27] Haben sich aber Lieferant und Besteller darauf geeinigt, daß Zahlung durch Hingabe eines Wechsels oder eines Schecks erfolgen kann, so gilt im Zweifel § 364 Abs. 2 BGB: Der Wechsel oder Scheck ist erfüllungshalber hereingenommen; die Kaufpreisforderung bleibt weiterhin bestehen.[28] In der Hereinnahme des Schecks oder Wechsels liegt eine Stundung der ursprünglichen Forderung; diese erlischt entweder mit der Erfüllung oder dadurch, daß der Versuch der anderweitigen Befriedigung mißlingt.[29] Es kann aber auch sein, daß insoweit keine Stundung vereinbart wird, sondern daß in der Hinnahme eines Schecks oder Wechsels lediglich ein vorübergehender Ausschluß der Klagbarkeit der Kaufpreisforderung liegt.[30] Bei Zahlung durch Scheck tritt Erfüllung mit der Belastung des Ausstellerkontos und Gutschrift auf dem Konto des Schecknehmers ein.[31]

---

23. AGB-Klauselwerke/Graf von Westphalen, Einkaufsbedingungen Rdnr. 61
24. Wolf/Horn/Lindacher, AGBG, § 9 Rdnr. V 62–70
25. OLG Frankfurt NJW-RR 1988, 1485; LG Aachen, NJW-RR 1986, 645
26. AGB-Klauselwerke/Graf von Westphalen a. a. O.
27. Staudinger/Köhler, § 433 Rdnr. 165
28. Staudinger/Köhler, § 433 Rdnr. 165
29. RGH WM 1974, 570, 571; BGH NJW 1986, 425, 426
30. Köhler, WM 1977, 242, 248; Palandt/Heinrichs, § 364 Rdnr. 9; MünchKomm/Heinrichs, § 364 Rdnr. 13
31. BGH Betr. 1988, 1947

Es entspricht der Verkehrssitte und § 9 Abs. 2 Nr. 1 AGBG, daß dem Besteller Wechsel- und Diskontspesen zur Last fallen.[32] Dies gilt auch dann, wenn „sofortige Fälligkeit" dieser Spesen verlangt wird.[33] In diesen Fällen ist unter dem Blickwinkel von § 9 AGBG entscheidend, daß die Hingabe von Wechseln oder Schecks stets im Interesse des Bestellers liegt, was die berechtigte Forderung einschließt, ihn auch mit den durch die Diskontierung anfallenden Spesen und sonstigen Gebühren zu belasten. Unwirksam im Sinn von § 9 Abs. 2 Nr. 1 AGBG ist es indessen, wenn der Lieferant seine Haftung für die „rechtzeitige Vorlage" des Wechsels, insbesondere für die „rechtzeitige Protestierung" ausschließt. Eine derart weitreichende Ausschlußklausel verstößt auch im kaufmännischen Verkehr – unter Berücksichtigung des Verbotstatbestandes von § 11 Nr. 7 AGBG – gegen § 9 Abs. 1 AGBG.[34] Ob die gleiche Wertung auch im Bereich einfacher Fahrlässigkeit gilt, läßt sich nicht ohne weiteres sagen. Doch spricht vieles dafür. Denn bei einer Leistung im Sinn von § 364 Abs. 2 BGB wird eine fiduziarische Vollrechtsübertragung – ähnlich einer Sicherungsübereignung oder Sicherungsabtretung – angenommen.[35] Folge dieser dogmatischen Einordnung ist es, daß auch eine fahrlässige Pflichtverletzung – bezogen auf die rechtzeitige Vorlage oder die rechtzeitige Protestierung des Wechsels – nicht hingenommen werden kann, ohne daß die entsprechende Haftungsfreizeichnungsklausel als unangemessene Benachteiligung im Sinn von § 9 Abs. 2 Nr. 1 AGBG bewertet wird.[36]

e) Verschiedentlich wird in Einkaufs-AGB vereinbart, daß der Besteller berechtigt ist, die Bezahlung der Rechnung mit „Zahlungsmitteln nach eigener Wahl" vorzunehmen. Wie bereits dargelegt, erfordert die Hingabe eines Wechsels eine individualvertragliche Abrede; die darin liegende Stundungsvereinbarung kann allein durch Einkaufs-AGB nicht bewirkt werden, ohne daß dies gegen § 9 Abs. 2 Nr. 1 AGBG sowie gegen das Vorrangprinzip gemäß § 4 AGBG verstößt.[37] Zu unterstreichen ist in diesem Zusammenhang aber vor allem, daß das häufig praktizierte **Scheck-Wechsel-Verfahren**[38] – mangels individualvertraglicher Vereinbarung – allemal gemäß § 9 Abs. 2 Nr. 1 AGBG unwirksam ist. Entscheidend für diese rechtliche Analyse ist: Beim Scheck-Wechsel-Verfahren erlischt die Kaufpreisschuld des Bestellers

---

32. Staudinger/Köhler, § 433 Rdnr. 167
33. AGB-Klauselwerke/Graf von Westphalen, Zahlungsmodalitäten, Rdnr. 18
34. ebenda
35. Köhler, WM 1977, 242; MünchKomm/Heinrichs, § 364 Rdnr. 12; Palandt/Heinrichs, § 364 Rdnr. 8
36. vgl. Vollhardt, BB 1982, 2142, 2143 f.; Löwe/Graf von Westphalen/Trinkner, Großkommentar, Bd. III – Bauherrenmodell Rdnr. 8; Wolf/Horn/Lindacher, AGBG, § 9 Rdnr. T 38
37. AGB-Klauselwerke/Graf von Westphalen, Einkaufsbedingungen Rdnr. 63
38. Thamm, ZIP 1984, 922 ff; BGH WM 1986, 547

3. Aufrechnungs- und Zurückbehaltungsrechte

– mangels eindeutig abweichender Vereinbarung – mit der vertragsgemäßen Zahlung per Scheck.[39] Der Lieferant ist also gehalten, für seine **Eigentumsvorbehaltssicherung** Sorge zu tragen, weil er als Aussteller des begebenen Wechsels gemäß Art. 10 WG weiter im Risiko bleibt, bis der Besteller als Akzeptant seiner wechselmäßigen Verpflichtung nachgekommen ist.[40] Da aber die vorerwähnte Zahlungsklausel auch das Scheck-Wechsel-Verfahren – formell gewertet – zuläßt, liegt ein Verstoß gegen § 9 Abs. 2 Nr. 1 AGBG vor.

2. Preisanpassungsklauseln

Preisanpassungsklauseln in Einkaufs-AGB sind selten.

Auch im kaufmännischen Verkehr unterliegen sie – gleichgültig, in welcher Weise sie ausformuliert sind – dem Vorrangprinzip von § 4 AGBG.[41] Das Vorrangprinzip von § 4 AGBG greift auch dann ein, wenn der zu zahlende Preis nur nominal bestimmt und nicht ausdrücklich als „Festpreis" bezeichnet ist.[42] Anders gewendet: Preisanpassungsklauseln müssen mit der individualvertraglichen Preisabrede vereinbar sein.[43] Im übrigen gelten für sie die engen Grenzen von Änderungsklauseln (S. 45), was gemäß § 9 Abs. 2 Nr. 1 AGBG zu beachten ist.[44]

3. Aufrechnungs- und Zurückbehaltungsrechte

Der Besteller kann den Kaufpreis auch durch Aufrechnung tilgen, sofern diese nicht gesetzlich oder vertraglich ausgeschlossen ist.[45]

a) Ein stillschweigender Aufrechnungsausschluß kommt immer dann in Betracht, wenn bestimmte Kassa-Klauseln vereinbart sind, zum Beispiel „Kasse gegen Dokumente" oder „Kasse gegen Verladedokumente".[46] Das gleiche gilt dann, wenn eine Akkreditivklausel vorgesehen ist.[47]

b) Die einfache Verwendung des Terminus „Kasse" oder „Kassa" bedeutet nicht ohne weiteres, daß damit eine Barzahlungsvereinbarung getroffen wurde,[48] so daß darin ein Ausschluß der Aufrechnung liegt.[49] Richtig er-

---

39. BGH ZIP 1986, 507, 509; Palandt/Heinrichs, § 364 Rdnr. 10; Serick, Eigentumsvorbehalt und Sicherungsübertragung, Bd. IV S. 58 ff.
40. Graf von Westphalen, ZIP 1984, 529, 537; vgl. auch Thamm, ZIP 1984, 922, 923 f.
41. Löwe/Graf von Westphalen/Trinkner, Großkommentar, Bd. II, § 11 Nr. 1 Rdnr. 22
42. Staudinger/Schlosser, AGBG, § 11 Nr. 1 Rdnr. 26; OLG Hamm, BB 1975, 489; Wolf/Horn/Lindacher, AGBG, § 11 Nr. 1 Rdnr. 41
43. BGHZ 94, 335, 339
44. BGH NJW 1980, 2518; BGH NJW 1986, 3135, BGH NJW 1994, 1060, 1063
45. Staudinger/Köhler; § 433 Rdnr. 173
46. BGHZ 14, 61, 62; BGHZ 22, 128, 131; BGH NJW 1976, 852
47. BGHZ 60, 262, 263
48. a. M. BGH WM 1972, 1092 – Büromaschinenhandel; hier Liesecke, WM 1978, Beilage Nr. 3, 9
49. bejahend RGZ 132, 367, 368; BGH WM 1972, 1092, 1093; Schlegelberger/Hefermehl, HGB, § 346 Rdnr. 78; zweifelnd Liesecke, a. a. O.

scheint folgende Bewertung: „Wird eine „Kasse-Klausel" – ohne dokumentären Zusatz – also etwa in der Form „Netto-Kasse" oder „Kasse gegen Faktura" – verwendet, so ist sie in der Regel – abhängig allerdings von den jeweiligen Handelsgewohnheiten und Gebräuchen – als stillschweigender Ausschluß der Aufrechnung zu werten.[50]

c) Gesetzliche Ausnahmetatbestände, wonach die Aufrechnung unzulässig ist, ergeben sich aus den §§ 392–395 BGB. Von praktischer Bedeutung ist in diesem Zusammenhang vor allem der Ausschlußtatbestand des § 393 BGB: Danach ist eine Aufrechnung gegen eine Forderung aus einer vorsätzlich begangenen unerlaubten Handlung unzulässig; mit einer solchen Forderung kann hingegen ohne weiteres aufgerechnet werden.[51] Schadensersatzansprüche aufgrund einer vorsätzlichen Vertragsverletzung sind jedoch gegen eine Aufrechnung nicht geschützt,[52] soweit es sich nicht – bezogen etwa auf deliktsrechtliche Ansprüche – um den Fall einer Anspruchskonkurrenz handelt.[53] Ungeachtet der Tatsache, daß der Verbotstatbestand von § 393 BGB nur Fälle der Aufrechnung gegen eine Forderung aus vorsätzlich begangener unerlaubter Handlung erfaßt, hat die Judikatur Aufrechnungsverbotsklauseln in **Verkaufs-AGB** die Wirksamkeit versagt, sofern der Lieferant eine vorsätzliche Vertragsverletzung begangen hatte, wobei freilich jeweils die Umstände des Einzelfalls maßgebend waren.[54] Die Berufung auf das Aufrechnungsverbot kann in diesen Fällen als treuwidrig bewertet werden; Voraussetzung ist freilich, daß die Behauptung einer bewußten Vertragsverletzung erwiesen ist.[55]

d) Es entspricht allgemeiner Meinung, daß bei beiderseits fälligen Gegenforderungen die Geltendmachung eines Zurückbehaltungsrechts in Wirklichkeit als Aufrechnungserklärung zu werten ist, sofern durch Ausübung des Zurückbehaltungsrechts praktisch Tilgung der geschuldeten Leistung eintritt.[56]

aa) Soweit in Einkaufs-AGB – insbesondere im Zusammenhang mit Mängelrügen des Bestellers – vorgesehen ist, daß dieser berechtigt ist, die fällige Zahlung zu verweigern, ist dies – grundsätzlich betrachtet – mit § 9 Abs. 2 Nr. 1 AGBG vereinbar. Dies ergibt sich – spiegelbildlich gewertet – aus dem Verbotstatbestand von § 11 Nr. 10 d AGBG, wonach der Lieferant als AGB-Verwender nicht befugt ist, die Erfüllung seiner Gewährleistungs-

---

50. Straatmann/Ulmer, Handelsrechtliche Schiedsgerichtspraxis, Bd. 2 § 5 d Nr. 1; § 5 f Nr. 3; § 5 g Nr. 2, Nr. 3, Nr. 4, Nr. 5; vgl. auch RGRK-BGB/Weber, § 387 Rdnr. 51
51. Palandt/Heinrichs, § 393 Rdnr. 2
52. BGH NJW 1975, 1120
53. BGH NJW 1967, 2013
54. RGZ 60, 294, 296; RGZ 142, 143, 144; BGH NJW 1996, 1459; BGH Betr. 1977, 993, 994
55. BGH Betr. 1977, 993
56. RGZ 83, 138, 140; RGZ 85, 108, 109; RGZ 123, 6, 8; BGH Betr. 1974, 379; BGH NJW 1984, 129

3. Aufrechnungs- und Zurückbehaltungsrechte

pflicht davon abhängig zu machen, daß der Kunde/Besteller den Kaufpreis im voraus bezahlt. Dieser Verbotstatbestand ist anerkanntermaßen auch im Rahmen von § 9 Abs. 2 Nr. 1 AGBG im kaufmännischen Bereich zu berücksichtigen.[57]

bb) Gerade weil der Besteller in diesen Fällen lediglich von seinen Rechten gemäß §§ 320 273 BGB Gebrauch macht, wird man berücksichtigen müssen, daß auch bei begründeten Mängelrügen der Besteller keineswegs immer berechtigt ist, die gesamte Zahlung zurückzuhalten, wofür die Regel des § 320 Abs. 2 BGB ein wichtiger Anhaltspunkt ist. Es gilt deshalb der Grundsatz der Verhältnismäßigkeit.[58] Gleichwohl ist die Ausübung des Zurückbehaltungsrechts als Druckmittel zu qualifizieren; freilich sind alle Umstände des Einzelfalls zu berücksichtigen.[59] Als Faustregel gilt: Steht dem Besteller ein Anspruch auf Mangelbeseitigung zu, so ist in der Regel der **drei- bis fünffache Betrag** der zu schätzenden Nachbesserungskosten im Rahmen des Zurückbehaltungsrechts geltend zu machen; doch finden sich auch Entscheidungen, die dem Besteller das Recht einräumen, bei einem Mangel des zu erstellenden Bauwerks den gesamten Werklohn zurückzuhalten.[60]

cc) In Einkaufs-AGB sollte das Aufrechnungs- oder Zurückbehaltungsrecht des Bestellers nicht notwendigerweise gesondert geregelt werden. Das **Formular** enthält allerdings einen auf die §§ 273, 320, 387 ff. BGB gerichteten Vorschlag. Jedenfalls ist es nicht empfehlenswert, ohne Rücksicht auf die jeweiligen Umstände des Einzelfalls einen bestimmten Prozentsatz oder Pauschalbetrag als Gegenstand des Zurückbehaltungsrechts zu normieren.[61] Die sich aus § 242 ergebenden Grenzen entziehen sich der Textierung in Einkaufs-AGB.

e) Verschiedentlich finden sich in Einkaufs-AGB **Konzernverrechnungsklauseln**. Das Erfordernis der Gegenseitigkeit gemäß § 387 BGB wird in diesen Klauseln zugunsten aller konzernverbundenen Unternehmen erweitert. Unabhängig davon, ob in der Konzernverrechnungsklausel die einzelnen – konzernverbundenen – Unternehmen aufgeführt sind, so daß insoweit eine gewisse Transparenz erreicht wird,[62] ist zu unterstreichen: Derartige Klauseln verstoßen gegen § 9 Abs. 1 AGBG und sind daher unwirksam.[63] Überdies sind derartige Klauseln im **Konkurs** unbeachtlich.[64] Ob sie auch nach

---

57. BGH NJW 1981, 1510; Wolf/Horn/Lindacher, AGBG, § 11 Nr. 10e Rdnr. 8; Löwe/Graf von Westphalen/Trinkner, Großkommentar, Bd. II § 11 Nr. 10d Rdnr. 14
58. Palandt/Heinrichs, § 273 Rdnr. 18
59. Palandt/Heinrichs, § 320 Rdnr. 10
60. BGH NJW 1970, 2019; BGH WM 1978, 951, 952; BGH NJW 1981, 1449; BGH NJW 1984, 727; BGH NJW 1992, 1633
61. Löwe/Graf von Westphalen/Trinkner, Großkommentar, § 11 Nr. 2 Rdnr. 8
62. vgl. Joussen, ZIP 1982, 279 ff.
63. Wolf/Horn/Lindacher, AGBG, § 11 Nr. 3 Rdnr. 15; Ulmer/Brandner/Hensen, AGBG, § 11 Nr. 3 Rdnr. 12; Löwe/Graf von Westphalen/Trinkner, Großkommentar, Bd. II § 11 Nr. 3 Rdnr. 19; Staudinger/Schlosser, AGBG, § 11 Nr. 2 Rdnr. 7
64. BGH ZIP 1981, 880

§ 3 AGBG als überraschend zu qualifizieren sind oder ob sie zusätzlich gegen das Vorrangprinzip des Individualvertrages gemäß § 4 AGBG verstoßen, ist angesichts der eindeutigen Stellung der h. M. in der Sache irrelevant.

f) Unwirksam gemäß § 9 Abs. 2 Nr. 1 AGBG sind auch Verrechnungsklauseln, die verschiedentlich in Einkaufs-AGB vorkommen und auf das Erfordernis der **Fälligkeit** verzichten. Ob dies freilich auch dann gilt, wenn als Kompensation für die noch nicht fällige Forderung, welche zur Aufrechnung gestellt wird, eine Abzinsung vorgesehen wird, erscheint zweifelhaft. Letzten Endes wird entscheidend sein, daß sich die Fälligkeit – gemessen an den Erfordernissen von § 284 BGB – aus individualvertraglichen Elementen konstituiert, so daß der Besteller daran gehindert ist, mit einer noch nicht fälligen Gegenforderung die Aufrechnung zu erklären, weil die – möglicherweise – als Kompensation vorgesehene Abzinsung lediglich kommerzielle Nachteile der Vorfälligkeit ausgleicht, aber die Rechtsposition des betroffenen Lieferanten entscheidend verschlechtert; sie zwingt ihn nämlich in die Position des Klägers, was nach § 9 Abs. 1 AGBG als unangemessene Benachteiligung erscheint.

4. Zahlungsverzug

In Einkaufs-AGB bleibt es regelmäßig bei der gesetzlichen Regelung. Danach setzt der Zahlungsverzug des Bestellers voraus, daß die Tatbestandselemente von § 284 BGB erfüllt sind.

a) Der **Verzug** gemäß § 284 Abs. 1 BGB erfordert, daß der Zahlungsanspruch des Lieferanten voll wirksam und fällig ist. Das Bestehen einer dauernden oder aufschiebenden Einrede schließt den Eintritt des Verzugs aus, und zwar unabhängig davon, ob der Besteller/Schuldner die Einrede erhebt.[65] Zu denken ist in diesem Zusammenhang insbesondere daran, daß der Besteller geltend macht, der Lieferant habe schlecht geliefert oder sei gemäß §§ 459 ff. BGB – wegen eines Fehlers oder wegen des Fehlens einer zugesicherten Eigenschaft – gewährleistungspflichtig. Nach der Rechtsprechung begründet ein solcher Einwand des Bestellers nicht die Einrede des nicht erfüllten Vertrages gemäß § 320 BGB, weil die Gewährleistungsregeln der §§ 459 ff. BGB Spezialnormen sind, welche die Einrede des nicht erfüllten Vertrages gemäß § 320 BGB vom Zeitpunkt des Gefahrenübergangs[66] ausschließen.[67]

In der Praxis ist es jedoch regelmäßig so: Selbst bei einem Spezieskauf, d. h. wenn der Lieferant verpflichtet ist, eine bestimmte, nicht der Gattung nach bestimmte Sache dem Besteller zu liefern, ist zugunsten des Bestellers

---

65. BGHZ 48, 249, 250; Palandt/Heinrichs, § 284 Rdnr. 11
66. vgl. § 446 BGB
67. RGZ 66, 332, 333; BGH NJW 1979, 33; BGHZ 113, 232, 235

4. Zahlungsverzug

ein **Mangelbeseitigungsanspruch** vereinbart. Unter dieser Voraussetzung kann der Besteller – auch dann, wenn die Gefahr bereits auf ihn übergegangen ist – die Zahlung des Kaufpreises verweigern und deren Erfüllung davon abhängig machen, daß der Lieferant den Nachbesserungsanspruch erfüllt.[68] Bei einem Gattungskauf steht dem Besteller ohnehin die Einrede des nicht erfüllten Vertrages gemäß § 320 BGB zu, so daß der Besteller – wegen eines Mangels – die Zahlung des Kaufpreises solange verweigern kann, bis Ersatzlieferung erfolgt ist.[69] Besteht also zugunsten des Bestellers die Einrede des nicht erfüllten Vertrages gemäß § 320 BGB, so kommt der Besteller nicht in Zahlungsverzug.[70]

b) Ob die Leistung fällig ist, bestimmt sich nach § 271 BGB. Danach gilt das ausdrücklich oder konkludent Vereinbarte. Denn für die Zahlungspflicht ist – mangels einer solchen Vereinbarung – die Rechtsregel des § 271 Abs. 1 BGB maßgebend: Die Zahlung ist „sofort" zu bewirken. Dies führt gemäß § 284 Abs. 1 BGB dazu, daß der Besteller erst dann in Verzug gerät, wenn der Lieferant ihn – nach Eintritt der Fälligkeit – gemahnt hat. Die **Mahnung** ist eine an den Besteller/Schuldner gerichtete Aufforderung, die geschuldete Leistung zu erbringen; sie ist nicht an eine Form gebunden, aber sie ist eine empfangsbedürftige Erklärung.[71] Ein Schreiben erfüllt nur dann die Erfordernisse einer Mahnung im Sinn von § 284 Abs. 1 BGB, wenn die an den Besteller/Schuldner gerichtete Aufforderung zur Zahlung bestimmt und eindeutig ist.[72]

c) Die Texterung im **Formular** geht davon aus, daß die Rechnung – innerhalb einer bestimmten Frist – nach „Rechnungserhalt" zur Zahlung fällig ist. Entgegen einer weitverbreiteten Auffassung ist damit nicht der Tatbestand von § 284 Abs. 2 BGB erfüllt. Nach dieser gesetzlichen Bestimmung ist eine Mahnung nur dann entbehrlich, wenn für die Leistung eine Zeit nach dem Kalender bestimmt ist. Dies ist immer dann zu bejahen, wenn die Leistungszeit – aufgrund einer bei **Abschluß des Vertrages** getroffenen Vereinbarung – mittelbar oder unmittelbar nach dem Kalender berechnet werden kann.[73] Die hier vorgeschlagene Klausel erfüllt diese Voraussetzungen deswegen nicht, weil bei Abschluß des Vertrages keineswegs erkennbar ist, an welchem kalendermäßig bestimmten Datum der Rechnungserhalt erfolgt.[74] Deshalb ist zwingend eine verzugsbegründende Mahnung erforderlich.[75]

---

68. Soergel/Huber, vor § 459 Rdnr. 187
69. Soergel/Huber, § 480 Rdnr. 2; 16
70. BGHZ 84, 42, 44 f.; BGHZ 113, 232, 235; BGH NJW 1993, 2674
71. Palandt/Heinrichs, § 284 Rdnr. 15
72. RGZ 93, 300, 301
73. Palandt/Heinrichs, § 284 Rdnr. 22
74. BGHZ 96, 313, 315
75. BGH a. a. O.

§ 4
Lieferzeit

(1) Die in der Bestellung angegebene Lieferzeit ist bindend.

(2) Der Lieferant ist verpflichtet, uns unverzüglich schriftlich in Kenntnis zu setzen, wenn Umstände eintreten oder ihm erkennbar werden, aus denen sich ergibt, daß die bedungene Lieferzeit nicht eingehalten werden kann.

(3) Im Falle des Lieferverzuges stehen uns die gesetzlichen Ansprüche zu. Insbesondere sind wir berechtigt, nach fruchtlosem Ablauf einer angemessenen Nachfrist Schadensersatz wegen Nichterfüllung zu verlangen.

- Alternativ:

Im Falle des Lieferverzuges sind wir berechtigt, pauschalierten Verzugsschaden in Höhe von 1 % des Lieferwertes pro vollendete Woche zu verlangen, jedoch nicht mehr als 10 %; weitergehende gesetzliche Ansprüche (Rücktritt oder Schadensersatz wegen Nichterfüllung) bleiben vorbehalten. Dem Lieferanten steht das Recht zu, uns nachzuweisen, daß infolge des Verzugs gar kein oder ein wesentlich niedrigerer Schaden entstanden ist.

- Alternativ:

Im Falle des Lieferverzuges sind wir berechtigt, eine Vertragsstrafe in Höhe von 0,5 % des Lieferwertes pro vollendete Woche zu verlangen, nicht jedoch mehr als 10 %. Wir sind berechtigt, eine Vertragsstrafe neben der Erfüllung geltend zu machen; wir verpflichten uns, den Vorbehalt der Vertragsstrafe spätestens innerhalb von 10 Arbeitstagen, gerechnet ab Entgegennahme der verspäteten Lieferung, gegenüber dem Lieferanten zu erklären.

- Alternativen *für den nicht-kaufmännischen Verkehr:*
Abs. (1) bis (3) – ohne weitere Alternativen

Inhalt der Erläuterungen zu § 4:

1. Bestimmung der Lieferzeit
2. Der Tatbestand der Unmöglichkeit
3. Lieferverzug – Voraussetzungen
4. Annahmeverzug des Bestellers
5. Verschulden – Vertretenmüssen
6. Unmöglichkeit – Rechtsfolgen
7. Lieferverzug – Rechtsfolgen
8. Verzug des Bestellers – Mitwirkungspflichten
9. Nachfrist/Ablehnungsandrohung – weitere Rechte
10. Klauselgestaltungen
11. Das kaufmännische Fixgeschäft
12. Änderungsbefugnis
13. Pauschalierter Schadensersatz/Vertragsstrafe

1. Bestimmung der Lieferzeit

Gerade im kaufmännischen Verkehr ist es üblich, daß eine bestimmte Leistungszeit entweder ausdrücklich vereinbart wird oder sich aus den Umständen – konkludent – ableiten läßt. Für die Geltung der Rechtsregel des § 271 BGB bedeutet dies: Ist eine Zeit für die Leistung weder bestimmt noch aus

1. Bestimmung der Lieferzeit

den Umständen zu entnehmen, so kann der Besteller die Leistung sofort verlangen; der Lieferant ist verpflichtet, diese sofort zu bewirken.

a) In der Praxis unterscheiden sich Bestellung und Auftragsbestätigung häufig in der Festlegung, wann der Lieferant zu liefern hat. Dann ist zunächst durch Auslegung gemäß §§ 133, 157 BGB zu ermitteln, ob nicht eine bestimmte Leistungszeit stillschweigend vereinbart ist. Das hängt von den jeweiligen Umständen des Einzelfalls ab. Lautet zum **Beispiel** die Bestellung auf eine bestimmte „Kalenderwoche" (KW), während der Lieferant in der Auftragsbestätigung mit „ca." bestätigt, so ist freilich für eine übereinstimmende, die Interessen beider Parteien angemessen berücksichtigende Auslegung im Sinn der §§ 133, 157 BGB wenig Raum. Vielmehr stellt sich dann die Frage, ob nicht möglicherweise Dissens gemäß § 154 Abs. 1 BGB vorliegt, so daß der Vertragsabschluß scheitert. Allerdings ist dieses Ergebnis dann nicht zur Anwendung berufen, sofern der Besteller – in Kenntnis des entsprechenden Inhalts der Auftragsbestätigung – die nicht rechtzeitig, d. h. nicht innerhalb der bedungenen „Kalenderwoche" (KW) erbrachte Leistung/Lieferung vorbehaltlos angenommen hat. Denn dieser Umstand ist im Sinn von § 242 BGB maßgebend; er ist grundsätzlich als Einverständnis des Bestellers mit dem Inhalt der abweichenden Auftragsbestätigung zu werten.[1]

b) Wird die Leistungszeit durch unbestimmte Formulierungen, wie zum Beispiel „in Kürze" oder „möglichst bald" festgelegt, so ist die tatsächlich geschuldete Leistungszeit nach billigem Ermessen zu bestimmen.[2] Etwas anderes gilt freilich dann, wenn die Leistungszeit mit „sofort" vereinbart wird. Denn unter dieser Voraussetzung gilt § 271 Abs. 1 BGB: Es ist dann auf einen ausschließlich objektiven Maßstab abzustellen, weil der Terminus „sofort" bedeutet, daß der Lieferant so schnell wie nach den Umständen möglich zur Leistung verpflichtet ist.[3] Der Begriff „sofort" ist freilich nicht gleichzusetzen mit „unverzüglich".[4] Denn der Schuldner, der zu „unverzüglichen" Leistungen verpflichtet ist, kann eine den Umständen nach angemessene Überlegungsfrist in Anspruch nehmen; so gesehen ist die Verpflichtung zur „sofortigen" Leistung an strengeren Maßstäben zu messen.

c) Für die Bestimmung der Rechtzeitigkeit der vom Lieferanten zu erbringenden Lieferung/Leistung kommt es entscheidend darauf an, wo der Erfüllungsort gemäß §§ 269, 270 BGB liegt (im einzelnen S. 79 ff.). Der Lieferant ist als Schuldner verpflichtet, innerhalb der bedungenen Zeit alle erforderlichen Leistungshandlungen so rechtzeitig vorzunehmen, daß an dem

---

1. BGH LM Nr. 3 zu § 150 BGB; BGH LM Nr. 6 zu § 150 BGB
2. Palandt/Heinrichs, § 271 Rdnr. 4; zur AGB-Problematik Walchshöfer, WM 1986, 1541 ff.
3. Palandt/Heinrichs, § 271 Rdnr. 10
4. Palandt/Heinrichs, § 121 Rdnr. 3

bedungenen Leistungsort das Schuldverhältnis erlischt.[5] Geschieht dies nicht, so liegt entweder **Annahmeverzug** auf Seiten des Bestellers gemäß §§ 293 ff. BGB oder **Schuldnerverzug** in der Person des Lieferanten gemäß §§ 284 ff. BGB vor. Etwas anderes gilt freilich dann, wenn und soweit Leistungshindernisse eintreten, die der Lieferant nicht zu vertreten hat.[6]

2. Der Tatbestand der Unmöglichkeit

Als ein solcher Umstand kommt die Unmöglichkeit im Sinn von § 275 BGB in Betracht; denn die nicht zu vertretende Unmöglichkeit ist gemäß § 275 BGB **Befreiungsgrund:** Der Lieferant wird von seiner Leistungspflicht frei, auch Schadensersatzansprüche oder sonstige sekundäre Verpflichtungen können ihm gegenüber nicht geltend gemacht werden.[7] Dabei sind folgende Unterscheidungen anzubringen:

a) Unmöglichkeit im Sinn von § 275 BGB liegt dann vor, wenn die Leistung von niemandem, weder vom Lieferanten/Schuldner noch von einem sonstigen Dritten, erbracht werden kann.[8] Dabei ist es gleichgültig, ob die Unmöglichkeit auf tatsächlichen oder rechtlichen Gründen beruht.

b) Das Gesetz unterscheidet allerdings zwischen **anfänglicher,** d. h. ursprünglicher Unmöglichkeit – hierfür gelten die Bestimmungen der §§ 306 ff. BGB – und der **nachträglichen** Unmöglichkeit im Sinn der §§ 275 ff., 323 ff. BGB. Entscheidend ist in diesem Zusammenhang, ob das Leistungshindernis vor oder nach Begründung des Schuldverhältnisses entstanden ist.[9] Fälle anfänglicher Unmöglichkeit sind in der kaufmännischen Praxis selten; ob bei einer nachträglich eintretenden Unmöglichkeit Leistungsbefreiung eintritt, ist entscheidend davon abhängig, ob der Schuldner im Sinn von § 275 BGB den Eintritt des Leistungshindernisses zu vertreten hat.[10] Hierzu im einzelnen S. 63 ff.

c) Nur die dauernde Unmöglichkeit ist in §§ 275, 280 BGB geregelt, nicht aber die vorübergehende Unmöglichkeit. Liegt lediglich ein vorübergehendes Leistungshindernis vor, so wird dadurch – sofern der Schuldner dies zu vertreten hat – nur Verzug begründet.[11] Hat allerdings der Schuldner ein vorübergehendes Leistungshindernis nicht zu vertreten, so liegt – für die Dauer dieses Ereignisses – zeitweilige Unmöglichkeit vor; hierauf findet der Rechtsgedanke des § 275 BGB Anwendung.[12] Doch steht die vorübergehende Unmöglichkeit der dauernden Unmöglichkeit gleich, wenn die

---

5. Palandt/Heinrichs, § 269 Rdnr. 2
6. §§ 275, 282, 285 BGB
7. Palandt/Heinrichs, § 275 Rdnr. 1
8. Palandt/Heinrichs, § 275 Rdnr. 4
9. Palandt/Heinrichs, § 275 Rdnr. 16
10. § 276 BGB
11. vgl. §§ 284 ff. BGB
12. Erman/Battes, § 275 Rdnr. 10

Erreichung des Geschäftszweckes dadurch in Frage gestellt wird, und dem anderen Vertragsteil – dem Besteller – die Einhaltung des Vertrages bis zum Wegfall des Leistungshindernisses nicht zugemutet werden kann.[13] Ob diese Voraussetzungen zutreffen, ist unter Berücksichtigung aller Umstände des Einzelfalls sowie der Belange beider Parteien – unter angemessener Berücksichtigung der Kriterien von Treu und Glauben gemäß § 242 BGB – zu entscheiden.[14]

d) Von der Unmöglichkeit ist der Tatbestand des – subjektiven – **Unvermögens**, das in der Person des betreffenden Schuldners begründet ist, strikt zu trennen. Unvermögen liegt nämlich immer dann vor, wenn der jeweilige Schuldner zur Leistung außerstande ist, die Leistung aber von einem anderen bewirkt werden könnte.[15] Gemäß § 275 Abs. 2 BGB stehen die Fälle der nachträglichen Unmöglichkeit und die des nachträglichen Unvermögens einander gleich: In beiden Fällen tritt Leistungsbefreiung ein, sofern der Schuldner ein Entstehen des Leistungshindernisses im Sinn von § 276 BGB nicht zu vertreten hat. Genauso wie die Unmöglichkeit kann auch das Unvermögen sowohl auf tatsächlichen als auch auf rechtlichen Gründen beruhen.[16] Wie bei der Unmöglichkeit ist auch beim Unvermögen zu unterscheiden, ob anfängliches Unvermögen oder nachträgliches Unvermögen – bezogen jeweils auf den Zeitpunkt des Vertragsabschlusses – vorliegt. Die Nichtigkeitsregel des § 306 BGB ist anerkanntermaßen auf anfängliches Unvermögen nicht anwendbar; der auf eine subjektiv unmögliche Leistung gerichtete Vertrag bleibt nach Ansicht der Rechtsprechung wirksam, weil der Schuldner durch sein Leistungsversprechen – stillschweigend – eine entsprechende Garantie für sein Leistungsvermögen übernommen hat. Demzufolge ist der Besteller/Gläubiger berechtigt, im Fall des anfänglichen Unvermögens des Schuldners/Lieferanten Schadensersatz wegen Nichterfüllung zu verlangen.[17]

e) Soweit Leistungsbefreiungstatbestände gemäß § 275 Abs. 2 BGB nach Entstehen des Schuldverhältnisses eingreifen, gelten die gesetzlichen Bestimmungen.

3. Lieferverzug – Voraussetzungen

Der Lieferverzug des Schuldners setzt – begrifflich gewertet – voraus, daß die Leistung noch möglich, d.h. nachholbar ist.[18] Dies unterscheidet den Verzug von der Unmöglichkeit: Dauernde Unmöglichkeit oder dauerndes Unvermögen schließen das Vorliegen des Schuldnerverzugs aus; vorüberge-

---

13. BGHZ 47, 48, 50; BGHZ 83, 197, 200
14. Palandt/Heinrichs, § 275 Rdnr. 18
15. Palandt/Heinrichs, § 275 Rdnr. 4
16. Palandt/Heinrichs, § 275 Rdnr. 14
17. BGHZ 8, 222, 231; BGH NJW 1983, 2874; s. auch BGH NJW 1988, 2878
18. Palandt/Heinrichs, § 284 Rdnr. 2

hende und vom Schuldner zu vertretende Möglichkeit begründet hingegen den Verzug. Doch die Abgrenzung, ob im Einzelfall Unmöglichkeit/Unvermögen oder Verzug vorliegt, kann Schwierigkeiten bereiten; sie ist unter Berücksichtigung des Vertragszwecks und der Belange beider Parteien nach Treu und Glauben gemäß § 242 BGB zu beurteilen.[19] Maßgebender Zeitpunkt für die Beantwortung dieser Frage ist grundsätzlich der Eintritt des jeweiligen Leistungshindernisses.[20]

a) Vom Schuldnerverzug ist der in den §§ 293 ff. BGB besonders geregelte **Annahmeverzug** zu unterscheiden (S. 61 ff.). Während der Schuldnerverzug Verletzung einer rechtlichen Verpflichtung ist, verstößt der Gläubiger durch Nichtannahme der Leistung lediglich gegen ein Gebot des eigenen Interesses.[21] Sowohl beim Kauf- als auch beim Werkvertrag[22] ist hingegen die Abnahme der Leistung eine echte Rechtspflicht: Der Gläubiger/Besteller gerät durch Nichtannahme der Leistung gleichzeitig in Annahme- und in Schuldnerverzug.[23]

b) Voraussetzung des Schuldnerverzugs gemäß § 284 Abs. 1 BGB ist zunächst, daß der Anspruch des Bestellers/Gläubigers voll wirksam und auch fällig sein muß.

aa) Der Leistungsanspruch der Bestellers/Gläubigers ist dann nicht im Sinn von § 284 Abs. 1 BGB voll wirksam, wenn eine dauernde oder aufschiebende Einrede besteht.[24] Schon das Bestehen einer derartigen Einrede hindert den Eintritt des Schuldnerverzugs. Dies setzt indessen voraus, daß der Schuldner/Lieferant die ihm zustehende Einrede im Prozeß wirklich erhebt; unterläßt er dies, so muß er sich im Ergebnis so behandeln lassen, als sei Leistungsverzug eingetreten.[25]

In der Praxis ist es häufig so, daß der Schuldnerverzug daran scheitert, daß der Besteller/Gläubiger seinerseits die ihm obliegenden Zahlungspflichten nicht rechtzeitig erfüllt hat. Auch für diesen Fall gilt der allgemeine Satz: Der Eintritt des Leistungsverzuges auf seiten des Schuldners/Lieferanten setzt voraus, daß der Gläubiger/Besteller seinerseits die ihm obliegende Gegenleistung anbietet.[26] Es reicht nicht aus, daß der Gläubiger/Besteller lediglich bereit ist, die von ihm geschuldete Leistung zu erbringen.[27]

bb) Der Eintritt des Schuldnerverzugs im Sinn von § 284 Abs. 1 BGB setzt des weiteren voraus, daß seine Leistungspflicht im Sinn von § 271

---

19. Palandt/Heinrichs, § 275 Rdnr. 18
20. BGH LM Nr. 4 zu § 275 BGB
21. Palandt/Heinrichs, § 284 Rdnr. 1
22. §§ 433, Abs. 2, 640 Abs. 1 BGB
23. Palandt/Heinrichs, § 293 Rdnr. 6
24. MünchKomm./Thode, § 284 Rdnr. 13; Palandt/Heinrichs, § 284 Rdnr. 11
25. Palandt/Heinrichs, a. a. O.
26. BGH NJW 1987, 252
27. MünchKomm./Thode, § 284 Rdnr. 14; Staudinger/Löwisch, § 284 Rdnr. 12

BGB fällig ist. Insoweit gelten die weiter oben dargelegten Erwägungen (S. 59).

c) Als weitere Voraussetzung für den Schuldnerverzug bestimmt § 284 Abs. 1 BGB, daß der Besteller/Gläubiger verpflichtet ist, den Schuldner – nach dem Eintritt der Fälligkeit – zu mahnen. Die **Mahnung** ist eine an den Schuldner/Lieferanten gerichtete ernsthafte Aufforderung des Gläubigers/Bestellers, die geschuldete Leistung zu erbringen.[28] Ausreichend, aber auch erforderlich ist es, daß die in der Mahnung enthaltene Aufforderung zur Leistung bestimm tund eindeutig gefaßt ist.[29] Eine Fristsetzung ist nicht notwendig; entbehrlich ist es des weiteren, auf besondere Rechtsfolgen hinzuweisen oder diese anzudrohen.[30] Da die Mahnung eine empfangsbedürftige Erklärung[31] ist, kommt der Schuldner/Lieferant gemäß § 284 Abs. 1 BGB durch die Mahnung in Verzug.

d) Gemäß § 284 Abs. 2 BGB ist eine Mahnung dann entbehrlich, wenn für die Leistung – durch Vertrag oder durch Gesetz – eine Zeit nach dem Kalender bestimmt ist. Diese Voraussetzung ist immer dann erfüllt, wenn die Leistungszeit unmittelbar oder mittelbar durch einen bestimmten Kalendertag festgelegt ist.[32] Ausreichend ist also: Die Vereinbarung einer bestimmten „Kalenderwoche" (KW) oder die Angabe eines bestimmten Monats oder Tages. Nicht ausreichend ist es hingegen, wenn das für die Leistungsbestimmung maßgebende Datum lediglich nach dem Kalender berechenbar ist, zum Beispiel, „60 Tage nach Rechnungsstellung"[33] oder „Lieferung 3 Wochen nach Abruf".[34]

e) Eine Formularklausel, die die dargestellten Voraussetzungen des Verzugs regelt, ist entbehrlich. In Einkaufs-AGB gelten – vgl. Abs. (3) – die gesetzlichen Bestimmungen.

4. Annahmeverzug des Bestellers

Wie bereits kurz angedeutet, ist der Schuldnerverzug vom Annahmeverzug des Bestellers zu unterscheiden. **Annahmeverzug** im Sinn der §§ 293 ff. BGB liegt dann vor, wenn die Erfüllung des Schuldverhältnisses dadurch verzögert wird, daß der Besteller die seinerseits erforderliche Mitwirkung, insbesondere die Annahme der Leistung, unterläßt.[35] Dabei gehen die §§ 293 ff. BGB davon aus, daß der Besteller zur Annahme der Leistung nur berechtigt, nicht aber auch verpflichtet ist.[36] Deshalb ist der Gläubiger-

---

28. Palandt/Heinrichs, § 284 Rdnr. 15
29. RGZ 93, 300, 301
30. Palandt/Heinrichs, § 284 Rdnr. 17
31. vgl. § 130 BGB
32. BGH WM 1971, 615
33. BGHZ 96, 313, 315
34. RGZ 103, 33, 34
35. Palandt/Heinrichs, § 293 Rdnr. 1
36. BGH BB 1988, 1418

verzug – regelmäßig – nicht Verletzung einer Rechtspflicht, sondern lediglich Verstoß gegen eine **Obliegenheit**, die im eigenen Interesse des Bestellers besteht.

a) Unmöglichkeit oder Unvermögen des Schuldners zur Leistung schließen zwangsläufig den Annahmeverzug des Bestellers aus.[37] Die Abgrenzung, ob im Einzelfall vom Schuldner zu vertretende Unmöglichkeit/Unvermögen oder Annahmeverzug des Gläubigers vorliegt, kann Schwierigkeiten bereiten. Ob das eine oder das andere vorliegt, entscheidet sich grundsätzlich danach, ob die Leistung noch erbracht werden kann oder nicht – mit der Konsequenz, daß Unmöglichkeit bei allen dauernden Leistungshindernissen vorliegt.[38] Daraus folgt: Annahmeverzug liegt vor, wenn der Besteller die ihm angebotene Leistung nicht annehmen will oder wenn ein sonstiges – vorübergehendes – Annahme- oder Mitwirkungshindernis auf seiten des Bestellers besteht.[39]

b) Die Voraussetzungen des Annahmeverzugs ergeben sich aus den §§ 293–299 BGB. Grundsätzlich bestimmt § 294 BGB, daß die Leistung dem Besteller tatsächlich so angeboten werden muß, wie sie zu bewirken ist. Der Besteller muß also nichts weiter tun als zugreifen und die Leistung annehmen; weitere Handlungen sind weder gefordert noch geboten.[40] Gemäß § 295 BGB reicht – ausnahmsweise – ein wörtliches Angebot des leistungsbereiten Schuldners aus, wenn der Besteller ihm bereits erklärt hat, daß er die Leistung nicht annehmen werde. Gleiches gilt dann, wenn **Mitwirkungshandlungen** des Bestellers erforderlich sind, wie zum Beispiel bei der Abholung von Holschulden im Sinn von § 269 BGB. In diesem Zusammenhang ist insbesondere beim Kaufvertrag die Annahme gemäß § 433 Abs. 2 BGB und beim Werkvertrag die Abnahme gemäß § 640 Abs. 1 BGB zu erwähnen.

c) Wenn und soweit Mitwirkungshandlungen des Bestellers zur Erfüllung des Schuldverhältnisses erforderlich sind, kann er durch Unterlassung dieser Leistungen gleichzeitig in Annahme- und Schuldnerverzug geraten. Soweit dies – etwa wegen Nichtabnahme der Kaufsache gemäß § 433 Abs. 2 BGB – der Fall ist, richtet sich die Schadensersatzhaftung unmittelbar nach den Regeln des Schuldnerverzugs.[41]

d) Soweit der Besteller sowohl im Annahme- als auch im Schuldnerverzug – wegen einer von ihm schuldhaft verletzten Mitwirkungspflicht – sich befindet, gelten die allgemeinen Darlegungen für den Schuldnerverzug gemäß §§ 284 ff. BGB (S. 59 ff.). Wenn aber der Besteller lediglich in Annahmeverzug ist, so ist die rechtliche Folge: Gemäß § 304 BGB ist der Lieferant

---

37. BGHZ 24, 91, 96
38. MünchKomm./Thode, § 293 Rdnr. 5; Soergel/Wiedemann, Rdnr. 11 vor § 293
39. Palandt/Heinrichs, § 293 Rdnr. 3
40. Palandt/Heinrichs, § 294 Rdnr. 2
41. vgl. § 286 BGB

berechtigt, Ersatz der **Mehraufwendungen** zu verlangen, die er für das erfolglose Angebot sowie für die Aufbewahrung und Erhaltung des geschuldeten Gegenstandes machen mußte. Der Ersatzanspruch des Lieferanten beschränkt sich in diesen Fällen auf die objektiv erforderlichen Mehraufwendungen.[42] Insbesondere Lagerkosten und entsprechende Versicherungsprämien zählen zu den von § 304 BGB erfaßten Mehraufwendungen.[43] Ein Entgelt für den Einsatz der eigenen Arbeitskraft steht dem Lieferanten jedoch nur dann zu, wenn die Leistung – also: die Aufbewahrung und Erhaltung des geschuldeten Kaufgegenstandes – in seinen gewerblichen oder beruflichen Tätigkeitskreis fallen.[44] Dies wird man im Zweifel bei Kaufverträgen bejahen müssen, die ein Lieferant im Rahmen seines Gewerbes abschließt.

Aus § 300 BGB ergibt sich des weiteren, daß im Annahmeverzug des Bestellers der Lieferant als Schuldner nur Vorsatz und grobe Fahrlässigkeit zu vertreten hat. Aus § 300 Abs. 2 BGB folgt schließlich, daß die Leistungsgefahr – als Konsequenz des Annahmeverzugs des Bestellers – auf den Besteller übergeht, sofern nur eine der Gattung nach bestimmte Sache geschuldet wird. Voraussetzung ist aber insoweit, daß der Schuldner die für die Erfüllung bestimmten Sachen ausgesondert hat.[45]

5. Verschulden – Vertretenmüssen

Der Lieferant hat als Schuldner gemäß § 276 BGB Vorsatz und Fahrlässigkeit zu vertreten. **Fahrlässig** handelt – entsprechend der Legaldefinition von § 276 Abs. 1 Satz 2 BGB – derjenige, der die im Verkehr erforderliche Sorgfalt außer acht läßt. Damit ist das das BGB – genauer gesagt: den Bereich der Leistungsstörungen – beherrschende Verschuldensprinzip angesprochen: Der Schuldner/Lieferant haftet für Leistungsstörungen in der Regel nur dann, wenn er die Störung durch ein vorwerfbares Verhalten verursacht oder doch zumindest mitverursacht hat.[46]

a) **Vorsatz** bedeutet Wissen und Wollen des rechtswidrigen Erfolges.[47] Das Bewußtsein der Rechtswidrigkeit gehört zum Vorsatz.[48] Demzufolge muß der handelnde Schuldner den rechtswidrig eintretenden Erfolg vorausgesehen und seinen Eintritt in seinen Willen aufgenommen haben; ob er auch den entsprechenden Erfolg gewünscht oder gar beabsichtigt hat, ist irrelevant.[49]

---

42. Staudinger/Löwisch, § 304 Rdnr. 2
43. Palandt/Heinrichs, § 304 Rdnr. 2
44. Palandt/Heinrichs, a. a. O.
45. BGH WM 1975, 920
46. Palandt/Heinrichs, § 276 Rdnr. 3
47. MünchKomm./Hanau, § 276 Rdnr. 49
48. BGH NJW 1965, 963; OLG Frankfurt, NJW 1971, 1614
49. Palandt/Heinrichs, § 276 Rdnr. 10

b) **Fahrlässigkeit** – Außerachtlassen der im Verkehr erforderlichen Sorgfalt im Sinn von § 276 Abs. 1 Satz 2 BGB – setzt zum einen Voraussehbarkeit, zum anderen Vermeidbarkeit des rechtswidrigen Erfolges voraus.[50] Dabei gilt kein individueller, sondern ein an den allgemeinen Verkehrsbedürfnissen ausgerichteter objektiver Sorgfaltsmaßstab.[51] Anerkanntermaßen entspricht die nach § 276 Abs. 1 Satz 2 BGB erforderliche Sorgfalt nicht notwendigerweise der üblichen Sorgfalt.[52] Dabei spielt der Gedanke des Vertrauensschutzes eine maßgebende Rolle: Im Rechtsverkehr muß jeder Teilnehmer grundsätzlich darauf vertrauen dürfen, daß der andere Teil die für die Erfüllung seiner Pflichten erforderlichen Fähigkeiten und Kenntnisse besitzt.[53]

Von der einfachen oder gewöhnlichen Fahrlässigkeit ist die **grobe Fahrlässigkeit**[54] zu unterscheiden. Grobe Fahrlässigkeit ist stets dann gegeben, wenn die im Verkehr erforderliche Sorgfalt in ungewöhnlich grobem Maß verletzt und das nicht beachtet wird, was unter den gegebenen Umständen allgemein einleuchtet, wenn – anders gewendet – ganz naheliegende Überlegungen nicht angestellt werden.[55] Mit anderen Worten: Das Fehlverhalten des Schuldners/Lieferanten muß sich, um die Voraussetzungen der groben Fahrlässigkeit zu erfüllen, als „subjektiv unentschuldbares Fehlverhalten" darstellen, ohne freilich die Grenze zum Vorsatz – qualifiziert als Wissen und Wollen des rechtswidrigen Erfolges – zu überschreiten.[56]

c) Aus § 278 BGB folgt, daß der Schuldner für ein etwaiges Verschulden seiner gesetzlichen Vertreter oder seiner **Erfüllungsgehilfen** strikt einstandspflichtig ist. In der Praxis spielt die zutreffende Einordnung des Begriffs „Erfüllungsgehilfe" gemäß § 278 BGB eine wesentliche Rolle. Erfüllungsgehilfe ist danach jede Person, die nach den tatsächlichen Gegebenheiten des Falles mit Willen des Schuldners bei der Erfüllung einer diesen obliegenden Verbindlichkeiten tätig wird.[57] Unerheblich ist in diesem Zusammenhang, ob es sich um einen unselbständigen Erfüllungsgehilfen handelt, der den Weisungen des Schuldners unterworfen ist oder ob der mit Wissen und Wollen des Schuldners eingeschaltete Dritte ein selbständiger Erfüllungsgehilfe ist.[58] Durch die Art der zwischen dem Schuldner und der von ihm ein-

---

50. MünchKomm./Hanau, § 276 Rdnr. 75
51. MünchKomm./Hanau, § 276 Rdnr. 78; Staudinger/Löwisch, § 276 Rdnr. 16
52. BGH NJW 1965, 1075
53. Palandt/Heinrichs, § 276 Rdnr. 15
54. § 277 BGB
55. BGHZ 10, 14, 16; BGH MDR 1977, 651; BGH NJW 1992, 3236; RGRK-BGB/Alff, § 277 Rdnrn. 4 f.; Erman/Battes, § 276 Rdnr. 70; Palandt/Heinrichs, § 277 Rdnr. 2
56. BGH MDR 1977, 651; BGH NJW 1988, 1265
57. BGHZ 13, 111, 113; BGHZ 50, 32, 35; BGH NJW 1974, 692; BGH WM 1978, 1411; BGHZ 98, 330, 334; BGH NJW 1993, 1705; RGRK-BGB/Alff, § 278 Rdnrn. 11 ff.
58. BGHZ 62, 119, 124; BGH NJW 1993, 1705

5. Verschulden – Vertretenmüssen

geschalteten Hilfsperson bestehenden rechtlichen Beziehungen ist gleichgültig.[59] Hilfspersonen des Erfüllungsgehilfen werden von § 278 BGB erfaßt, sofern diese nur mit Wissen und Wollen des Schuldners tätig werden.[60] Gleichgültig ist dabei, ob der Schuldner zu einer Kontrolle und Überwachung der von ihm eingeschalteten Erfüllungsgehilfen überhaupt in der Lage ist.[61]

aa) Notwendigerweise muß der Erfüllungsgehilfe in Erfüllung einer Verbindlichkeit des Schuldners tätig werden. Dies bedeutet: Die von dem Erfüllungsgehilfen verrichtete Tätigkeit muß im Bereich des vom Schuldner geschuldeten Verhaltens liegen.[62] Keine Erfüllungsgehilfenschaft im Sinn von § 278 BGB liegt deshalb vor, wenn der eingeschaltete Dritte eine eigene Verbindlichkeit erfüllt, ohne im Rahmen einer gegenüber dem Schuldner/Lieferanten bestehenden Verbindlichkeit tätig zu werden. Kein Erfüllungsgehilfe ist deshalb auch der Substitut gemäß § 664 Abs. 1 Satz 2 BGB.

bb) Beim Kaufvertrag ist der Hersteller/Lieferant des Produkts im Verhältnis zum Käufer nicht Erfüllungsgehilfe des Lieferanten, da sich dessen Pflichten nur auf die Herstellung der Kaufsache beziehen.[63] Dies gilt auch bei der Einschaltung eines Großhändlers. Entsprechendes ist bei einem Werklieferungsvertrag gemäß § 651 BGB zu entscheiden, sofern eine vertretbare Sache geschuldet wird.[64] Ist aber der Lieferant selbst Hersteller der Sache oder tritt er – nach außen erkennbar – als solcher auf, muß er sich notwendigerweise auch das Verschulden seiner Hilfspersonen gemäß § 278 BGB anrechnen lassen.[65] Liegt hingegen ein Werkvertrag im Sinn der §§ 631 ff. BGB vor, so ist der Subunternehmer notwendigerweise Erfüllungsgehilfe des Unternehmers im Sinn von § 278 BGB, weil und soweit der Unternehmer – mit Hilfe des Subunternehmers – das geschuldete Werk erstellt. Beim Versendungskauf folgt aus § 447 BGB, daß die zur Beförderung eingeschalteten Hilfspersonen keine Erfüllungsgehilfen des Verkäufers sind.[66] Etwas anderes gilt freilich dann, wenn der Lieferant die Auslieferung der Sache mit eigenen Leuten übernimmt.[67]

---

59. Palandt/Heinrichs, § 278 Rdnr. 7
60. BGH VersR 1978, 39; BGH NJW 1983, 448
61. BGHZ 62, 119, 124
62. BGHZ 123, 1, 14; Palandt/Heinrichs, § 278 Rdnr. 12
63. BGH NJW 1968, 2238; BGH NJW-RR 1989, 1190
64. BGH LM Nr. 13 zu § 463 BGB
65. Palandt/Heinrichs, § 278 Rdnr. 13
66. BGHZ 50, 32, 35
67. MüchKomm./Hanau, § 278 Rdnr. 18

6. Unmöglichkeit – Rechtsfolgen

Die Rechtsfolge, die bei zu vertretender Unmöglichkeit eintritt, ergibt sich aus § 280 BGB: Der Schuldner ist verpflichtet, dem Besteller den durch die Nichterfüllung entstehenden **Schaden** zu ersetzen. Strukturell ergänzt § 280 BGB die Norm des § 275 BGB: Soweit die Unmöglichkeit vom Schuldner nicht zu vertreten ist, wird er von seiner Leistungspflicht frei. Die Schadensersatzhaftung des § 280 BGB ist deshalb die Sanktion für das Vertretenmüssen. Sie richtet sich auf das sogenannte positive Interesse.[68] Der Besteller kann also verlangen, vom Schuldner so gestellt zu werden, wie er bei gehöriger Erfüllung gestanden hätte. Da infolge der Unmöglichkeit eine Herstellung des ursprünglichen Zustands in Natur nicht möglich ist, geht der Anspruch des Bestellers regelmäßig auf Schadensersatz in Geld.[69]

a) Die Voraussetzung der Schadensersatzhaftung gemäß § 280 BGB ist, daß der Schuldner das in der Unmöglichkeit liegende Leistungshindernis zu vertreten hat. Wie aufgezeigt, hat der Schuldner gemäß § 276 BGB Vorsatz und Fahrlässigkeit zu vertreten (S. 63 ff.).

b) Da es sich bei einem Kauf- oder Werkvertrag um einen **gegenseitigen Vertrag** handelt, wird – im Fall der zu vertretenden Unmöglichkeit – die Rechtsregel des § 280 BGB durch die des § 325 BGB ersetzt. Danach steht dem Besteller im Fall der vom Schuldner zu vertretenden Unmöglichkeit das Recht zu, entweder Schadensersatz wegen Nichterfüllung zu verlangen oder vom Vertrag zurückzutreten. Auch hier richtet sich der Schadensersatzanspruch des Bestellers auf das sogenannte positive Interesse. Für gewöhnlich ist Schadensersatz – nach näherer Maßgabe der Differenztheorie – wegen Nichterfüllung des ganzen Vertrages zu leisten; die Verpflichtung des Bestellers, die geschuldete Gegenleistung zu erbringen, entfällt. Dabei besteht deshalb der Schaden in der Differenz zwischen dem Wert der Leistung des Schuldners zuzüglich etwaiger Folgeschäden und der ersparten Gegenleistung des Bestellers.[70]

7. Lieferverzug – Rechtsfolgen

Soweit Schuldnerverzug gemäß §§ 284, 285 BGB vorliegt, besteht die Sanktion darin, daß der Besteller gemäß § 286 BGB berechtigt ist, den durch den Verzug entstandenen **Schaden** ersetzt zu verlangen. Zu erstatten ist danach der durch den Verzug entstandene Schaden – vorausgesetzt, zwischen dem Verzug und dem Schaden besteht ein Ursachenzusammenhang.[71] Der Erfüllungsanspruch des Bestellers bleibt bestehen; der Anspruch auf Ersatz des Verzugsschadens tritt neben den Erfüllungsanspruch, sofern nicht – aus-

---
68. BGH NJW 1983, 443
69. Palandt/Heinrichs, § 280 Rdnr. 5
70. BGH NJW 1986, 1177
71. Palandt/Heinrichs, § 286 Rdnr. 3

nahmsweise – wegen Interessenfortfall die Rechtsfolgen des § 286 Abs. 2 BGB eingreifen, so daß der Gläubiger dann Schadensersatz wegen Nichterfüllung reklamiert. Anerkanntermaßen bleibt der Schadensersatzanspruch aus § 286 BGB auch dann bestehen, wenn der Besteller – wie noch im einzelnen darzulegen ist – weitergehende Ansprüche wegen Verzugs gemäß § 326 BGB geltend macht.[72]

8. Verzug des Bestellers – Mitwirkungspflichten

Soweit Annahmeverzug des Bestellers – bezogen auf die Abnahmeverpflichtung gemäß §§ 433 Abs. 2, 640 Abs. 1 BGB – vorliegt, ist gleichzeitig der Tatbestand des Schuldnerverzugs deswegen erfüllt, weil dann der Besteller eine ihm obliegende Mitwirkungspflicht verletzt. Wie dargelegt, folgt in diesen Fällen die Schadensersatzsanktion aus § 286 BGB. Notwendigerweise besteht deshalb ein Bedürfnis des Bestellers/AGB-Verwenders in den Einkaufs-AGB eine ausreichende Regelung auch für diese Fälle vorzusehen. Hierfür bietet sich mitunter die Vereinbarung einer Schadenspauschale an, für die jedoch gemäß § 9 Abs. 2 Nr. 1 AGBG andere Kriterien gelten.

a) § 11 Nr. 5a AGBG bestimmt, daß die Vereinbarung eines **pauschalierten Schadensersatzanspruchs** des AGB-Verwenders/Bestellers unwirksam ist, sofern die Pauschale „den in den geregelten Fällen nach dem gewöhnlichen Lauf der Dinge zu erwartenden Schaden" übersteigt.[73] Die Unwirksamkeit kann sich aber auch nach § 11 Nr. 5b AGBG daraus ergeben, daß der AGB-Verwender „dem anderen Vertragsteil den Nachweis abgeschnitten" hat, ein Schaden sei „nicht entstanden oder wesentlich niedriger als die Pauschale". Es entspricht allgemeiner Auffassung, daß der Verbotstatbestand von § 11 Nr. 5a AGBG über § 9 Abs. 2 Nr. 1 AGBG auch im Verkehr gegenüber Kaufleuten gemäß § 9 Abs. 2 Nr. 1 AGBG gilt.[74] Ausgangspunkt für alle Schadenspauschalen ist dabei der typische Schaden, der – nach der Schätzung eines redlichen Beobachters – normalerweise „nach dem gewöhnlichen Lauf der Dinge" zu erwarten ist.[75]

b) Da jede Schadenspauschale – hier: als Folge des Annahme- und Schuldnerverzugs des Bestellers – unmittelbar an § 286 BGB ausgerichtet sein muß, ist bei der Gestaltung in **Einkaufs-AGB** unbedingt zu berücksichtigen, daß § 286 BGB nur den eingetretenen Verzögerungsschaden erfaßt, also zum Beispiel: Lagerkosten, Versicherungskosten, Bearbeitungskosten etc. der Lieferanten. Schadensersatzrechtlich ist hier jedoch strikt zwischen

---

72. BGH NJW 1975, 1740
73. § 11 Nr. 5a AGBG
74. BGH NJW 1984, 2941; OLG Karlsruhe, NJW-RR 1988, 371; BGHZ 113, 55, 61; BGH NJW 1994, 1068; Löwe/Graf von Westphalen/Trinkner, Großkommentar, Bd. II § 11 Nr. 5 Rdnrn. 41 ff.; Palandt/Heinrichs, AGBG, § 11 Rdnr. 27
75. BGH WM 1977, 55, 56; OLG Stuttgart, BB 1979, 908

den Gemeinkosten („Sowieso-Kosten") und den objektbezogenen Einzelkosten zu differenzieren, weil nur letztere Gegenstand eines Schadensersatzanspruchs gemäß § 286 BGB sind. Sofern verläßliche – branchenspezifische – Erhebungen fehlen, welche über adäquate Schadenspauschalen Aufschluß geben, sollte vorsorglich überhaupt keine Schadenspauschale für Fälle des Annahme- und Schuldnerverzugs des Bestellers in den Einkaufs-AGB verankert werden. Denn es ist im Rahmen von § 11 Nr. 5a AGBG in Verbindung mit § 9 Abs. 2 Nr. 1 AGBG zu berücksichtigen, daß der Besteller/AGB-Verwender verpflichtet ist, den Nachweis zu führen, daß die von ihm festgelegte Schadenspauschale dem typischen Schadensumfang entspricht.[76] Kostenspezifisch muß also der Besteller/AGB-Verwender nachweisen, daß infolge seines Annahme- und Schuldnerverzugs Einzelkosten beim Lieferanten angefallen sind, die unter Berücksichtigung der in Ansatz gebrachten Schadenspauschale auf Faktoren beruhen, die üblicherweise als Schaden in diesen Fällen entstehen.[77]

c) Zusätzlich wird man Wert darauf legen müssen, daß zugunsten des Bestellers der Nachweis abgeschnitten wird, daß – im Einzelfall – die geltend gemachte Pauschale übersetzt, d.h. der konkret entstandene Schaden wesentlich niedriger ist, was auch gemäß § 9 Abs. 2 Nr. 1 AGBG im kaufmännischen Verkehr gilt.[78]

d) Unter Berücksichtigung der dargestellten Kriterien geht das **Formular** davon aus, daß **keine Schadenspauschale** vereinbart wird, weil entsprechende, für § 11 Nr. 5a AGBG geeignete Nachweise nicht durchgängig erbracht werden können.

9. Nachfrist/Ablehnungsandrohung – weitere Rechte

Sofern der Lieferant gemäß §§ 284, 285 BGB mit der Erfüllung seiner Hauptleistung in Verzug geraten ist,[79] kann der Besteller weitergehende Rechte gemäß § 326 BGB geltend machen.

a) Voraussetzung für die Geltendmachung der weitergehenden, sich aus § 326 BGB ergebenden Rechte ist die eigene **Vertragstreue** des Bestellers.[80] Freilich sind stets die besonderen Umstände des Einzelfalls im Auge zu behalten.[81]

---

76. MünchKomm./Basedow, AGBG, § 11 Rdnr. 67; Palandt/Heinrichs, AGBG, § 11 Rdnr. 25; Löwe/Graf von Westphalen/Trinkner, Großkommentar, Bd. II § 11 Nr. 5 Rdnrn. 25 ff.
77. so im Ergebnis BGHZ 67, 312, 320; Löwe/Graf von Westphalen/Trinkner, a.a.O., § 11 Nr. 5 Rdnr. 29
78. BGH NJW 1994, 1060, 1067 Löwe/Graf von Westphalen/Trinkner, Großkommentar, Bd. II § 11 Nr. 5 Rdnr. 43; Palandt/Heinrichs, AGBG § 11 Rdnr. 26
79. Palandt/Heinrichs § 284 Rdnr. 4
80. RGZ 152, 119, 123; BGH WM 1972, 1056; BGH WM 1984, 140
81. Palandt/Heinrichs, § 326 Rdnr. 10 m.w.N.; kritisch MünchKomm./Emmerich, § 326 Rdnr. 42 m.w.N.

9. Nachfrist/Ablehnungsandrohung – weitere Rechte

b) Nach dem Wortlaut des § 326 Abs. 1 BGB ist eine **Nachfristsetzung** erst nach Eintritt des Verzugs des Lieferanten möglich. Aus praktischen Gründen ist es aber zulässig, die Setzung der Nachfrist mit der den Verzug begründenden Mahnung[82] zu verbinden.[83] Regelmäßig aber ist es so, daß Nachfristsetzung und Ablehnungsandrohung in derselben Erklärung des Bestellers enthalten sind. Auf diese Weise wird die Warnfunktion, die § 326 Abs. 1 BGB eigentümlich ist, gewahrt: Dem Schuldner wird eine letzte Chance zur ordnungsgemäßen Durchführung des Vertrages gegeben.[84]

aa) Der Besteller erfüllt nur dann seine Verpflichtung zur Nachfristsetzung, wenn er den Lieferanten auffordert, die – bislang ausgebliebene – Lieferung/Leistung innerhalb der gesetzten Frist zu bewirken. Dem Lieferanten muß dabei sowohl der Anfang als auch das Ende der Nachfrist erkennbar sein; unabhängig davon bleibt selbstverständlich die Setzung einer „angemessenen" Nachfrist möglich.[85] Nicht ausreichend ist deshalb die Aufforderung des Bestellers, der Lieferant möge sich innerhalb einer angemessenen Frist erklären, ob er leistungsfähig und leistungsbereit ist.[86]

bb) Die Beurteilung der **Angemessenheit** der nach § 326 Abs. 1 BGB geforderten Nachfrist bereitet in der Praxis stets erhebliche Schwierigkeiten. Sie beurteilt sich nach der Natur des zugrundeliegenden Rechtsgeschäfts; dabei sind die Abreden der Parteien zu berücksichtigen: In keinem Fall braucht die Nachfrist so bemessen zu sein, daß der Lieferant die Möglichkeit erhält, überhaupt erst mit der Bewirkung seiner Leistung zu beginnen.[87] Vielmehr soll sie dem Lieferanten eine letzte Möglichkeit geben, die bereits in Angriff genommene Leistung zu vollenden und damit den Vertrag zu erfüllen.[88] Dabei werden außerordentliche Anstrengungen des Lieferanten erwartet.[89] Je kürzer die ursprünglich vereinbarte Lieferzeit ist – dies ist als Faustregel anzusehen –, um so kürzer ist die nach § 326 Abs. 1 BGB zu bemessende „angemessene" Nachfrist; branchenspezifische Besonderheiten sind jeweils zu berücksichtigen.[90]

cc) Ist die Nachfrist zu kurz bemessen, so führt dies automatisch dazu, daß eine angemessene Frist in Gang gesetzt wird.[91]

dd) Die Fristsetzung gemäß § 326 Abs. 1 BGB ist entbehrlich, wenn der Schuldner/Lieferant die Erfüllung ernsthaft und endgültig verweigert; würde

---

82. vgl. § 284 Abs. 1 BGB
83. RGZ 50, 255, 262; MünchKomm./Emmerich, § 326 Rdnr. 62
84. Palandt/Heinrichs, § 326 Rdnr. 14
85. MünchKomm./Emmerich, § 326 Rdnr. 65
86. RGZ 101, 397, 399; Staudinger/Otto, § 326 Rdnr. 87
87. MünchKomm./Emmerich, § 326 Rdnr. 72
88. BGH WM 1982, 512, 514
89. MünchKomm./Emmerich, § 326 Rdnr. 72
90. BGH NJW 1985, 320, 323 – Möbelhandel; BGH NJW 1985, 855, 857 – Möbelhandel; BGH NJW 1982, 331, 333 – KFZ
91. RGZ 62, 66, 69f.; RGZ 91, 204, 207; BGH WM 1970, 1421; Staudinger/Otto, § 326 Rdnrn. 99; Palandt/Heinrichs, § 326 Rdnr. 17

man gleichwohl die Setzung einer Nachfrist für erforderlich ansehen, so wäre dies nichts anderes als eine sinnlose, zwecklose Förmelei.[92] Gleiches gilt dann gemäß § 326 Abs. 2 BGB, wenn die Vertragserfüllung für den Besteller – infolge des eingetretenen Schuldnerverzugs – kein Interesse mehr hat. Entscheidend kommt es in diesem Zusammenhang ausschließlich auf das Interesse des Bestellers an.[93] Zwischen dem eingetretenen Schuldnerverzug und dem Interessefortfall muß Kausalzusammenhang bestehen.[94] Ob der Abschluß eines **Deckungskaufs** durch den Besteller – ausgelöst durch den eingetretenen Schuldnerverzug – stets als Interessefortfall gemäß § 326 Abs. 2 BGB zu qualifizieren ist, läßt sich generell schwer sagen; hier entscheiden die Umstände des Einzelfalls.[95]

c) Mit fruchtlosem Ablauf der Nachfrist – gleiches gilt bei Interessefortfall gemäß § 326 Abs. 2 BGB – erlischt der Erfüllungsanspruch des Bestellers, wie sich unmittelbar aus § 326 Abs. 1 Satz 2 BGB ergibt. Folglich wandelt sich das auf einem gegenseitigen Vertrag bestehende Schuldverhältnis in ein einseitiges Abwicklungsverhältnis um; der Besteller hat die Wahl, ob er Schadensersatzansprüche wegen Nichterfüllung geltend macht oder vom Vertrag zurücktritt. Darüber hinaus kann der Besteller nach § 323 BGB vorgehen, d. h. er kann die bereits geleistete Zahlung nach den Vorschriften einer ungerechtfertigten Bereicherung gemäß §§ 812 ff. BGB zurückverlangen. Hat der Besteller den **Rücktritt** gewählt, ist er daran gebunden;[96] macht der Besteller hingegen **Schadensersatzansprüche** wegen Nichterfüllung geltend, kann er bedenkenlos bis zum Erhalt des geschuldeten Schadensbetrages zum Rücktritt überwechseln.[97] Der Grund für die unterschiedliche Behandlung von Schadensersatzanspruch und Rücktrittsrecht liegt darin, daß die Ausübung des Rücktrittsrechts Gestaltungsfunktion besitzt und das Schuldverhältnis in ein Rückabwicklungsverhältnis umwandelt.[98] Macht der Besteller Schadensersatzansprüche wegen Nichterfüllung gemäß § 326 BGB geltend, so kann er des weiteren bis zur Erfüllung auf die Rechte gemäß § 323 BGB ausweichen.[99]

10. Klauselgestaltungen

Der Besteller hat aus einsichtigen Gründen ein vitales Interesse an der exakten Einhaltung vertraglich vereinbarter Lieferfristen durch den Lieferanten.

---

92. MünchKomm./Emmerich, § 326 Rdnr. 103; BGHZ 50, 160, 166; BGH NJW 1986, 661; BGH WM 1992, 697, 699; BGH NJW-RR 1992, 1226, 1228; BGH NJW-RR 1993, 883
93. MünchKomm./Emmerich, § 326 Rdnr. 104
94. RGZ 70, 127, 129, 131; Palandt/Heinrichs, § 326 Rdnr. 21
95. BGH WM 1971, 615, 617; Staudinger/Otto, § 326 Rdnr. 127
96. BGH NJW 1982, 1279; BGH NJW 1988, 2878
97. Palandt/Heinrichs, § 325 Rdnr. 7 m. w. N.
98. BGH NJW 1982, 1279, 1280; BGH NJW 1988, 2878
99. Palandt/Heinrichs, a. a. O.

10. Klauselgestaltungen

Soweit bestimmt ist, daß die Lieferzeit „pünktlich" oder „genau" einzuhalten ist, entspricht dies regelmäßig der individualvertraglichen Vereinbarung; Bedenken gemäß § 4 AGBG oder gemäß § 9 Abs. 2 Nr. 1 AGBG bestehen in diesen Fällen nicht. Zahlreich sind jedoch die Klauselgestaltungen, in denen Bedenken gemäß § 9 Abs. 2 Nr. 1 AGBG bestehen:

a) Nach der gesetzlichen Regelung von § 285 BGB ist jeder Verzug **verschuldensabhängig**. Mit anderen Worten: Der Lieferant kommt dann nicht in Verzug, wenn er den Eintritt des Verzugs im Sinn von § 276 BGB nicht zu vertreten hat. Aus diesem Grund ist die Abbedingung des Verschuldenserfordernisses – als kardinale Verzugsvoraussetzung – mit § 9 Abs. 2 Nr. 1 AGBG unvereinbar.[100]

b) Häufig ist es auch so, daß in Einkaufs-AGB die Leistungsbefreiungstatbestände der §§ 275, 323 BGB auf **Fälle höherer Gewalt** reduziert werden. Dies bedeutet dann: Der Lieferant hat einen Lieferverzug nur dann nicht zu vertreten, wenn er den Nachweis erbringen kann, daß Fälle höherer Gewalt für den Eintritt des Verzugs maßgebend waren. Bei einer solchen Klausel ist im Sinn von § 9 Abs. 2 Nr. 1 AGBG entscheidend, daß der Wertungsunterschied zwischen einem Vertretenmüssen einerseits und einer höheren Gewalt-Klausel andererseits sehr erheblich ist.[101] Denn die tatbestandlichen Voraussetzungen einer höheren Gewalt sind stets: Unvorhersehbarkeit, Unvermeidbarkeit und Außergewöhnlichkeit des Ereignisses.[102] Im Sinn von § 9 Abs. 2 Nr. 1 AGBG ist deshalb entscheidend, daß das Haftungsprinzip des BGB/HGB von dem Verschuldensprinzip beherrscht wird; die dort unter Berücksichtigung von § 276 BGB normierten Tatbestände reichen regelmäßig weiter als die Tatbestände, die das Vorliegen einer höheren Gewalt charakterisieren. Beispiel: Streik ist regelmäßig ein nicht verschuldetes Ereignis, ist aber grundsätzlich kein Fall höherer Gewalt, weil er – abgesehen vom „wilden Streik" – regelmäßig vorhersehbar und – und das gilt selbst für den „wilden Streik" – nicht außergewöhnlich ist. Daraus folgt: Wenn und soweit ein Besteller in seinen Einkaufs-AGB das Haftungsprinzip des Vertretenmüssens erläßt, wie es in den §§ 282, 285 BGB konstituiert ist, um statt dessen auf Tatbestände höherer Gewalt auszuweichen, so verstößt dies gegen § 9 Abs. 2 Nr. 1 AGBG.[103]

c) Unvereinbar mit § 9 Abs. 2 Nr. 1 AGBG ist es, wenn Lieferzeitklauseln in Einkaufs-AGB auf die Verzugsvoraussetzungen von § 284 Abs. 1 BGB – Vorliegen einer Mahnung – verzichten oder von dem Erfordernis einer Nachfristsetzung und einer Ablehnungsandrohung gemäß § 326 BGB abse-

---

100. Thamm/Hesse, BB 1979, 1583, 1584; Heinze, NJW 1973, 2182, 2183
101. im einzelnen Löwe/Graf von Westphalen/Trinkner, Großkommentar, Bd. II § 10 Nr. 3 Rdnrn. 49 ff.
102. RGZ 101, 94, 95; RGZ 109, 172, 173; BGHZ 7, 338, 339
103. Löwe/Graf von Westphalen/Trinkner, Großkommentar, Bd. III – Einkaufsbedingungen Rdnr. 3

hen.[104] Dabei ist entscheidend: Gerade das Erfordernis einer **Nachfristsetzung** hat für den Lieferanten **Warnfunktion**, zumal nach fruchtlosem Ablauf der Nachfrist, einschließlich einer entsprechenden Ablehnungsandrohung der Erfüllungsanspruch untergeht.

aa) In Einkaufs-AGB ist es regelmäßig üblich, Lieferzeit im Sinn von § 284 Abs. 2 BGB kalendermäßig zu bestimmen. Liegt ein entsprechender individualvertraglicher Konsens vor, so besteht kein Zweifel daran, daß der Lieferant in Verzug gerät, sofern er die bedungene Lieferzeit nicht einhält und gemäß § 285 BGB nicht nachweisen kann, daß er diesen Umstand nicht zu vertreten hat. Auf das Erfordernis einer Mahnung kommt es dann nicht an. Fehlt jedoch eine kalendermäßige Bestimmung des Leistungszeitpunktes im Sinn von § 284 Abs. 2 BGB – etwa weil die Lieferfrist mit „ca." angegeben wurde –, so ist es im Sinn von § 9 Abs. 2 Nr. 1 AGBG unwirksam, wenn unter diesen Voraussetzungen auf das Erfordernis einer Mahnung verzichtet wird.[105] In diesem Zusammenhang ist freilich zu unterstreichen, daß der BGH – allerdings im Rahmen von § 326 BGB – entschieden hat, daß im kaufmännischen Verkehr auf das Erfordernis einer Nachfristsetzung nicht verzichtet werden kann, ohne daß diese Klausel gegen § 9 Abs. 2 Nr. 1 AGBG verstößt.[106] Wie die Nachfrist hat aber auch die Mahnung – jedenfalls im Rahmen von § 284 Abs. 1 BGB – eine deutliche **Warnfunktion**, auf deren Einhaltung der Lieferant im Sinn von § 9 Abs. 2 Nr. 1 AGBG einen Anspruch hat.

bb) Von weitreichender Bedeutung ist es, daß in Einkaufs-AGB immer wieder Klauseln vorkommen, in denen der Besteller – unter den Voraussetzungen von § 284 Abs. 2 BGB – sich die weiterreichenden Rechte des § 326 BGB ausbedingt. Konkret gesprochen: Gemäß § 286 BGB steht dem Besteller für den Fall, daß der Lieferant in Verzug gerät, das Recht zu, Schadensersatz – in seiner Ausprägung als **Verzögerungsschaden** – zu reklamieren; weitergehende Ansprüche auf Rücktritt oder Schadensersatz wegen Nichterfüllung stehen dem Besteller nur unter den verschärften Voraussetzungen des § 326 BGB zu. Wenn jetzt aber in Einkaufs-AGB eben diese Rechtsfolgen an die Voraussetzungen des Verzugs im Sinn von § 284 Abs. 2 BGB geknüpft werden, so ist dies mit § 9 Abs. 2 Nr. 1 AGBG unvereinbar.[107] Entscheidend ist nämlich: Die sich aus § 326 BGB ergebenden Rechtsbehelfe belasten den Lieferanten ungleich schwerer als die aus § 286 BGB abzuleitende Rechtsfolge, zumal der Anspruch auf Erfüllung bestehen bleibt.

---

104. BGH NJW 1986, 842; Ulmer/Brandner/Hensen, AGBG, Anh. zu §§ 9 bis 11 Rdnr. 296
105. so Wolf/Horn/Lindacher, AGBG, § 9 Rdnr. E 67; Thamm/Hesse, BB 1979, 1583, 1584; wie hier allerdings Palandt/Heinrichs, AGBG, § 11 Rdnr. 18; Ulmer/Brandner/Hensen, a. a. O., Schmidt-Salzer, AGBG, F 169
106. BGH NJW 1986, 842, 843
107. AGB-Klauselwerke/Graf von Westphalen, Einkaufsbedingungen Rdnr. 8

cc) Unvereinbar mit § 9 Abs. 2 Nr. 1 AGBG ist es des weiteren, wenn sich der Besteller in seinen Einkaufs-AGB die Rechte gemäß § 326 BGB in der Weise sichert, daß Schadensersatz wegen Nichterfüllung und Rücktritt kumulativ nebeneinander geltend gemacht werden können. Denn aus der Struktur von § 326 BGB folgt unmittelbar, daß diese Rechte – sofern der Besteller dem Lieferanten eine angemessene Nachfrist mit Ablehnungsandrohung gesetzt hat – lediglich nebeneinander – also: alternativ – zur Verfügung stehen, zumal der Besteller durch den Rücktritt endgültig die Möglichkeit verliert, Schadensersatz wegen Nichterfüllung zu verlangen.[108] Entscheidend hierfür ist: Die Erklärung des Rücktritts hat rechtsgestaltende Funktion und ist grundsätzlich unwiderruflich.

11. Das kaufmännische Fixgeschäft

Nach allgemeiner Auffassung erfordert ein Fix-Handelsgeschäft im Sinn von § 376 Abs. 1 HGB nicht nur die Festlegung einer genauen Lieferzeit oder Lieferfrist, sondern darüber hinaus Einigkeit der Parteien darüber, daß der Vertrag mit Einhaltung oder Nichteinhaltung der Lieferfrist stehen oder fallen soll.[109] Ist dies im Vertrag nicht eindeutig ausgesprochen, muß durch Auslegung gemäß §§ 133, 157 BGB unter Berücksichtigung aller Umstände ermittelt werden, ob die Parteien der vereinbarten Lieferzeit eine so weitgehende Bedeutung beimessen wollten, daß der Besteller berechtigt sein sollte, bei Nichteinhaltung der Lieferfrist den abgeschlossenen Kaufvertrag ohne weiteres durch Rücktritt zu beenden und – im Fall des Verschuldens – Schadensersatz wegen Nichterfüllung zu reklamieren.

a) Ein Indiz für das Vorliegen eines Fixgeschäfts im Sinn von § 376 Abs. 1 HGB ist zum Beispiel die Verwendung von „fix"[110] oder von „präzis" oder „genau".[111] Darüber hinaus sind nach Handelsbrauch die typischen Abladeklauseln – FOB, CIF gemäß Incoterms 1990 – als Fixgeschäft zu behandeln, sofern Ort und Zeit der Verladung der Ware bestimmt sind.[112] Bei allen diesen Fällen handelt es sich um eine typische Kurzbezeichnung des in § 376 HGB geregelten Vertragstyps.[113]

b) Verbleiben bei der Auslegung eines Fixgeschäfts – unter Berücksichtigung aller Umstände des Einzelfalls – Zweifel, ob in der Tat die Parteien auch darüber einig waren, daß der Vertrag mit Einhaltung oder Nichteinhaltung der Lieferzeit stehen oder fallen sollte,[114] so wirken sich diese gegen

---

108. Palandt/Heinrichs, § 325 Rdnr. 25
109. BGH WM 1982, 1384, 1385; BGH WM 1984, 639, 641; BGHZ 110, 88, 96; BGH NJW-RR 1989, 1373
110. BGH WM 1982, 1384, 1385
111. Baumbach/Hopt, HGB, § 376 Rdnr. 3
112. Schlegelberger/Hefermehl, HGB, § 376 Rdnr. 6; Baumbach/Hopt, a. a. O.
113. BGH WM 1982, 1384, 1385
114. RGZ 51, 347 ff.

die Annahme eines Fixgeschäfts aus.[115] Daraus folgt insbesondere, daß die Vereinbarung einer festen Lieferzeit – auch wenn diese kalendermäßig bestimmt ist – für sich allein genommen keineswegs ausreicht, die Voraussetzung eines Fixgeschäfts gemäß § 376 HGB zu konkretisieren.[116] Vielmehr ist es erforderlich, daß der Charakter des Fixgeschäftes eindeutig im Vertrag seinen Niederschlag findet; das Interesse des Bestellers muß derart sein, daß es über das übliche Interesse an einer vertragsgemäßen, strikt den Termin berücksichtigenden Erfüllung hinausgeht. Dabei ist nicht entscheidend, welche Voraussetzungen oder Erwartungen zum Zeitpunkt des Vertragsabschlusses für eine Vertragspartei maßgebend waren, sondern es ist darauf abzustellen, ob sich die **Einigung** auch darauf erstreckte, daß der abgeschlossene Kaufvertrag bei Nichteinhaltung der Lieferfrist von dem Käufer ohne weiteres beendet werden konnte.[117]

Geht man deshalb davon aus, daß die Voraussetzungen eines Fixgeschäftes im Sinn von § 376 HGB stets den Rang einer individualvertraglichen Abrede gemäß § 4 AGBG haben, so ist mit dem Vorrangprinzip von § 4 AGBG unvereinbar, daß in Einkaufs-AGB die Voraussetzungen eines handelsrechtlichen Fixgeschäfts gemäß § 376 HGB klauselmäßig festgelegt werden, obwohl die entsprechenden Voraussetzungen im Individualvertrag – aufgrund eines Konsenses zwischen den Parteien – nicht geschaffen worden sind. Demzufolge liegt auch ein Verstoß gegen § 9 Abs. 2 Nr. 1 AGBG vor, zumal – wie bereits angedeutet – die Rechtsfolge des § 286 BGB wesentlich verschieden von derjenigen ist, die § 376 HGB vorsieht: nämlich das Recht auf Rücktritt – ohne Rücksicht auf ein Vertretenmüssen.[118]

12. Änderungsbefugnis

In Einkaufs-AGB kommt es immer wieder vor, daß der Besteller zu seinen Gunsten das Recht ausbedingt, die **Lieferzeit** einseitig zu ändern. Eine solche Klausel verstößt ersichtlich gegen das Vorrangprinzip des Individualvertrages gemäß § 4 AGBG, weil es das Konsensprinzip mißachtet.[119] Außerdem liegt ein Verstoß gegen § 9 Abs. 2 Nr. 1 AGBG vor.[120] Daraus folgt unmittelbar: In Einkaufs-AGB ist es nicht angezeigt, zugunsten des Bestellers ein einseitiges Änderungsrecht zu verankern; denn dieses kann nur dann ausgeübt werden, wenn mit dem Lieferanten eine entsprechende Änderung des

---

115. BGH WM 1982, 1384, 1385; BGH WM 1984, 639, 641
116. BGH WM 1984, 639, 641
117. BGH WM 1984, 639, 641
118. AGB-Klauselwerke/Graf von Westphalen, Einkaufsbedingungen Rdnr. 9 ff.; BGH WM 1990, 720 – Verstoß auch gegen § 3 AGBG
119. AGB-Klauselwerke/Graf von Westphalen, Einkaufsbedingungen Rdnr. 16
120. Thamm/Hesse, BB 1979, 1583, 1585; Wolf/Horn/Lindacher, AGBG, § 9 E 64; Ulmer/Brandner/Hensen, AGBG, Anh. zu §§ 9 bis 11 Rndr. 296

Vertrages – **Individualvertrag** – akkordiert wurde oder wenn zumindest die Voraussetzungen für eine einseitige Änderung der Lieferzeit so konkret und nachvollziehbar ausgestaltet worden sind, daß auch die Interessen des Lieferanten angemessen berücksichtigt worden sind.[121]

13. Pauschalierter Schadensersatz/Vertragsstrafe

Die Forderung nach pauschaliertem Schadensersatz hat ihren Grund in § 286 BGB; eine Vertragsstrafe findet ihre Rechtfertigung in den §§ 339 ff. BGB. Die Abgrenzung zwischen beiden Erscheinungsformen ist nicht immer einfach. Die Rechtsprechung differenziert regelmäßig danach, ob der geltend gemachte Anspruch in erster Linie der Erfüllung des Hauptvertrages dienen und auf den Vertragspartner einen möglichst wirkungsvollen Druck ausüben soll – dann handelt es sich um eine **Vertragsstrafe** gemäß §§ 339 ff. BGB – oder ob der geltend gemachte Anspruch der vereinfachten Durchsetzung eines Schadensersatzanspruchs dient – dann liegt eine **Schadensersatzpauschalierung** vor.[122] Anders gewendet: Ein pauschalierter Schadensersatz ist dann anzunehmen, „wenn die zur Beurteilung stehende Vertragsklausel erkennen läßt, daß die Parteien wirklich einen Schadensersatz regeln wollen, was sich besonders für die Leistungspflicht nach Kaufverträgen als zweckmäßig erweist".[123] Wieder anders: Die Vertragsstrafe ist vom Gesetzgeber mit einer „doppelten Zweckrichtung geschaffen: Sie soll einmal als Zwangsmittel den Schuldner zur Erbringung der geschuldeten Leistung anhalten, zum anderen aber auch dem Gläubiger im Verletzungsfall die Möglichkeit einer erleichterten Schadloshaltung eröffnen".[124] Deshalb sind auch Vertragsstrafeversprechen abhängig von den Auswirkungen der jeweiligen Vertragsverletzung; insbesondere ist zu unterstreichen, daß sie nicht der „Schöpfung neuer Geldforderungen" dienen dürfen.[125]

a) Schadensersatzansprüche, die dem Besteller deswegen entstehen, weil der Lieferant in Verzug geraten ist, orientieren sich – wie dargelegt – im Hinblick auf ihre Folgen an den Bestimmungen der §§ 286, 326 BGB. Notwendigerweise unterfallen sie deshalb dem Verbotstatbestand von § 11 Nr. 5 AGBG.[126] Anerkanntermaßen gilt der Verbotstatbestand von § 11 Nr. 5 a AGBG auch gemäß § 9 Abs. 2 Nr. 1 AGBG im kaufmännischen Verkehr.[127] Daraus ergeben sich folgende Ableitungen für die Höhe der zu pauschalie-

---

121. BGH NJW 1994, 1060, 1063
122. BGHZ 49, 84, 89; BGH NJW 1970, 29, 32; BGH BB 1975, 9; BGH NJW 1976, 1886; BGH WM 1977, 55
123. BGHZ 49, 84, 89; BGH NJW 1983, 1542
124. BGHZ 63, 256, 259
125. BGH ZIP 1989, 243, 244
126. Löwe/Graf von Westphalen/Trinkner, Großkommentar, Bd. II § 11 Nr. 5 Rdnrn. 9 ff.; Ulmer/Brandner/Hensen, AGBG, § 11 Nr. 5 Rdnr. 10
127. BGHZ 67, 312, 317; BGH NJW 1984, 2941 BGHZ 113, 55, 61; BGH NJW 1994, 1060, 1068; BGH NJW 1996, 1209, 1210

renden Verzugsentschädigung, die in Einkaufs-AGB verankert werden kann:

aa) Voraussetzung für die **Wirksamkeit** einer Verzugspauschale ist, daß der geltend gemachte Schaden durchschnittlich-schadenstypisch ist; maßgebend ist also ein branchentypischer Durchschnittsschaden.[128] Daraus folgt, daß es nicht auf die Eigenheiten des einzelnen Bestellers ankommen kann, sondern nur auf den typischerweise entstehenden, also den „normalen" Schaden.[129] Notwendigerweise aber hängt der durchschnittlich auftretende Schaden nicht nur von den Spezifika der jeweiligen Branche, sondern auch von den Besonderheiten des jeweiligen Produkts ab. Daraus resultiert, daß die in Einkaufs-AGB festzusetzende Pauschale auch produkt- und damit objektbezogen sein muß.[130] Im einen wie im anderen Fall ist die Schätzung eines redlichen Beobachters maßgebend.[131]

bb) Aus dieser Sicht der Dinge ergeben sich notwendige Restriktionen; diese sind im **Formular** – soweit überhaupt möglich – berücksichtigt, indem dort ein ausdrücklicher Vorbehalt erklärt wird. Er ist unter Berücksichtigung der jeweiligen Umstände des Einzelfalls zu konkretisieren.

cc) Gemäß § 11 Nr. 5 b AGBG darf eine Schadenspauschale nicht so gestaltet sein, daß sie dem Lieferanten den Nachweis abschneidet, der Schaden sei überhaupt nicht entstanden oder wesentlich niedriger. Nicht erforderlich ist freilich, daß die Klausel den Gegenbeweis zugunsten des Lieferanten ausdrücklich zuläßt.[132] Doch erfaßt § 11 Nr. 5 b AGBG nicht nur solche Klauseln, welche dem Lieferanten den Gegenbeweis – bezogen auf den konkreten Schadensverlauf – ausdrücklich verbieten. Es genügt vielmehr, daß die Klausel – als Folge ihrer sprachlichen Fassung – so zu verstehen ist, daß sie den Gegenbeweis ausschließt.[133] Diese Gesichtspunkte gelten – abhängig von der Interpretation der jeweiligen Klausel – auch gemäß § 9 Abs. 2 Nr. 1 AGBG im kaufmännischen Verkehr.[134] Deshalb ist sowohl unter der Perspektive von § 11 Nr. 5 a AGBG als auch unter der von § 11 Nr. 5 b AGBG entscheidend: Die generell geltend gemachte Schadenspauschale darf nicht dazu führen, daß der Berechtigte einen höheren Schaden als den dem Durchschnittsschaden entsprechenden geltend macht; insbesondere soll verhindert werden, daß er in der Lage ist, das schadensersatzrechtliche Bereicherungsverbot auszuschalten. Dies aber wäre die zwingende Konsequenz, würde man aus § 11 Nr. 5 b AGBG keine Indizwirkung dafür im Sinn des § 9 Abs. 2 Nr. 1 AGBG ableiten, daß auch im kaufmännischen Bereich dem Lieferanten der Gegenbeweis – sanktionslos – abgeschnitten werden dürfte.

---

128. BGH NJW 1984, 2093; BGH NJW 1996, 1209, 1210
129. Ulmer/Brandner/Hensen, AGBG, § 11 Nr. 5 Rdnr. 14
130. Ulmer/Brandner/Hensen, a. a. O.
131. BGH WM 1977, 55, 56
132. BGH NJW 1985, 321
133. BGH ZIP 1982, 1092; BGH NJW 1987, 2220, 2222; BGH NJW 1996, 1209, 1210
134. BGH NJW 1994, 1060, 1068; BGH NJW 1996, 1209, 1210

13. Pauschalierter Schadensersatz/Vertragsstrafe

dd) Aus diesem Grund empfiehlt sich die Textierung, daß die geltend gemachte Schadenspauschale zum einen dem Besteller den Nachweis offenläßt, daß ein höherer Schaden entstanden ist, zum anderen aber dem Lieferanten ebenfalls den Nachweis ermöglicht, daß infolge des eingetretenen Verzugs gar kein oder ein wesentlich niedriger Schaden entstanden ist. Dabei ist die **Beweislastverteilung** eindeutig: Daß der Schaden durchschnittlich-typisch ist, ist – entsprechend der Norm des § 11 Nr. 5 a AGBG – vom Besteller/AGB-Verwender zu beweisen.[135] Demgegenüber obliegt der Gegenteilsbeweis im Rahmen von § 11 Nr. 5 b AGBG dem Lieferanten. Dieser ist immer dann erfolgreich geführt, wenn der Lieferant in der Lage ist nachzuweisen, daß der konkrete Schaden – verglichen mit der abstrakten Pauschale – um mehr als 10 % nach unten abweicht.[136]

b) Ist demgegenüber eine **Vertragsstrafe** vereinbart, die dem Besteller infolge des Verzugs des Lieferanten zusteht, so sind folgende Gesichtspunkte unter Berücksichtigung der §§ 339 ff. BGB – bezogen auf die Wertungkriterien von § 9 Abs. 2 Nr. 1 AGBG – zu reflektieren:

aa) Immer wieder hat der BGH in seiner Judikatur betont, daß unter Berücksichtigung der erforderlichen Abwägung gemäß § 9 Abs. 2 Nr. 1 AGBG eine in AGB enthaltene Vertragsstrafe nicht völlig unabhängig von den Verzugsauswirkungen im Einzelfall ausgestaltet sein darf; insbesondere ist es unwirksam, wenn die Vertragsstrafeklausel nach oben hin jede Begrenzung vermissen läßt.[137] Dabei ist die Bifunktionalität der Vertragsstrafe zu berücksichtigen; sie muß zum einen schadensadäquat sein und darf zum anderen nicht dazu führen, daß sie dem AGB-Verwender als „Schöpfung neuer Geldforderungen" dient.[138] Dies ist nämlich keinesfalls durch das erforderliche Sachinteresse des Berechtigten gedeckt[139]

bb) Wegen der schadensersatzrechtlichen Relevanz einer jeden Vertragsstraferegelung ist es sehr problematisch, in einem **Formular** – ohne exakte Kenntnis der Branche und des Produkts – einen bestimmten von-Hundert-Satz – gemessen an dem jeweiligen Verkaufspreis – als verwirkte Vertragsstrafe für den Fall des Verzugseintritts zu fixieren. Selbst für die Bauindustrie, in der immer wieder Vertragsstrafen formuliert werden, ist festgestellt worden, daß die Vielschichtigkeit der Vertragsverhältnisse und des Bauablaufs kaum eine allgemeine Schadensprognose zuläßt.[140] Denn ein geringes Verschulden des Lieferanten kann – auch bei kleineren Aufträgen – zu er-

---

135. BGHZ 67, 312, 316
136. Löwe/Graf von Westphalen/Trinkner, Großkommentar, Bd. II § 11 Nr. 5 Rdnr. 38; Staudinger/Schlosser, AGBG, § 11 Nr. 5 Rdnr. 20; Ulmer/Brandner/Hensen, AGBG, § 11 Nr. 5 Rdnr. 23
137. BGHZ 72, 222, 224; BGH NJW 1981, 1509, 1510; BGHZ 85, 305, 314; BGH ZIP 1988, 169, 170; BGH ZIP 1989, 243, 244; grundlegend auch BGH NJW 1994, 1060, 1064
138. BGH ZIP 1989, 243, 244
139. BGHZ 85, 305, 313
140. Kapellmann/Langen, BB 1987, 560, 563; BGH ZIP 1989, 243, 244

heblichen Verzögerungen führen und einen beträchtlichen Schaden verursachen.[141] Wegen dieser besonderen Schwierigkeiten empfiehlt es sich, die geltend gemachte Vertragsstrafe – schon im Hinblick auf die Verzugsvoraussetzungen – gering anzusetzen. Diesen Weg geht das hier unterbreitete Formular, um Angriffen aus dem weiten Spektrum der richterlichen Inhaltskontrolle gemäß § 9 Abs. 2 Nr. 1 AGBG von vornherein auszuweichen. Dadurch relativiert sich freilich der kommerzielle Zweck einer solchen Vertragsstrafe, die trefflich auch als „Terminsicherungsbetrag" ausgewiesen wird. Unter dieser Voraussetzung bleibt dann kein anderer Weg, als eine **Individualabrede** zu vereinbaren. Diese setzt voraus, daß zwischen beiden Parteien die Höhe der verwirkten Vertragsstrafe ausdrücklich erörtert und daß der Lieferant über ihren Inhalt im einzelnen belehrt wurde.[142] Um insoweit sicherzugehen,[143] ist es deshalb geboten, eine Vertragsstraferegelung – wie im Formular angedeutet – in der Weise in den Rang eines Individualvertrages zu erheben, daß diese bereits auf der Vorderseite der Bestellung erscheint, um dann – seitengleich – mit der jeweiligen Auftragsbestätigung des Lieferanten angenommen zu werden.

cc) Von besonderer Bedeutung ist darüber hinaus, daß eine Vertragsstraferegelung stets eine **Begrenzung** nach oben aufweist.[144] Dabei macht es keinen Unterschied, ob es sich um einen großen Auftrag[145] oder um einen kleinen Auftrag handelt.[146] Im einen wie im anderen Fall muß der Gefahr vorgebeugt werden, daß ein von vornherein nicht überschaubarer Teil des Entgelts – in welchem Zeitraum auch immer – durch eine etwa verfallene Vertragsstrafe aufgezehrt werden könnte, so daß eine Vertragsstraferegelung als AGB-Klausel – nur auf Grund einer solchen Begrenzung – sicherstellt, daß eine nach § 9 Abs. 1 ABGB sonst eintretende Benachteiligung des Lieferanten vermieden wird.[147] Das **Formular** reflektiert eine solche Begrenzung; diese ist – jedenfalls bis auf weiteres – mit § 9 Abs. 1 AGBG vereinbar.

c) **Unvereinbar** ist es mit § 9 Abs. 2 Nr. 1 AGBG, wenn sich der Besteller die Vertragsstrafe **neben** einem Schadensersatzanspruch vorbehält, also in der Sache Vertragsstrafe und Schadensersatz miteinander kumuliert, weil dies gemäß § 340 Abs. 2 BGB bzw. gemäß § 341 Abs. 2 BGB unwirksam ist.[148] Die-

---

141. BGH a.a.O.
142. BGH NJW 1982, 2243, 2244; BGH NJW 1984, 2094; BGH WM 1986, 799; BGH WM 1987, 1018; BGH NJW 1988, 135; BGH NJW 1988, 1972; BGH ZIP 1989, 1200; BGH NJW-RR 1995, 749 – alle Fälle betreffen den Erwerb neuerrichteter oder renovierter Immobilien
143. Insbesondere KG ZIP 1989, 924
144. BGHZ 85, 305, 314; BGHZ ZIP 1988, 169, 170; BGH ZIP 1989, 243, 244
145. BGH ZIP 1988, 169
146. BGH ZIP 1989, 243
147. BGH ZIP 1988, 169, 170; BGH ZIP 1989, 243, 244
148. BGHZ 63, 256, 258; BGH NJW 1985, 56; BGH NJW 1992, 1096; Staudinger/Schlosser, AGBG, § 11 Nr. 6 Rdnr. 23; Löwe/Graf von Westphalen/Trinkner, Großkommentar, Bd. II § 11 Nr. 6 Rdnr. 22

1. Erfüllungsort

ses Kumulationsverbot gilt gleichermaßen für den Anspruch auf den Ersatz des Verzugsschadens als auch für den Anspruch auf Ersatz des Nichterfüllungsschadens; im einen wie im anderen Fall muß also die Vertragsstraferegelung sicherstellen, daß sie lediglich als Mindestbetrag des geltend gemachten Schadens eingeordnet werden kann – mit der Konsequenz, daß ein weitergehender Schaden regelmäßig konkret zu berechnen ist. Das Formular enthält insoweit keine Regelung, so daß es bei der Anrechnungspflicht gemäß § 340 Abs. 2 BGB bzw. gemäß § 341 Abs. 2 BGB verbleibt.

d) Anerkanntermaßen verstößt eine Vertragsstraferegelung gegen § 9 Abs. 2 Nr. 1 AGBG, wenn sie den Vorbehalt gemäß § 341 Abs. 3 BGB abbedingt.[149] Es ist aber wirksam, diesen Vorbehalt – wie hier im Formular vorgesehen – abzumildern, weil es regelmäßig auf praktisch unlösbare Schwierigkeiten – jedenfalls bei Großunternehmen – stößt, die Warenannahmestelle davon zu unterrichten, daß eine mit Vertragsstrafe belegte Lieferung verspätet ist, und daß demzufolge der Vorbehalt gemäß § 341 Abs. 3 BGB „bei" Annahme der verspätet eintreffenden Ware zu erklären ist.[150]

§ 5
Gefahrenübergang – Dokumente

(1) Die Lieferung hat, sofern nichts anderes schriftlich vereinbart ist, frei Haus zu erfolgen.

(2) Der Lieferant ist verpflichtet, auf allen Versandpapieren und Lieferscheinen exakt unsere Bestellnummer anzugeben; unterläßt er dies, so sind Verzögerungen in der Bearbeitung nicht von uns zu vertreten.

Inhalt der Erläuterungen zu § 5:

1. Erfüllungsort   2. Gefahrenübergang

1. Erfüllungsort

§ 269 BGB beantwortet die Frage, wo der Schuldner/Lieferant zu leisten hat. Der in dieser Bestimmung verwendete Begriff „Leistung" umfaßt sowohl die „Leistungshandlung" als auch den „Leistungserfolg".[1] Der in § 269 BGB geregelte Leistungsort ist danach der Ort, an dem der Schuldner/Lieferant die Leistungshandlung vornehmen muß, damit – dies ist jedenfalls die Regel – der Leistungserfolg eintritt.

---

149. AGB-Klauselwerke/Graf von Westphalen, Vertragsstrafeklausel, Rdnr. 23; BGHZ 85, 305, 310; OLG München, BB 1984, 1386; Palandt/Heinrichs, AGBG, § 11 Rdnr. 33
150. vgl. auch Palandt/Heinrichs, a. a. O.
1. MünchKomm./Keller, § 269 Rdnr. 2

a) Der **Leistungsort** kann durch ausdrückliche oder stillschweigende Vereinbarung der Parteien festgelegt werden. Dabei bedient sich der kaufmännische Verkehr regelmäßig verschiedener Handelsklauseln. Durch diese werden Kostentragung, Verpackung und Rückgabe der Verpackung vertraglich geregelt. Die reinen Kostentragungsklauseln ändern am Erfüllungsort oder am Gefahrenübergang nichts, es sei denn, dies ist vertraglich anders vereinbart[2] oder handelsüblich.[3]

aa) Für den **Lieferanten** sind dabei folgende Klauseln von besonderem Interesse.

- „**Ab Werk**" – gleichbedeutend mit „ab Lager", „ab Fabrik" etc. – bedeutet, daß sich die Verpflichtung des Lieferanten darin erschöpft, die Ware an dem jeweils bezeichneten Ort zur Abholung bereitzuhalten.[4] Die Kosten der Verpackung und die Prüfung der Ware[5] trägt dabei der Lieferant; alle sonstigen Kosten gehen zu Lasten des Bestellers, insbesondere die Kosten und die Gefahren des Transports. Auch die Verladekosten gehen zu Lasten des Bestellers.

- „**fob**" – regelmäßig gemäß Incoterms 1990 – bedeutet, daß der Lieferant die Ware auf seine Kosten an Bord des Schiffes zu dem ernannten Bestimmungshafen verbringen und zusätzlich die Ausfuhrbewilligung oder jede andere erforderliche amtliche Ausfuhrbescheinigung dem Besteller verschaffen muß. Mit Überschreiten der Schiffsreling gehen Gefahr und Kosten auf den Besteller über; der Besteller hat demzufolge auch die Kosten und Gebühren für die Beschaffung eines Konnossements und sonstiger Dokumente zu tragen, wobei ihm der Lieferant auf Verlangen Hilfe zu leisten hat (im einzelnen Incoterms 1990 – Nr. 4).

- „**fob Flughafen**", bedeutet, daß der Lieferant in diesen Fällen – mangels anderer Nachricht – den Beförderungsvertrag auf Kosten des Bestellers abschließen, auf eigene Kosten und Gefahr die Ausfuhrbewilligung beschaffen und die Kosten und Gefahr bis zur Übergabe an den Luftfrachtführer oder eine vom Besteller benannte Person tragen muß. Der Besteller trägt die Kosten und Gefahren ab Übergabe an den Luftfrachtführer oder eine sonst von ihm benannte Person; er trägt auch die Beförderungskosten sowie die Kosten für die Beschaffung der erforderlichen Dokumente, wobei auch in diesem Fall ihm der Lieferant auf Verlangen Hilfe zu leisten hat (Incoterms 1990 – Nr. 11).

bb) Für den **Besteller** sind vor allem folgende Klauseln interessant:

- „**frachtfrei**" bedeutet, hier muß der Lieferant die Ware auf seine Kosten an den benannten Bestimmungsort bringen, während den Besteller alle

---

2. BGHZ 50, 32, 37
3. Staudinger/Köhler, § 448 Rdnr. 18
4. BGH ZIP 1986, 230, 232
5. § 448 BGB

1. Erfüllungsort

Kosten ab Eintreffen der Ware an dem Bestimmungsort treffen (Incoterms 1990 – Nr. 13).
– „**frei Bestimmungsort**" bedeutet, hier hat der Lieferant die Kosten und die Gefahr bis zum Eintreffen der Ware am Bestimmungsort zu tragen.
– „**frei Haus**" bedeutet, hier trägt der Lieferant Transport- und Abnahmekosten, also auch die Kosten des Einbringens der Ware in das Lager des Bestellers.[6]

cc) Der Lieferant ist stets verpflichtet, die Verpackung für den erforderlichen Transport der Ware zum Besteller so vorzunehmen, daß Schäden bei normaler Behandlung der Ware vermieden werden.[7] Stets ist allerdings durch Auslegung zu prüfen, ob die Verpackungskosten nicht schon im Kaufpreis enthalten sind.[8]

dd) In bezug auf die **Transportkosten** gilt gemäß § 448 BGB: Die Kosten der Versendung der Ware an einen anderen Ort als den Erfüllungsort fallen dem Besteller zur Last.[9] Die Kosten der Transportversicherung fallen nicht unter § 448 BGB.[10] Dies ist nur dann anders, wenn der Abschluß einer Transportversicherung zur ordnungsgemäßen Versendung der Ware erforderlich und handelsüblich ist.

ee) Bei bestimmten Verpackungsmaterialien – zum Beispiel bei Paletten, Fässern oder Kisten – kann – jeweils unter Berücksichtigung der VerpakkungsVO – die Vereinbarung der Parteien dahin ausgelegt werden, daß der Besteller verpflichtet ist, das Verpackungsmaterial zurückzusenden, sofern – und dies ist entscheidend – das Verpackungsmaterial nicht vom Besteller im Rahmen des Kaufpreises bereits bezahlt wurde.[11] Unter dieser Voraussetzung ist der Besteller verpflichtet, das Verpackungsmaterial ordnungsgemäß zu verwahren und ordnungsgemäß an den Lieferanten auf eigene Kosten zurückzusenden.[12] Soweit Wiederbeschaffungsklauseln vereinbart sind, sind die Einzelheiten strittig.[13]

b) Da eine **Vereinbarung über den Erfüllungsort** im Sinn von § 269 BGB erforderlich ist, ist eine einseitige Erklärung des Lieferanten – nach Abschluß des Vertrages – grundsätzlich unbeachtlich; dies gilt auch bei ständiger Geschäftsverbindung.[14] Notwendigerweise gilt dies auch insoweit, als entsprechende Vermerke auf Lieferscheinen, Warenbegleitpapieren oder Rechnun-

---

6. Staudinger/Köhler, § 448 Rdnr. 30
7. BGHZ 66, 208, 211; BGH BB 1983, 1690
8. Staudinger/Köhler, § 448 Rdnr. 12
9. MünchKomm./Westermann, § 448 Rdnr. 4
10. Flanderka BB 1992, 1575 ff.; Erman/Grunewald, § 448 Rdnr. 3; MünchKomm./ Westermann, § 448 Rdnr. 4
11. Staudinger/Köhler, § 448, Rdnr. 17
12. AGB-Klauselwerke/Graf von Westphalen, Verpackungs- und Transportkosten, Rdnr. 16
13. vgl. Trinkner, BB 1984, 1455 f.
14. RGZ 52, 133, 135 f.; RGZ 65, 329, 331

gen enthalten sind.[15] Etwas anderes gilt selbstverständlich dann, wenn der Tatbestand eines kaufmännischen Bestätigungsschreibens gemäß § 346 HGB (S. 19) vorliegt und der Empfänger diesem nicht unverzüglich widersprochen hat.

c) Der nach § 269 BGB maßgebende Erfüllungsort kann sich auch aus den besonderen Umständen, insbesondere aus der Natur des Schuldverhältnisses ergeben. Hier sind alle Umstände des Einzelfalls zu berücksichtigen; da jedoch im kaufmännischen Verkehr typische Handelsklauseln regelmäßig Verwendung finden, ist ein Rückgriff auf diese – lediglich subsidiär – eingreifende Auslegungsbestimmung des § 279 BGB selten: Es regiert die **Parteivereinbarung**. Fehlt allerdings eine solche und kommt auch die subsidiäre Auslegungsregel des § 269 BGB durch Rückgriff auf die Natur des Schuldverhältnisses nicht in Betracht, so gilt: Es ist zugunsten des Lieferanten eine **Holschuld** vereinbart; der Besteller ist folglich verpflichtet, die gekaufte Ware beim Lieferanten abzuholen. Maßgebend ist dabei der Wohnsitz des Lieferanten zur Zeit der Entstehung des Schuldverhältnisses oder – im kaufmännischen Verkehr – der Ort der gewerblichen Niederlassung des Lieferanten.[16] Nur dann, wenn der Lieferant am Leistungsort handelt, kann er den Besteller in Annahmeverzug setzen und selbst dem Schuldnerverzug entgehen.[17]

d) Hier ist im **Formular** eine Bringschuld vereinbart. Danach hat der Lieferant „frei Haus" zu liefern und ist verpflichtet, am Niederlassungsort des Bestellers die Leistungshandlungen vorzunehmen. Insbesondere trägt er die Versendungskosten und auch, soweit vereinbart, die Kosten der **Transportversicherung**. Doch es entscheidet stets der jeweilige Individualvertrag: abweichende oder entgegenstehende Erfüllungsortsklauseln sind wegen des Vorrangprinzips von § 4 AGBG oder allgemein nach § 9 Abs. 2 Nr. 1 AGBG **unwirksam**.

2. Gefahrenübergang

Mit der Übergabe der verkauften Sache geht gemäß § 446 Abs. 1 BGB auch die Gefahr eines zufälligen Untergangs oder einer zufälligen Verschlechterung auf den Besteller über. Der Gefahrenübergang tritt also mit der **Übergabe** ein; Übergabe ist die Verschaffung des unmittelbaren Besitzes, d. h. der tatsächlichen Verfügungsgewalt des Bestellers über die Kaufsache;[18] also: hier die Lieferung „frei Haus".

§ 446 BGB setzt den Abschluß eines wirksamen Kaufvertrages voraus.[19] Unter dieser Voraussetzung regelt § 446 BGB die Gegenleistungsgefahr.[20]

---

15. vgl. MünchKomm./Keller, § 269 Rdnr. 19
16. § 269 Abs. 2 BGB
17. MünchKomm./Keller, § 269 Rdnr. 54
18. BGH NJW 1983, 627
19. MünchKomm./Westermann § 446 Rdnr. 5; Erman/Grunewald, § 446 Rdnr. 4
20. Staudinger/Köhler, § 446 Rdnr. 2

2. Gefahrenübergang

Der Gefahrenübergang besteht dabei darin, daß Untergang oder Verschlechterung der Kaufsache die Ansprüche des Lieferanten nicht mehr berühren; vielmehr behält der Lieferant seinen Anspruch auf den Kaufpreis. Für die Umschreibung des Begriffs „**Untergang**" ist in diesem Zusammenhang eine wirtschaftliche Betrachtungsweise angezeigt: Untergang ist deshalb nicht nur die körperliche Vernichtung der Kaufsache, sondern auch alle sonstigen Ereignisse, durch die dem Besteller die Nutzungsmöglichkeit an der Kaufsache verloren geht, wie zum Beispiel Beschlagnahmehandlungen.[21] „**Verschlechterung**" im Sinn von § 446 BGB bedeutet eine Veränderung der körperlichen Beschaffenheit der Kaufsache im Sinn einer Qualitätsminderung.[22] Erforderlich ist dabei im einen wie im anderen Fall, wie sich unmittelbar aus dem Wortlaut von § 446 Abs. 1 BGB ergibt, daß der Untergang oder die Verschlechterung der Kaufsache weder vom Lieferanten noch vom Besteller verursacht und damit von der einen oder anderen Partei zu vertreten sind.

Auch Gefahrtragungsklauseln müssen, um nach § 9 Abs. 2 Nr. 1 AGBG wirksam zu sein, dem **Vorrangprinzip** des Individualvertrages gemäß § 4 AGBG folgen.[23]

§ 6
Mängeluntersuchung – Gewährleistung

(1) Wir sind verpflichtet, die Ware innerhalb angemessener Frist auf etwaige Qualitäts- oder Quantitätsabweichungen zu prüfen; die Rüge ist rechtzeitig, sofern sie innerhalb einer Frist von 5 Arbeitstagen, gerechnet ab Wareneingang oder bei versteckten Mängeln ab Entdeckung, beim Lieferanten eingeht.

- Alternativ:
Im Hinblick auf die von uns zu erfüllenden Mängeluntersuchungs- und Mängelrügepflichten gelten die gesonderten Bestimmungen der zwischen dem Lieferanten und uns bestehenden Qualitätssicherungsvereinbarung.

(2) Die gesetzlichen Gewährleistungsansprüche stehen uns ungekürzt zu; unabhängig davon sind wir berechtigt, vom Lieferanten nach unserer Wahl Mangelbeseitigung oder Ersatzlieferung zu verlangen. In diesem Fall ist der Lieferant verpflichtet, alle zum Zweck der Mangelbeseitigung oder der Ersatzlieferung erforderlichen Anwendungen zu tragen. Das Recht auf Schadensersatz, insbesondere das auf Schadensersatz wegen Nichterfüllung bleibt ausdrücklich vorbehalten.

---

21. RGZ 114, 405, 406f.
22. MünchKomm./Westermann, § 446 Rdnr. 9
23. AGB-Klauselwerke/Graf von Westphalen, Erfüllungsvereinbarungen Rdnr. 5

- Alternativ:
  Soweit der Lieferant einen Fehler zu vertreten hat, zu dem auch das Fehlen einer zugesicherten Eigenschaft zählt, ist der Lieferant nach seiner Wahl zur Mangelbeseitigung oder zur Ersatzlieferung berechtigt; in diesem Fall ist der Lieferant verpflichtet, alle zum Zweck der Mangelbeseitigung oder der Ersatzlieferung erforderlichen Aufwendungen zu tragen. Wir sind berechtigt, auf Kosten des Lieferanten die Mangelbeseitigung selbst vorzunehmen, wenn Gefahr in Verzug ist oder besondere Eilbedürftigkeit besteht. Das Recht auf Wandelung oder Minderung steht uns erst dann zu, wenn die Mangelbeseitigung/Ersatzlieferung „fehlgeschlagen" ist.

- Alternativ:
  Wie zuvor, jedoch anstelle von Satz 4 wie folgt: „Schadensersatzansprüche, die nicht am Liefergegenstand selbst entstanden sind, stehen uns im gesetzlichem Umfang zu, falls der Lieferant Vorsatz oder grobe Fahrlässigkeit oder eine schuldhafte Verletzung einer wesentlichen Vertragspflicht zu vertreten hat. Ausgeschlossen sind Schadensersatzansprüche auch dann nicht, wenn und soweit zu Gunsten des Lieferanten Deckung im Rahmen der von ihm abgeschlossenen Haftpflicht- bzw. Produkthaftpflicht-Versicherung besteht. Im übrigen sind Schadensersatzansprüche ausgeschlossen.

(3) Die Gewährleistungsfrist beträgt 24 Monate, gerechnet ab Gefahrenübergang.

- Alternativ:
  Die Garantiefrist beträgt 24 Monate, die Verjährungsfrist bleibt unberührt.
- Alternativ *für den nicht-kaufmännischen Verkehr:*
  Übernahme von Abs. (2) und Abs. (3).

Inhalt der Erläuterungen zu § 6:

1. Mängeluntersuchung – Mängelrüge
2. Die Rügeobliegenheit
3. Gewährleistung – Fehlerhaftung
4. Eigenschaftszusicherungen
5. Mangelbeseitigung
6. Das „Fehlschlagen" der Mangelbeseitigung
7. Das Institut der positiven Vertragsverletzung
8. Schadensersatz – Eigenschaftszusicherungen
9. Wandelung – Minderung
10. Gewährleistungs- und Verjährungsfrist
11. Die Manguntersuchungs- und Rügepflicht – § 9 AGBG
12. Qualitätssicherungsvereinbarungen
13. Garantien
14. Die Haltbarkeitsgarantie
15. Typische Gewährleistungsregelungen – AGB-Gesichtspunkte

1. Mängeluntersuchung – Mängelrüge

Etwaige Gewährleistungsansprüche, die dem Besteller gegenüber dem Lieferanten zustehen, sind im kaufmännischen Verkehr davon abhängig, daß der Besteller seinerseits die strikten Rügepflichten des §§ 377, 378 HGB erfüllt.

2. Die Rügeobliegenheit

§ 377 HGB unterscheidet die Rügeobliegenheit danach, ob es sich um einen Mangel handelt, der durch eine gebotene – unverzügliche – Untersuchung nach Ablieferung beim Besteller zutage gefördert wurde – es handelt sich dann um einen **offenen Mangel** im Sinn von § 377 Abs. 1 HGB – oder ob der Mangel sich erst später zeigt, so daß dann ein **versteckter Mangel** im Sinn von § 377 Abs. 3 HGB vorliegt. Die Differenzierung zwischen beiden Fällen hat überragende Bedeutung, weil aus der Versäumung der Rüge entsprechend dem in § 377 Abs. 2 HGB verankerten „Alles-oder-Nichts"-Prinzip gefolgert wird, daß die Ware in Ansehung des Mangels als „genehmigt" gilt, sofern Gewährleistungsansprüche oder Ansprüche aus positiver Vertragsverletzung geltend gemacht werden.[1] Dabei kommt es entsprechend der Struktur der §§ 377, 378 HGB ausschließlich auf die rechtzeitige Rüge an, weil das Unterlassen der Untersuchung sanktionslos ist.[2]

a) Aus der Formulierung von § 377 Abs. 1 HGB folgt unmittelbar, daß die Untersuchung „unverzüglich" nach der Ablieferung (S. 82) erfolgen muß. „Unverzüglich" bedeutet hier – wie stets – ohne schuldhaftes Zögern (vgl. § 121 BGB). Da der Gesetzgeber in § 377 Abs. 1 HGB auf den „ordnungsgemäßen Geschäftsgang" abgestellt hat, ist ein kaufmännischer Standard erforderlich – mit der Folge, daß bereits eine vermeidbare Nachlässigkeit und eine dadurch bedingte Verzögerung geeignet ist, zum Verlust des Rügerechts zu führen.[3] Stets sind hier die Umstände des Einzelfalls maßgebend, so zum Beispiel, ob die zu untersuchende Ware einem raschen Verderb ausgesetzt ist.[4] Daß der Zeitpunkt der Untersuchung auf die Feiertage fällt, die zwischen dem Weihnachtsfest und Neujahr liegen, ist in der Regel irrelevant.[5] Allerdings gilt dann möglicherweise eine Ausnahme, wenn eine längerwierige oder mühselige Untersuchung, etwa durch einen Sachverständigen als Folge der Mängel erforderlich wird.[6]

b) In der Regel wird die Durchführung von **Stichproben** als ausreichend anzusehen sein; erforderlich ist jedoch, daß diese in angemessener Anzahl und in ausreichender Streuung – repräsentativ – durchgeführt werden.[7] Was die Zahl der zu ziehenden Stichproben angeht, so ist hier die Grenze der Zumutbarkeit zu beachten; diese bestimmt sich nach dem hierfür erfor-

---

1. BGHZ 66, 208, 213; BGHZ 107, 331, 337; BGH WM 1992, 68, 70
2. RGRK-HGB/Brüggemann, § 377 Rdnr. 70; Meeske, Die Mängelrüge, 78
3. RGZ 62, 255, 258; RGZ 106, 359, 360; RGRK-HGB/Brüggemann, § 377 Rdnr. 77
4. OLG München, NJW 1955, 1560 – Südfruchthandel
5. BGH LM Nr. 9 zu § 377 HGB
6. BGH, a. a. O.
7. LG Aachen, BB 1962, 213 – Stoffballen; OLG München, NJW 1955, 1560 – Südfruchthandel; BGH BB 1977, 1019 – Pilzragout

derlichen Kosten- und Zeitaufwand sowie nach den dem Besteller zur Verfügung stehenden technischen Möglichkeiten.[8]

Um die Haftungsrisiken, vor allem die der Produzentenhaftung, zu minimieren, ist es allemal angezeigt, ein geschlossenes **Qualitätssicherungssystem** mit den jeweiligen Lieferanten zu vereinbaren, welches Methode und Umfang der zu ziehenden Stichprobe einschließt. Soweit eine solche Vereinbarung zwischen Lieferant und Besteller getroffen worden ist, ist diese im Sinn von § 377 HGB maßgebend (S. 111 ff.).

aa) Mangels einer konkretisierenden Vereinbarung kommt es regelmäßig darauf an, ob in der betroffenen Branche ein eindeutiger **Handelsbrauch** für Umfang und Methode der durchzuführenden Wareneingangskontrolle anerkannt ist.[9] Demzufolge ist die Üblichkeit der Untersuchung und das Vorliegen eines an der Üblichkeit ausgerichteten Handelsbrauchs entscheidend, weil bei der Anwendung solcher Maßstäbe Nachlässigkeiten und Mißstände, die bei der Abwicklung von Geschäften des kaufmännischen Verkehrs eingerissen sein können, als rechtens hingenommen würden, obwohl sie nicht zu billigen sind und deshalb keinen Schutz verdienen.[10] Deshalb ist auch ein „Handelsbrauch", der von einer ordnungsgemäßen, unverzüglich durchzuführenden Untersuchung entbindet, als rechtsmißbräuchlich nicht anzuerkennen.[11] Auf die in einem betreffenden Geschäftszweig herrschende Übung kann – mangels eines nachweisbaren Handelsbrauchs – nur dann abgestellt werden, wenn diese sachlich zu billigen ist. Dabei fällt ins Gewicht, daß die – unverzüglich – durchzuführende Untersuchung und die – ebenfalls: unverzüglich vorzunehmende – Rüge in erster Linie den Belangen des Lieferanten dient: Er soll nach Möglichkeit davor bewahrt werden, sich noch längere Zeit nach der Ablieferung der Kaufsache etwaigen, dann nur noch schwer feststellbaren Gewährleistungsansprüchen ausgesetzt zu sehen.[12] Anders gewendet: Der Lieferant soll aufgrund der Rüge des Bestellers in die Lage versetzt werden, entsprechende Feststellungen und notwendige Dispositionen – angesichts des ihm notifizierten Mangels – zu treffen, insbesondere soll er die Möglichkeit haben, einen Schaden abzuwehren: Diese Interessen genießen den Vorrang.[13]

bb) Die nach den §§ 377, 378 HGB geschuldete Untersuchung muß sich – jedenfalls zunächst – auf alle in Betracht kommenden Mängel beziehen.[14] Diese Untersuchung muß der Besteller solange und so gründlich

---

8. BGH BB 1977, 1019 – Fischragout
9. Vgl. LG Aachen, BB 1952, 213 – Prüfung von Stoffballen; insbesondere aber auch BGH NJW 1976, 625 – Prüfung der Farbechtheit von Stoffen
10. BGH NJW 1976, 625 – Prüfung der Farbechtheit von Stoffen
11. OLG Frankfurt NJW-RR 1986, 838; RGRK-HGB/Brüggemann, § 377 Rdnr. 85
12. BGH LM Nr. 13 zu § 377 HGB – Textilfaser; BGHZ 66, 208, 213 – Batterien; BGHZ 110, 130, 138 – Software
13. BGH NJW 1984, 1964, 1966
14. RGRK-HGB/Brüggemann, § 377 Rdnr. 86; Meeske, Die Mängelrüge, 87

2. Die Rügeobliegenheit

durchführen, bis er sich ein zuverlässiges Urteil bilden kann; mit einem vorläufigen Befund darf er sich nicht begnügen.[15] Mit einem vorläufigen, summarischen Befund darf sich der Besteller nicht begnügen; vielmehr ist er gehalten, die Untersuchung solange fortzusetzen, bis Zweifel über die Beschaffenheit der Ware ausgeräumt sind.[16] Notfalls ist er verpflichtet, verschiedene – nebeneinander herlaufende – Untersuchungsmethoden anzuwenden, wenn keine Methode für sich allein genommen geeignet ist, ein zuverlässiges Ergebnis zutage zu fördern.[17]

cc) Notwendigerweise ist der Besteller verpflichtet, die Untersuchung gemäß §§ 377, 378 HGB mit **fachmännischer** Sorgfalt durchzuführen.[18] Besitzt der Besteller nicht die erforderliche Sachkenntnis, so ist er gehalten, einen Sachverständigen hinzuzuziehen.[19] Deshalb kann sich der Besteller nicht mit Erfolg darauf berufen, ihm fehle die für eine ordnungsgemäße Prüfung notwendige Sachkenntnis.[20] Dies gilt insbesondere dann, wenn lediglich ein Sachverständiger in der Lage ist, die Vertragsgemäßheit oder Mangelhaftigkeit der Kaufsache festzustellen.[21] Notwendigerweise ist ein vom Besteller eingeschalteter Sachverständiger Erfüllungsgehilfe im Sinn von § 278 BGB.[22] Selbstverständlich darf dies nicht dazu führen, die Untersuchung zu verzögern.[23] Doch wird man dabei berücksichtigen müssen, daß Sachverständige nicht immer auf Abruf bereitstehen – ein Gesichtspunkt, dem jedenfalls dann ausschlaggebende Bedeutung zukommt, wenn die Überprüfung durch einen Sachverständigen zum ordnungsgemäßen Geschäftsgang gemäß § 377 Abs. 1 HGB zählt.[24]

dd) Kann die ordnungsgemäße Beschaffenheit der Sache nur dadurch festgestellt werden, daß diese teilweise verbraucht wird,[25] so erfaßt eine an § 377 Abs. 1 HGB orientierte **ordnungsgemäße Untersuchung** auch dies.[26] Bei der Lieferung einer Maschine besagt dies, daß der Besteller die mit ihr herzustellenden Erzeugnisse – unter ähnlichen Bedingungen wie bei einer serienmäßigen Produktion – bearbeitet, sie also in Betrieb nimmt.[27] Nur Mängel, die bei einer solchen Fertigung nicht erkennbar sind, sondern erst bei Aufnahme der Serienproduktion in Erscheinung treten, müssen als ver-

---

15. Meeske, a.a.O., 88; RGRK-HGB/Brüggemann, § 377 Rdnr. 88
16. BGH DB 1959, 1082
17. Meeske, a.a.O., 89
18. Meeske, a.a.O., 88
19. BGH NJW 1975, 2011, 2012 – Wellstegträger
20. RGRK-HGB/Brüggemann, § 377 Rdnr. 87
21. OLG Hamburg, BB 1953, 98
22. Meeske, a.a.O., 93
23. Meeske, a.a.O., 91
24. OLG Hamburg, a.a.O.
25. RGZ 68, 368, 369
26. RGRK-HGB/Brüggemann, § 377 Rdnr. 90; Meeske, a.a.O., 95; Baumbach/Hopt, § 377 Rdnr. 25
27. BGH NJW 1977, 1150, 1151

borgene Mängel im Sinn von § 377 Abs. 2 HGB qualifiziert werden.[28] Der sofortige Einbau von gelieferten Bierfilterplatten in eine Filteranlage oder die Simulation der Produktion ist jedoch nicht erforderlich, sofern die sofortige, sachkundige Untersuchung durch Augenschein ausreicht, um festzustellen, ob die Platten nach ihrer äußeren Beschaffenheit mängelfrei sind.[29] Entscheidend für diese Aussage ist hierbei die Tatsache, daß ansonsten nicht nur die gesamte übrige Filteranlage, sondern auch das herzustellende Bier in Mitleiderschaft gezogen worden wäre und daß für eine Simulation besondere Testvorrichtungen erforderlich waren, die nur mit einem unzumutbaren Kostenaufwand hätten beschafft werden können.[30] Bei der Lieferung von Spanplatten ist es zum Beispiel erforderlich, diese probeweise in einem geschlossenen Raum aufzustellen, wenn es um die Feststellung geht, ob Formaldehyd-Gase als Folge der Lackierung austreten.[31]

Daß der Besteller um seine Untersuchungspflicht im Sinn der §§ 377, 378 HGB ordnungsgemäß zu erfüllen, einen Teil der Kaufsache – im Rahmen der gebotenen Stichprobenkontrolle – aufopfert, zum Beispiel im Rahmen einer **zerstörenden Prüfung** oder eines probeweisen Verbrauchs, erfüllt noch nicht das Kriterium der fehlenden Tunlichkeit im Sinn von § 377 Abs. 1 HGB.[32] Dabei ist stets der Kosten- und Zeitaufwand der Prüfung im Auge zu behalten, ausgerichtet an dem überragenden Zweck der §§ 377, 378 HGB, den Lieferanten möglichst umfassend und rasch darüber in Kenntnis zu setzen, ob er mit Gewährleistungsansprüchen zu rechnen hat, um ihm auf diese Weise auch die Möglichkeit zu geben, Schadensersatzansprüche abzuwehren oder zu begrenzen.[33] Nicht immer ist zum Beispiel eine chemische Untersuchung erforderlich.[34] Sind aber besonders hohe Mangelfolgeschäden zu befürchten, wenn die Kaufsache bestimmungsgemäß weiterverarbeitet wird, so kann eine sachgemäße Abwägung der Interessen zwischen Besteller und Lieferant eine solche Prüfung bedingen.[35]

c) Aus § 377 Abs. 1 HGB folgt, daß die am Kriterium des „ordnungsgemäßen Geschäftsgangs" ausgerichtete Untersuchungspflicht nur insoweit besteht, als ihre Erfüllung für den Käufer „tunlich" ist. Ebenso wie die Ordnungsgemäßheit beurteilt sich die Tunlichkeit nach objektiven Kriterien.[36] Auf die betrieblichen Gegebenheiten sowie auf die wirtschaftlichen Verhältnisse im Betrieb des Bestellers ist indessen nur insoweit Rücksicht zu nehmen, als es sich um eine in dem betreffenden Geschäftszweig allgemein

---

28. BGH, a.a.O.
29. KKG NJW-RR 1986, 1162
30. KG a.a.O.
31. BGH WM 1974, 1204, 1205
32. RGRK-HGB/Brüggemann, § 377 Rdnr. 89 ff. m.w.N.
33. BGH NJW 1984, 1964, 1966
34. BGH NJW 1959, 1081, 1082 – Perlonstrümpfe/Nylongarn
35. BGH LM Nr. 13 zu § 377 HGB – Neocarminprobe von Textil-Fasern
36. BGH NJW 1977, 1150, 1151

2. Die Rügeobliegenheit

herrschende, sachlich zu billigende Übung handelt.[37] Dabei ist im Auge zu behalten, daß das Kriterium der Tunlichkeit auch eine Modifikation für die unverzüglich abzugebende Mängelrüge darstellt.[38] Bei der Beurteilung der die Tunlichkeit regierenden **Zumutbarkeit** spielen eine Rolle: die wirtschaftliche Vertretbarkeit des erforderlichen Zeit- und Kostenaufwandes, der Grad der zu fordernden Fachkenntnis des Bestellers im Hinblick auf den besonderen Verwendungszweck der Kaufsache.[39] Aber auch das Risiko etwaiger Folgeschäden, die dem Besteller – aufgrund der von ihm zu bewerkstelligenden Weiterverarbeitung – bekannt sind, zählt hierher, nicht zuletzt aber auch die dem Besteller zur Verfügung stehenden technischen Möglichkeiten, eine ordnungsgemäße Prüfung durchzuführen.[40] Dabei ist auch im Auge zu behalten, daß die Anforderungen an eine ordnungsgemäße Untersuchung nicht überspannt werden dürfen.[41] Indessen gelten zum Beispiel bei der Prüfung von Lebensmitteln recht strenge Kriterien.[42] Letzten Endes ist stets Zielpunkt der nach den §§ 377, 378 HGB gebotenen Untersuchung, diese in einem solchen Umfang und in solcher Art vorzunehmen, wie es erforderlich ist, um das Vorhandensein von Mängeln festzustellen.[43]

d) Wenn sich im Sinn von § 377 Abs. 1 HGB ein Mangel zeigt, ist der Besteller verpflichtet, diesen unverzüglich dem Lieferant **anzuzeigen**. Indessen hat sich ein Mangel im Sinn dieser Bestimmung immer erst dann „gezeigt", wenn er zur Gewißheit des Bestellers feststeht.[44] Mit bloßen Vermutungen darf sich der Besteller nicht zufriedengeben, weil der Verdacht eines Mangels lediglich zu weiteren Untersuchungen verpflichtet.[45]

Sind **mehrere Mängel** im Rahmen der Untersuchung festgestellt worden, so ist grundsätzlich jeder einzelne zu rügen.[46] Besteht allerdings der Verdacht, daß ein Serienschaden infolge eines Material- oder Konstruktionsfehlers vorliegt, so ist die Reklamation auch noch dann rechtzeitig, wenn die Häufung von Reklamationen den Schluß auf einen Serienmangel nahelegt.[47] Diese Entscheidung ist aber nicht dahin zu verstehen, daß der Be-

---

37. BGH LM Nr. 16 zu § 377 HGB – Prüfung der Farbechtheit von Oberstoffen
38. RGRK-HGB/Brüggemann, § 377 Rdnr. 95
39. BGH NJW 1977, 1150, 1151
40. BGH LM Nr. 19 zu § 377 HGB – Konserven; insbesondere auch BGH LM Nr. 13 zu § 377 HGB – Neocarminprobe bei Textil-Fasern
41. BGH LM Nr. 13 zu § 377 HGB – Neocarminprobe bei Textil-Fasern; BGH LM Nr. 19 zu § 377 HGB – Konserven
42. BGH LM Nr. 19 zu § 377 HGB – Konserven; OLG München, NJW 1955, 1560 – Südfruchthandel
43. OLG Frankfurt, NJW-RR 1986, 838 – Blusen aus Portugal, Überprüfung auch auf Größenauszeichnung erstreckt
44. RGRK-HGB/Brüggemann, § 377 Rdnr. 105
45. BGH LM Nr. 19 zu § 377 HGB – Konserven
46. RGRK-HGB/Brüggemann, § 377 Rdnr. 377
47. BGH NJW 1986, 3136 – Kinderfahrrad

steller bei einem Material- oder Konstruktionsfehler berechtigt ist, eine rechtzeitig gebotene Rüge zu versäumen, ohne daß damit der Rechtsverlust des § 377 Abs. 2 HGB eintritt. Entscheidend ist vielmehr: Auch in diesen Fällen gehört zur ordnungsgemäßen Mängelanzeige die Weitergabe etwaiger Reklamationen eines Abkäufers; freilich ist der Besteller nicht verpflichtet, auch in diesen Fällen die Ursache des Mangels gleichzeitig aufzudecken. Hierzu ist er – und dies ist der Kern dieser Entscheidung – erst dann verpflichtet, wenn er aufgrund gehäufter Reklamationen davon Kenntnis hat, daß die gesamte Serie einen Material- oder Konstruktionsfehler aufweist.[48]

Die Pflicht der unverzüglichen Rüge gemäß § 377 HGB gilt auch dann, wenn der Lieferant nach einer ersten Mängelrüge vergeblich versucht hat, die gelieferte Sache beim Besteller **nachzubessern**; auch die nachgebesserte Kaufsache unterliegt ihrerseit der Verpflichtung zur unverzüglichen Rüge.[49] Demzufolge ist der Besteller nur dann berechtigt ein „Fehlschlagen" der Mangelbeseitigung im Sinn von § 11 Nr. 10 b AGBG zu reklamieren, wenn er das Erfordernis einer rechtzeitigen Rüge bei allen Mangelbeseitigungsansprüchen erfüllt hat.[50] Es fügt sich in dieses Bild, daß auch der Ersatzlieferungsanspruch gemäß § 480 BGB davon abhängig ist, daß sich der Besteller einer – erneuten – Untersuchung unterzieht und den Mangel rechtzeitig im Sinn von § 377 HGB rügt, sofern auch bei der Ersatzlieferung ein Mangel vorliegt.[51] Auch der nach § 633 Abs. 2 BGB zu beurteilende Mangelbeseitigungsanspruch unterliegt in den Grenzen des § 381 Abs. 2 HGB den gleichen Erfordernissen.[52] Etwas anderes gilt lediglich, wenn der Lieferant Mängelbeseitigung der bereits beim Besteller auf Probe befindlichen Sache zugesagt hat. Hier bedarf es keiner Rüge mehr.[53]

Bei **Teillieferungen** – gleiches gilt bei Sukzessivlieferungen – muß die nach § 377 HGB geschuldete Rüge für jede Sendung gesondert vorgenommen werden.[54]

e) Gemäß § 377 Abs. 3 HGB entsteht eine **unverzügliche Rügepflicht**, sofern der Mangel sich **später** zeigt („versteckter Mangel"). Damit werden alle Fälle erfaßt, in denen der Besteller eine ordnungsgemäße Mängeluntersuchung durchgeführt, den Mangel aber nicht entdeckt hat.[55] Zu unterstreichen ist aber: Hat der Besteller eine nach § 377 Abs. 1 HGB gebotene Untersuchung – gleichgültig aus welchen Gründen – unterlassen, so kann er

---

48. BGH NJW 1986, 3136, 3137 – Kinderfahrrad
49. OLG München, NJW 1986, 1111 – Streckfolien-Verpackungsmaschine
50. A. M. RGRK-HGB/Brüggemann, § 377 Rdnrn. 133, 154
51. BGH NJW 1985, 2526 – Wanderschuhe
52. OLG München, NJW 1986, 1111, 1112 – Streckfolien-Verpackungsmaschine
53. BGH WM 1990, 2000
54. BGHZ 101, 337, 339; OLG Köln, BB 1954, 613; RGRK-HGB/Brüggemann, § 377 Rdnr. 118
55. BGH LM Nr. 5 zu § 377 HGB – Perlonstrümpfe/Nylongarn

2. Die Rügeobliegenheit

weder im Rahmen von § 377 Abs. 2 oder § 377 Abs. 3 HGB mit Erfolg einwenden, eine gebotene Stichprobenkontrolle hätte den Mangel nicht zutage gefördert.[56] Gleiches gilt dann, wenn der Besteller es versäumt hat, eine ausreichend repräsentative Stichprobenkontrolle vorzunehmen. Denn der Rückgriff auf § 377 Abs. 2 HGB bzw. auf § 377 Abs. 3 HGB ist erst dann gestattet, wenn der Nachweis erbracht hat, daß es sich in der Tat um einen versteckten Mangel handelt, der also im Sinn von § 377 Abs. 2 HGB „bei der Untersuchung nicht erkennbar" war oder der sich im Sinn von § 377 Abs. 3 HGB erst „später" zeigt.

Demzufolge muß der Käufer auch im Auge behalten, daß er verpflichtet ist, sich durch eine unverzügliche sachdienliche Untersuchung – in Form einer Nachuntersuchung – Gewißheit über das Vorliegen eines Mangels zu verschaffen, wenn sich beim Gebrauch der Kaufsache Anzeichen dafür einstellen, daß diese mangelhaft sein könnte. Demzufolge hängt die Rechtzeitigkeit der Rüge im Sinn von § 377 Abs. 3 HGB entscheidend vom Nachweis ab, daß der Besteller unverzüglich – nach Auftreten erster Verdachtsmomente – mit der gebotenen Nachuntersuchung begonnen und diese durchgeführt hat.[57] Hat es indessen der Besteller versäumt, einen offenen Mangel im Sinn von § 377 HGB rechtzeitig zu rügen, so ist er keineswegs gehindert, wegen eines später hervortretenden versteckten – anderweitigen Mangels die Kaufsache zu beanstanden.[58]

In der Praxis ist es geboten, die von den Abnehmern herrührenden Reklamationen ständig darauf zu überprüfen, ob und inwieweit diese den Schluß auf etwaige Gewährleistungsansprüche ermöglichen, die dem Besteller gegenüber dem Lieferanten zustehen.[59] Selbstverständlich ist dabei danach zu differenzieren, ob der Abkäufer Kaufmann – möglicherweise sogar ein Fachkunde – oder aber lediglich Privatmann ist.[60] Notfalls ist der Besteller verpflichtet, bei seinen nicht-fachmännischen Abkäufern Rückfrage zu nehmen, um eine Spezifizierung des Mangels zu erreichen.[61] Die Erfüllung dieser Obligation ist im Zusammenhang mit der **Produktbeobachtungspflicht** von kardinaler Bedeutung (vgl. dazu S. 125).

f) Gemäß §§ 377, 378 HGB ist der Besteller verpflichtet, das Vorhandensein eines „Mangels" anzuzeigen; die Ursache des Mangels braucht er hingegen nicht anzugeben.[62] Mit welchen Worten der Besteller die geschuldete Mängelanzeige umschreibt, ist gleichgültig, solange für den Lieferanten er-

---

56. RGRK-HGB/Brüggemann
57. Schlegelberger/Hefermehl, § 377 Rdnr. 66; RGRK-HGB/Brüggemann, § 377 Rdnr. 124; Meeske, Die Mängelrüge, 114
58. Meeske, a. a. O.
59. RGRK-HGB/Brüggemann, § 377 Rdnr. 125
60. BGH LM Nr. 16 zu § 377 HGB – Prüfung der Farbechtheit von Oberstoffen; Schlegelberger/Hefermehl, § 377 Rdnr. 66
61. RGRK-HGB/Brüggemann, § 377 Rdnr. 125; BGH ZIP 1990, 650 – Leasing
62. RGZ 106, 359, 361; BGH NJW 1986, 3137

kennbar ist, daß es sich um eine Mängelanzeige handelt:[63] Eine nach § 377 HGB wirksame Mängelanzeige setzt also nicht voraus, daß der Besteller auch zum Ausdruck bringt, er behalte sich seine Rechte vor und lasse sich die Ware nicht als Erfüllung dienen.[64] Auch die Übersendung einer „Expertise" – ohne ein näher erläuterndes Begleitschreiben – kann als Mängelanzeige ausreichend sein.[65] Soweit der Besteller eine ihm von seinem Abnehmer übersandte Mängelanzeige an den Lieferanten weiterleitet, muß klargestellt werden, daß sich der Besteller die Mängelanzeige seines Abkäufers zu eigen macht, also selbst rügt – ein Umstand, der in der Regel zu bejahen ist.[66]

aa) Dessen ungeachtet ist der Besteller verpflichtet, seine Mängelanzeige – soweit durch den Zweck der §§ 377, 378 HGB geboten – zu **substantiieren**. Die damit indizierten Voraussetzungen lassen sich freilich nicht allgemein festlegen, weil ungeachtet der im Grundsatz anzuerkennenden Substantiierungspflicht[67] zu konstatieren ist: der Besteller ist nicht verpflichtet, eine in alle Einzelheiten gehende, genaue und fachlich richtig bezeichnete Rüge zu erheben.[68] Vielmehr genügt es, wenn der Lieferant in der Lage ist, aus der Mängelrüge zu entnehmen, in welchem Punkt und in welchem Umfang der Besteller mit der gelieferten Ware – also nicht vertragsgemäß geliefert – nicht einverstanden ist.[69] Hier wie stets ist der Sinn und Zweck der §§ 377, 378 HGB maßgebend: Der Gesetzgeber hat dem Besteller die Obliegenheit zur Mängelrüge deswegen auferlegt, um den Lieferanten möglichst bald davon in Kenntnis zu setzen, ob er mit Mängelansprüchen zu rechnen hat. Denn mit zunehmendem Zeitablauf gerät der Lieferant in eine Beweisnot, weil er dann nicht mehr ohne weiteres in der Lage ist, den Beanstandungen des Bestellers nachzugehen, gegebenenfalls auch Beweise sicherzustellen, um damit einen Rechtsstreit zu vermeiden.[70] Bezieht sich deshalb die Mängelanzeige nur auf einzelne Mängel, während andere nicht erwähnt werden, so gelten die nicht angeführten Mängel im Sinn von § 377 Abs. 2 HGB als genehmigt.[71] Die gleiche Erwägung gilt, soweit es sich um Teil- oder um **Sukzessivlieferungen** handelt.[72]

bb) Ist die versprochene Lieferung durch eine **technische Norm** umschrieben, so ist die Mängelanzeige im Sinne der §§ 377, 378 HGB nur dann ord-

---

63. Vgl. BGH LM Nr. 4 zu § 377 HGB
64. BGH a. a. O.
65. BGH a. a. O.
66. RGRK-HGB/Brüggemann, § 377 Rdnr. 132
67. RGRK-HGB/Brüggemann, § 377 Rdnrn. 134 ff.
68. BGH WM 1978, 1052, 1053 – Sportanlage
69. RGZ 47, 12, 14; BGH WM 1978, 1052, 1053; Schlegelberger/Hefermehl, § 377 Rdnr. 55
70. BGH LM Nr. 13 zu § 377 HGB – Neocarminprobe bei Textil-Fasern; BGH WM 1978, 1052, 1053; Meeske, a. a. O., 107 f.
71. Meeske, a. a. O., 109
72. OLG Köln NJW 1993, 2627; RGRK-HGB/Brüggemann, § 377 Rdnr. 137

2. Die Rügeobliegenheit

nungsgemäß, wenn sie erkennen läßt, in welchem ungefähren Umfang die gelieferte Ware von der Norm abweicht – ein Gesichtspunkt, der insbesondere dann von Erheblichkeit ist, wenn die versprochene Qualität entweder aufgrund der vertraglichen Vereinbarung oder nach den Usancen des Handels Toleranzen oder Margen zum Gegenstand hat. Denn auch hier ist der Zweck der Mängelanzeige nur dann erfüllt, wenn der Lieferant als Fachmann aufgrund der Mängelanzeige ermessen kann, ob die vorgesehenen Toleranzen/Margen überschritten oder eingehalten sind.[73]

cc) Ein **Nachschieben** etwaiger Beanstandungen ist in jedem Fall nur insoweit zulässig, als die Mängelanzeige die erforderliche Substantiierung aufweist.[74] Freilich ist dann von einem – unzulässigen – „Nachschieben" nicht die Rede, wenn der Besteller zunächst den Mangel substantiiert rügt, der Lieferant ihn aber bestreitet. Denn da ist der Lieferant – wegen des Bestreitens – gehalten, die **Mängelursache** festzustellen, um seinen Anspruch gegenüber dem Lieferanten in der Weise zu begründen, daß der Lieferant den gerügten Mangel im Sinn der §§ 459 ff. BGB zu vertreten hat.[75]

g) Der Besteller ist gemäß § 377 Abs. 1 und Abs. 3 HGB verpflichtet, eine – **unverzügliche** – **Mängelrüge** zu erheben: Der Gesetzeszweck sowie der zweimalige Gebrauch des Wortes „unverzüglich" weisen deutlich darauf hin, daß auch schon eine geringe, bei objektiv ordnungsgemäßem Geschäftsgang vermeidbare Lässigkeit in der Erfüllung der Anzeigepflicht für den Besteller die in § 377 Abs. 2 HGB angedrohte Sanktionsfolge haben muß.[76] Für die Fristbestimmung kommt es darauf an, ob sich ein Mangel „zeigt", d. h. ob er vorhanden ist, ohne daß es auf eine präzise Abklärung der Mangelursache ankommt.[77] Wartet also der Besteller eine erst nach Entdeckung des Mangels eingeleitete chemische Untersuchung ab, so ist die Rüge sowohl gemäß § 377 Abs. 1 HGB als auch gemäß § 377 Abs. 3 HGB verspätet.[78] Der in dem Kriterium der „Unverzüglichkeit" liegende objektive Maßstab hindert jedoch nicht, die Verhältnisse des Bestellers zu berücksichtigen.[79] So ist zum Beispiel bei der Lieferung eines Trambusses, dessen Fahrgestell einen Mangel aufweist, ausreichend, wenn nach der Lieferung am 11.5. die Rüge am 29.5 gegenüber der Autofabrik erklärt wird, weil der Besteller des Trambusses nicht ohne weiteres in der Lage war, festzustellen, ob der gelieferte Trambus nach seiner äußeren Beschaffenheit auch die erforderliche Zahl von 57 Sitzplätzen aufwies. Zwar hatte der Besteller in diesem Fall ein Gutachten des TÜV eingeholt, der BGH befand jedoch, er habe auf die Zulassungsfähigkeit des Fahrzeugs und seine volle Benutzbar-

---

73. BGH WM 1978, 1052, 1053 – Sportplatzanlage
74. Baumbach/Hopt, § 377 Rdnr. 30; BGH WM 1978, 1052, 1053 – Sportplatzanlage
75. RGZ 106, 359, 361
76. RGZ 106, 359, 360
77. RGZ 106, 359, 362
78. RGZ a. a. O.
79. Baumbach/Hopt, § 377 Rdnr. 23

keit im Reiseverkehr vertrauen dürfen, ohne bei der Übergabe oder einer späteren Untersuchung des Fahrzeugs auch das Gutachten überprüfen zu müssen.[80] Stets kommt es darauf an, in welcher Weise sich der Mangel – nach ordnungsgemäßer Untersuchung – „zeigt".[81] So kann zum Beispiel bei der Rüge von Verpackungsgefäßen ein Zeitraum von 8 Tagen zu lang sein.[82] Die Zeit zwischen Weihnachten und dem Jahreswechsel kann allerdings durchaus bedingen, daß die Rügefrist angemessen verlängert wird.[83] Eine **Regelfrist** läßt sich aus den Ergebnissen der Judikatur nicht ableiten.[84] Sonn- und Feiertage bleiben außer Betracht; und auch der Samstag ist grundsätzlich nicht als Arbeitstag hinzuzurechnen, weil und soweit die Betriebe in der betreffenden Branche an diesem Tag nicht arbeiten.[85] Gleichwohl wird man sagen müssen, daß eine Frist von 8 Tagen, gerechnet von dem Zeitpunkt an, in welchem sich der Mangel „gezeigt" hat, regelmäßig nicht mehr als „unverzüglich" im Sinn von § 377 HGB gilt. Bei der Kontrolle eines Werbefilms hat die BGH-Judikatur verlangt, daß die Mängelrüge „spätestens innerhalb von 24 Stunden nach Erhalt des Films" vorzunehmen ist.[86] Ähnlich kurze Fristen gelten im Südfruchthandel.[87] Die gleichen Erwägungen gelten dann, wenn es sich bei diesen oder ähnlichen Produkten um einen versteckten Mangel im Sinn von § 377 Abs. 3 HGB handelt.[88] In der **Praxis** wird man – abhängig von dem jeweiligen Produkt – eine Rügefrist von 2 bis 3 Arbeitstagen für vertretbar ansehen können.

Hat der Besteller die gelieferte Ware an seinen **Abkäufer** weiterverkauft und überläßt er diesem die Untersuchung der Ware, so hat er dafür Sorge zu tragen, daß der Abnehmer ihn sobald als möglich von den Ergebnissen der Untersuchung benachrichtigt.[89] Unter diesen Voraussetzungen kommt es dann entscheidend auf die rechtzeitige Anzeige des Abkäufers an.[90] Ungereimt wäre es, im Fall von Streckengeschäften zu verlangen, daß die Mängelrüge – per Saldo – genauso „unverzüglich" getätigt wird wie in den Fällen, in denen der Besteller selbst gemäß §§ 377, 378 HGB tätig geworden ist.[91]

h) Die Regelung des § 377 Abs. 4 HGB ist inhaltsgleich mit derjenigen des § 121 Abs. 1 Satz 2 BGB: Es bleibt deshalb bei der Grundregel, daß es

---

80. BGH BB 1956, 1166
81. BGH LM Nr. 1 zu § 377 HGB
82. BGH a.a.O.
83. BGH LM Nr. 9 zu § 377 HGB
84. Vgl. auch Meeske, a.a.O., 111 ff. m.w.N.
85. Meeske, a.a.O., 113 f.
86. GBH LM Nr. 10 zu § 377
87. OLG München, NJW 1955, 1560
88. RGZ 106, 359, 362
89. RGZ 55, 210, 211; BGH NJW 1954, 1841
90. BGH NJW 1978, 2394 – Kühlschränke
91. Vgl. auch Baumbach/Hopt, § 377 Rdnr. 26; offengelassen in BGH NJW 1978, 2394 – Kühlschränke; BGH ZIP 1990, 650, 653

2. Die Rügeobliegenheit

auch bei der Mängelanzeige entscheidend darauf ankommt, daß diese dem Lieferanten zugeht, weil es sich um eine empfangsbedürftige Willenserklärung handelt.[92] Sinn und Zweck von § 377 Abs. 4 HGB ist es deshalb lediglich, den Besteller von der Verzögerungsgefahr freizuhalten.[93] Dies aber setzt voraus, daß die Anzeige ordnungsgemäß abgesandt wird, so daß hinreichend gesichert ist, daß diese den Empfänger – unter normalen Umständen – rechtzeitig erreicht.[94] Unter dieser Voraussetzung kommen alle im Handelsverkehr üblichen Kommunikationsmittel in Betracht: Brief, Telex, Telefax, Telegramm sowie auch der in letzter Zeit immer häufiger verwendete Kurierdienst.[95] Selbstverständlich ist der Besteller auch nicht daran gehindert, eine etwaige Mängelrüge fernmündlich zu übermitteln.[96] Ist jedoch der Besteller nicht in der Lage, auf diesem Weg den Zugang seiner Mängelanzeige sicherzustellen, weil zum Beispiel der Verkäufer nicht anwesend ist oder den Telefonhörer nicht abnimmt, so entspricht es regelmäßig kaufmännischer Sorgfalt, die Mängelrüge dann unverzüglich schriftlich zu erheben.[97]

i) Gemäß § 378 HGB gilt die Untersuchungs- und Rügepflicht des § 377 HGB auch bei einer Falschlieferung sowie bei einer Zuviel- oder Zuweniglieferung. Bei grober Artabweichung gilt dies freilich nicht, weil es entscheidend darauf ankommt, ob der Lieferant die Genehmigung des Bestellers als ausgeschlossen ansehen kann. Es kommt auf die Sicht eines vernünftigen Kaufmanns an, wobei die Bestimmung des § 378 HGB erkennbar den Charakter einer Ausnahmevorschrift hat.[98] Wichtig ist ferner: Soweit eine Falschlieferung vorliegt, die aber wegen ihrer nicht erheblichen Artabweichung genehmigungsfähig ist, dann besteht nicht nur die kaufmännische Rügepflicht des § 377 HGB, sondern dem Besteller stehen auch die kaufrechtlichen Gewährleistungsansprüche gemäß §§ 459 ff. BGB zur Seite, nicht aber Ansprüche wegen Nichterfüllung des Kaufvertrages gemäß §§ 325, 326 BGB, sofern es sich um eine Gattungssache handelt.[99]

j) Mehrlieferungen muß der Besteller, wenn er sie nicht rechtzeitig gerügt hat, insgesamt abnehmen; zwangsläufig hat er dann auch einen entsprechend höheren Preis zu zahlen.[100] Bei Minderlieferungen, die nicht rechtzeitig gerügt, aber genehmigungsfähig sind, gilt Entsprechendes: Der Besteller

---

92. Staudinger/Honsell, § 478 Rdnr. 5; RGRK-HGB/Brüggemann, § 377 Rdnr. 142
93. BGH LM Nr. 8 zu § 377 HGB; BGH Betr 1987, 1689
94. BGH LM Nr. 8 zu § 377 HGB – nicht ordnungsgemäß freigemachter Brief als Transportmittel der Mängelanzeige
95. Vgl. auch Schneider, MDR 1977, 549; Baumbach/Hopt, § 377 Rdnr. 28; a. M. RGRK-HGB/Brüggemann, § 377 Rdnr. 143
96. BGH NJW 1980, 782
97. BGH a. a. O.
98. Baumbach/Hopt, § 378 Rdnr. 2
99. BGH ZIP 1992, 477, 480 – grundlegend; im einzelnen Baumbach/Hopt, § 378 Rdnr. 5
100. Baumbach/Hopt, § 378 Rdnr. 9

kann sie nicht als Teilleistung zurückweisen; er muß sie entgegennehmen, Rechte stehen ihm insoweit nicht mehr zu. Freilich ist er berechtigt, einen geringeren Preis zu zahlen.[101]

k) Das **Formular** geht von einer Frist von fünf Arbeitstagen aus. Das kann zu lang sein (S. 110 ff.).

3. Gewährleistung – Fehlerhaftung

Gemäß § 459 Abs. 1 BGB haftet der Lieferant dem Besteller dafür, daß die Kaufsache zur Zeit, zu welcher die Gefahr[102] auf den Besteller übergeht, nicht mit Fehlern behaftet ist, die den Wert oder die Tauglichkeit zu dem gewöhnlichen oder dem nach dem Vertrage vorausgesetzten Gebrauch aufheben oder mindern; eine unerhebliche Minderung des Wertes oder der Tauglichkeit bleibt dabei außer Betracht.

a) Unter einem **Fehler** im Sinne von § 459 Abs. 1 BGB versteht man die den Besteller ungünstige, nicht unerhebliche Abweichung der tatsächlichen Beschaffenheit der Sache (Ist-Zustand) von der vertraglich vereinbarten Beschaffenheit (Soll-Zustand), die den Wert oder die Gebrauchstauglichkeit der Sache aufhebt oder mindert.[103] Da der Soll-Zustand von der im Kaufvertrag getroffenen Vereinbarung abhängt, bezeichnet man diese Qualifizierung als „subjektiven" Fehlerbegriff.[104] Auch die Judikatur folgt dieser Einordnung.[105] Demgegenüber wird auch teilweise der „objektive" Fehlerbegriff zur Konkretisierung von § 459 Abs. 1 BGB vertreten:[106] Anstelle der zwischen den Parteien vereinbarten Merkmale treten dann objektive Kriterien; indessen ist die Unterscheidung für die Praxis selten bedeutsam.

„Wert" im Sinne von § 459 Abs. 1 BGB ist dabei der objektive Tausch- oder Verkehrswert;[107] der Begriff der „Tauglichkeit" zum gewöhnlichen Gebrauch wird durch die Verkehrsauffassung unter Berücksichtigung zeitlicher, örtlicher und sonstiger Besonderheiten bestimmt.[108] Festzuhalten ist allerdings, daß der Wert oder der Preis der Sache – für sich allein genommen – keine Eigenschaft darstellt, die im Fall ihres „Mangels" geeignet wäre, Gewährleistungsansprüche auszulösen.[109]

b) Neben dem gewöhnlichen Gebrauch wird der **vertraglich vorausgesetzte Gebrauch** der Sache bedeutsam, wie sich unmittelbar aus § 459 Abs. 1 BGB

---

101. Baumbach/Hopt, § 378 Rdnr. 8
102. § 446 BGB
103. Staudinger/Honsell, § 459 Rdnr. 8; Soergel/Huber, § 459 Rdnr. 7
104. Erman/Grunewald, vor § 459 Rdnr. 3 ff.; RGRK-BGB/Mezger, § 459 Rdnr. 5
105. BGHZ 52, 51, 54; BGHZ 90, 198, 202
106. Knöpfle, NJW 1987, 801 ff.
107. Erman/Grunewald, § 459 Rdnr. 22
108. RGZ 129, 280, 283
109. Palandt/Putzo, § 459 Rdnr. 9

ergibt. Maßstab ist also nicht der objektive, allgemeine Gebrauch, sondern – soweit vereinbart – der vertraglich vorausgesetzte Gebrauch.

4. Eigenschaftszusicherungen

Gemäß § 459 Abs. 2 BGB haftet der Lieferant auch dafür, daß die Kaufsache zur Zeit der Übergabe der Gefahr die zugesicherten Eigenschaften hat. „Eigenschaft" in diesem Sinne ist „jedes dem Kaufgegenstand auf gewisse Dauer anhaftende Merkmal, das für den Wert, den vertraglich vorausgesetzten Gebrauch oder aus sonstigen Gründen für den Besteller erheblich ist".[110] Eine Zusicherungserklärung liegt indessen nur dann vor, wenn sie Vertragsbestandteil geworden ist.[111] Dies setzt voraus, daß sich beide Parteien über den Inhalt der Zusicherung einig geworden sind. Dabei muß die Zusicherung die maßgeblichen Eigenschaften der Kaufsache so genau bezeichnen, daß ihr Inhalt und Umfang – notfalls durch Rückgriff auf allgemeine Auslegungskriterien gemäß §§ 133, 157 BGB – festgestellt werden können.[112]

a) Aus § 463 Satz 1 BGB ergibt sich in Verbindung mit § 459 Abs. 2 BGB, daß der Lieferant auf Schadensersatz wegen Nichterfüllung haftet, sofern der Kaufsache die zugesicherte Eigenschaft fehlt. Eine solche – ausdrückliche – Zusicherungserklärung setzt nicht voraus, daß der Lieferant die Vokabel „zusichern" verwendet, weil die Schadensersatzhaftung unmittelbar an die zum Vertragsbestandteil gewordene haftungsbegründende Erklärung des Lieferanten anknüpft.

aa) Der Lieferant, der eine Beschaffenheit im Sinn von § 459 Abs. 1 BGB für die von ihm zu liefernde Kaufsache vereinbart, haftet lediglich gemäß §§ 459, 462, 480 BGB auf Wandelung, Minderung und Nachlieferung; für etwaige Mangelfolgeschäden haftet er nur unter der Voraussetzung, daß – entsprechend dem allgemeinen Anspruchsarsenal – ein Verschulden vorliegt und eine Haftung wegen positiver Vertragsverletzung (S. 101 f.) eingreift.[113] Demgegenüber haftet der Lieferant bei einer Eigenschaftszusicherung gemäß §§ 459 Abs. 2, 463 BGB ohne Rücksicht auf Verschulden.[114] Der qualitative Unterschied, der die Zusicherungshaftung – gerichtet auf Schadensersatz wegen Nichterfüllung – begleitet, setzt also stets ein Doppeltes voraus: Es muß zunächst eine Beschaffenheitsvereinbarung zwischen Lieferant und Besteller getroffen sein; darüber hinaus muß der Lieferant gegenüber dem Besteller klar und eindeutig zum Ausdruck gebracht haben, daß er eine weitergehende Zusicherungserklärung in der Weise abgibt, für die Folgen des Fehlens der zugesicherten Eigenschaft auf Schadensersatz wegen Nichterfüllung

---

110. BGHZ 87, 302, 307
111. Staudinger/Honsell, § 459 Rdnr. 126; Soergel/Huber, § 459 Rdnr. 100
112. BGHZ 48, 118, 123f.; BGHZ 50, 200, 201
113. BGH BB 1980, 1068
114. BGH BB 1972, 1069

haften zu wollen, sofern die Beschaffenheitsvereinbarung fehlerhaft ist.[115] Mit Recht wird deshalb von einer **Doppelstöckigkeit** der Zusicherungshaftung gemäß §§ 459 Abs. 2, 463 Satz 1 BGB gesprochen.[116] Die Einzelheiten sind ausgesprochen schwierig; die Rechtsprechung ist in hohem Maße einzelfallbezogen. Generelle, einfach handbare Schemata sind nicht verfügbar: Im Zweifel ist – mangels besonderer Umstände – eine Beschaffenheitsvereinbarung im Sinn von § 459 Abs. 1 BGB oder lediglich eine Bezeichnung des Kaufgegenstandes[117] zu bejahen, so daß der Besteller keinen Anspruch auf Schadensersatz wegen Nichterfüllung gemäß § 463 Satz 1 BGB hat.

bb) Soweit der Lieferant auf **DIN-Normen** Bezug nimmt, haftet er lediglich gemäß § 459 Abs. 1 BGB, falls die gelieferte Ware mit den Normen nicht übereinstimmt und deshalb in ihrer Gebrauchstauglichkeit beeinträchtigt ist.[118] Denn nach Auffassung des BGH rechtfertigt die bloße Bezugnahme auf die im Vertrag verankerte und von der Industrie aufgestellte Norm – ohne Hinzutreten weiterer Umstände – nicht die Annahme, der Lieferant wolle auf die Einhaltung dieser Normen – notfalls ohne Verschulden – im Sinn einer Garantiehaftung auf Schadensersatz wegen Nichterfüllung einstehen.[119]

cc) Allerdings kann die Kenntnis des Lieferanten vom besonderen Verwendungszweck der Kaufsache – bei Hinzutreten weiterer Umstände – eine Zusicherungshaftung gemäß § 459 Abs. 2 BGB mit dem Ziel begründen, daß – bei Fehlen einer derartigen zugesicherten Eigenschaft – auf Schadensersatz wegen Nichterfüllung gehaftet wird.[120] Aber auch hier kommt es stets auf die besonderen Umstände des Einzelfalls an: Haben zum Beispiel die Parteien Prüfungen und Proben vereinbart, um die Eignung eines bestimmten Produkts zu testen, bevor sich der Besteller zum Kauf entschließt, so kann darin eine **stillschweigende** Eigenschaftszusicherung liegen.[121] Diese ist etwa dann zu bejahen, wenn der Besteller dem Lieferanten den bestimmten Einsatzzweck für die bestellte Kaufsache mitgeteilt und wenn der Lieferant demzufolge das besondere Vertrauen des Bestellers in Anspruch genommen hat, es in Wirklichkeit aber – aufgrund der fehlerhaften Lieferung – enttäuscht hat.[122] Im übrigen ist Zurückhaltung bei der Annahme einer stillschweigend abgegebenen Zusicherung zu beachten, sofern es sich um eine neu hergestellte Sache handelt (hierzu näher S. 105).[123]

---

115. BGH NJW 1981, 222, 223; BGHZ 122, 256, 259; BGHZ 128, 111, 114; BGH NJW 1996, 1465, 1466
116. Graf von Westphalen/Produkthaftungshandbuch, Bd. I § 2 Rdnr. 11
117. BGH NJW-RR 1996, 951
118. BGH NJW 1968, 2238, 2240; BGHZ 59, 303, 306; BGH NJW 1974, 1503; BGH NJW 1981, 1501; BGH NJW 1996, 836, 837 m. Anm. Imping = WiB 1996, 223
119. Soergel/Huber, § 459 Rdnr. 117; Palandt/Putzo, § 459 Rdnr. 17
120. BGH WM 1971, 797; BGH NJW 1981, 222, 223
121. BGH BB 1972, 1069; BGH Betr. 1966, 147
122. BGH ZIP 1985, 416, 417; ähnlich BGH NJW 1995, 518, 519
123. BGHZ 128, 111, 114; BGH NJW 1996, 836, 837; Palandt/Putzo § 459 Rdnr. 35

dd) So sind in der Praxis **Werbeerklärungen**, sofern sie Vertragsbestandteil geworden sind, zum Ansatzpunkt einer Zusicherungshaftung gemäß § 459 Abs. 2 BGB gemacht worden.[124] Gleiches gilt, sofern der Lieferant Gebrauchsanweisungen verwendet, in denen bestimmte Eigenschaften der Sache angegeben sind.[125] Auch das Bestehen einer Verkehrssitte oder eines Handelsbrauchs im Sinn von § 346 HGB ist im Hinblick auf die Auslegung einer Zusicherungserklärung gemäß § 459 Abs. 2 BGB wichtig, zum Beispiel als Usance im Juwelenhandel, wonach die Lupenreinheit eines Steins ein unveränderliches Merkmal darstellt, so daß die entsprechende Bescheinigung als Eigenschaftszusicherung einzuordnen ist.[126] Nichts anderes gilt für die Lieferung eines seetüchtigen Schiffes.[127] Diese Fälle sind häufig auch dadurch charakterisiert, daß keine ausdrückliche Eigenschaftszusicherung vorliegt, sondern daß die dem Besteller günstige Zusicherungshaftung aus den gesamten Umständen als konkludente, d.h. stillschweigende Haftungsbegründung im Sinn der §§ 459 Abs. 2, 463 BGB abgeleitet wird.[128]

b) Zur **Schadensersatzhaftung** des Lieferanten gemäß §§ 643, 480 Abs. 2 BGB im einzelnen S. 104 ff.

5. Mangelbeseitigung

Die gesetzliche Regelung der kaufrechtlichen Sachmängelhaftung kennt kein Recht des Bestellers auf Nachbesserung; vielmehr sind seine Rechte auf Wandelung oder Minderung beschränkt. Dennoch spielt das Recht auf Nachbesserung in der Praxis eine überragende Rolle. Abhilfe schafft insoweit § 476a BGB: Sofern „anstelle des Rechts des Käufers auf Wandelung oder Minderung" ein Recht auf Mangelbeseitigung „vereinbart" ist, ist der Lieferant verpflichtet, alle zum Zweck der Mangelbeseitigung erforderlichen Aufwendungen zu tragen. Die Aufzählung in § 476a BGB von „Transport-, Wege-, Arbeits- und Materialkosten" ist nicht abschließend zu verstehen, wie sich aus dem Gesetzeswortlaut (vgl. „insbesondere") unmittelbar ergibt. Vielmehr ist der Besteller so zu stellen, wie er stehen würde, wenn der Lieferant eine mangelfreie Sache geliefert hätte.[129] Zu den Mangelbeseitigungsaufwendungen im Sinn von § 476a Satz 1 BGB zählen alle diejenigen Aufwendungen, welche unmittelbar zum Zweck der Mangelbeseitigung erforderlich sind. Nicht erfaßt werden jedoch die Kosten, die lediglich als Vermögensnachteile anläßlich der Mangelbeseitigung verursacht werden, so insbesondere der Ersatz von Schäden. Wenn aber Schäden des-

---

124. BGHZ 48, 118, 124
125. BGH NJW 1988, 1378
126. OLG Düsseldorf Betr. 167, 1582
127. BGH VersR 1959, 424
128. BGH BB 1973, 1069
129. BGH BB 1979, 804; BGH WM 1972, 800; BGH WM 1972, 705; BGH BB 1981, 389, 390; BGH NJW 1991, 1604, 1607

wegen auftreten, weil ihr Entstehen zum Zweck der Mangelbeseitigung erforderlich ist, wie z. b. das Aufstemmen einer Wand bei Beseitigung schlecht verlegter Wasserleitungen,[130] so werden diese „Schäden" von § 476a BGB erfaßt. Die Differenzierung liegt in dem bereits erwähnten Grundsatz begründet: Der Lieferant ist verpflichtet, den Besteller so zu stellen, wie er stände, wenn mangelfrei geliefert worden wäre. Gleichgültig ist in dem Zusammenhang, ob die zum Zweck der Mangelbeseitigung erforderlichen Aufwendungen beim Besteller selbst, beim Lieferanten oder einem Dritten anfallen.[131]

a) § 476a BGB ist **abdingbar**.[132] Doch ist regelmäßig im Auge zu behalten, daß das Recht des Bestellers auf Mangelbeseitigung in Einkaufs-AGB vereinbart ist, was nach § 9 Abs. 2 Nr. 1 AGBG unproblematisch ist (S. 118 ff.).

Unter Berücksichtigung einer solchen Vertragsgestaltung ist es typisch, daß dem Besteller das Recht auf Mangelbeseitigung als primärer Rechtsbehelf zusteht, so daß der Besteller – entgegen den §§ 459, 462, 465 BGB – nicht unmittelbar im Fall eines Mangels auf das Wandelungs- oder Minderungsrecht zurückgreifen kann. Gleiches gilt für den ohnehin im Gesetz geregelten **Ersatzlieferungsanspruch** nach § 480 Satz 1 BGB nicht.[133]

b) Das **Formular** geht in Abs. (2) von einem Mangelbeseitigungsanspruch aus und erwähnt den Ersatzlieferungsanspruch nur der gedanklichen Vollständigkeit wegen.

6. Das „Fehlschlagen" der Mangelbeseitigung

Auch in Einkaufs-AGB wird verschiedentlich eine Vertragsgestaltung gewählt, die sich an der Akzeptanz des Lieferanten und den Usancen von Verkaufs-AGB orientiert. Davon geht das **Formular** in seiner Alternative aus. Dann gilt: Primär ist ein Anspruch auf Mangelbeseitigung oder auf Ersatzlieferung vorgesehen. Für weitergehende Ansprüche auf Wandelung oder Minderung gilt dann, daß ein „Fehlschlagen" vorliegen muß. Das entspricht dann der Verbotsnorm des § 11 Nr. 10 b AGBG.

a) Diese lehnt sich im wesentlichen an die festgefügte BGH-Judikatur an. Ein „Fehlschlagen" der Mangelbeseitigung/Ersatzlieferung und damit ein „Wiederaufleben" von Wandelungs- und Minderungsrechten wurde immer dann angenommen, wenn
– die Mangelbeseitigung mißlang oder unmöglich war[134] oder

---

130. BGH NJW 1963, 805; BGH NJW 1963, 811; BGH BB 1978, 1036; BGH BB 1981, 935, 936
131. Löwe/Graf von Westphalen/Trinkner, Großkommentar, Bd. II § 25 Rdnr. 16
132. MünchKomm./Westermann, § 476a Rdnr. 2
133. Palandt/Putzo, § 480 Rdnr. 1
134. BGHZ 22, 90, 99; BGH WM 1973, 219, 220; BGH BB 1974, 294; BGH BB 1979, 804; BGH NJW 1985, 623, 630; BGH NJW 1994, 1004, 1005

7. Das Institut der positiven Vertragsverletzung

– die Mangelbeseitigung verweigert wurde[135] oder
– die Mangelbeseitigung über gesetzte Fristen hinaus schuldhaft verzögert wurde.[136]

b) Es entspricht allgemeiner Meinung, daß der Verbotstatbestand von § 11 Nr. 10 b AGBG auch im kaufmännischen Verkehr gemäß § 9 Abs. 2 Nr. 1 AGBG zu berücksichtigen ist.[137] Daraus folgt: auch im kaufmännischen Verkehr ist dem Besteller für den Fall des „Fehlschlagens" der Mangelbeseitigung/Ersatzlieferung – nach seiner Wahl – entweder ein Wandelungs- oder ein Minderungsrecht einzuräumen; die ausschließliche Einräumung eines Minderungsrechts ist nicht ausreichend.[138]

aa) Im nicht-kaufmännischen Verkehr ist es – im Hinblick auf die erforderliche Transparenz der Vertragsgestaltung – zweckmäßig, dem Besteller in den Einkaufs-AGB im einzelnen die Fallkonstellationen aufzufächern, unter denen die BGH-Judikatur – wie dargestellt – ein „Fehlschlagen" der Mangelbeseitigung/Ersatzlieferung bejaht hat.[139] Es ist aber auch unproblematisch, wenn der Besteller in den Einkaufs-AGB lediglich pauschal vom „Fehlschlagen" der Mangelbeseitigung spricht.[140] Zur Vollziehung von Wandelung und Minderung S. 107 ff.

bb) Sofern der Lieferant ein „Fehlschlagen" zu vertreten hat, steht dem Besteller ein Schadensersatzanspruch aus positiver Vertragsverletzung zu.[141] Zu ersetzen ist regelmäßig der insoweit eingetretene Verzögerungsschaden.

7. Das Institut der positiven Vertragsverletzung

Anerkanntermaßen ist der Anspruch aus positiver Vertragsverletzung immer dann gegeben, wenn eine Pflichtverletzung im Rahmen eines bestehenden Schuldverhältnisses vorliegt, die weder Unmöglichkeit noch Verzug herbeiführt und deren Folgen nicht von den gesetzlichen Gewährleistungsvorschriften erfaßt werden.[142] Da die gesetzlichen Gewährleistungsregeln Vorrang haben, kommen Ansprüche des Bestellers aus positiver Vertragsverletzung unter zwei Voraussetzungen in Betracht: Entweder hat der Lieferant

---

135. BGHZ 22, 90, 99; BGH BB 1979, 804; BGHZ 93, 29, 62
136. BGHZ 22, 90, 99; BGH NJW 1963, 1148; BGH BB 1978, 325; BGH NJW-RR 1990, 886; BGH NJW 1994, 1004, 1005
137. BGH BB 1981, 815; BGH BB 1981, 935; BGH NJW 1985, 623, 630; BGHZ 93, 29, 62; BGH NJW 1993, 2438; BGH NJW 1994, 1004, 1005; Löwe/Graf von Westphalen/Trinkner, Großkommentar, Bd. II § 11 Nr. 10 b Rdnr. 32; Wolf/Horn/Lindacher, ABGB, § 11 Nr. 10 b Rdnr. 37; Palandt/Heinrichs, AGBG, § 11 Rdnr. 60
138. BGH BB 1981, 815
139. a. M. BGH BB 1990, 950, 951 f.; BGH NJW 1985, 623, 630; OLG Frankfurt, BB 1983, 1435, 1438
140. BGH NJW 1994, 1004
141. BGH BB 1978, 325; BGH BB 1979, 804
142. Palandt/Heinrichs, § 276 Rdnr. 107 m. w. N.

eine sonstige Verhaltenspflicht schuldhaft verletzt und dadurch die Rechtsgüter des Bestellers beschädigt (b) oder es handelt sich um den Ersatz von Mangelfolgeschäden (a), welche außerhalb der Gewährleistung der §§ 459 ff. BGB die Rechtsgüter des Bestellers verletzt haben.

a) Die gewährleistungsrechtlichen Sonderregelungen der §§ 459 ff. BGB schützen die Interessen des Bestellers an dem Erlangen einer vertragsgemäßen Leistung – „Äquivalenzinteresse" –, nicht aber sein Interesse an dem Schutz seiner sonstigen Güter vor Schädigungen durch eine mangelhafte Lieferung der Kaufsache – „Integritätsinteresse".[143] Der Schutzbereich des „Äquivalenzinteresses" erfaßt also nicht die Schäden, die auch bei reiner Nichterfüllung entstanden wären.

aa) Zum Bereich des **Mangelfolgeschadens** zählt deshalb – im Rahmen des „Integritätsinteresses" – derjenige Schaden, der dem Besteller an seinen übrigen Rechtsgütern „außerhalb der Kaufsache"[144] entstanden ist. Demgegenüber umfaßt der Bereich des **Mangelschadens** denjenigen Schaden, der „unmittelbar durch die mangelhafte Lieferung verursacht" ist:[145] Fehlende oder eingeschränkte Gebrauchstauglichkeit der Kaufsache, die zur Beseitigung der erforderlichen Mängel, Aufwendungen, insbesondere der Reparaturkosten, der bleibende Minderwert, der Nutzungsausfall sowie der entgangene Gewinn[146] zählen daher zum Bereich des Mangelschadens. Für diesen sind die Vorschriften der §§ 459 ff. BGB Sonderbestimmungen, die ausschließlich gelten.[147]

bb) Da in der Praxis die Abgrenzung zwischen Mangelschaden und Mangelfolgeschaden von ganz entscheidender Bedeutung für die Geltendmachung der Rechte des Bestellers ist, sollen kurz einige Gesichtspunkte – allerdings bezogen und begrenzt auf den Bereich des Kaufvertragsrechts – dargestellt werden:

Dem Bereich des **Mangelschadens** unterfallen folgende Positionen, ohne daß diese Aufzählung abschließend zu verstehen ist: die Reparaturkosten[148] sowie die Gutachterkosten, die zur Feststellung etwaiger Mängel erforderlich sind, soweit diese zwangsläufig als Folge des Mangels auftreten.[149] Gleiches gilt für den Nutzungsausfall während der Reparatur.[150] Läßt sich durch die Reparatur die Gebrauchstauglichkeit der Kaufsache nicht vollends wiederherstellen, so ist der verbleibende Minderwert Mangelschaden.[151] Ebenfalls der entgangene Gewinn, der auf die Mangelhaftigkeit der Kaufsache zurückzuführen

---

143. BGH BB 1980, 1068, 1069
144. BGH BB 1980, 1068, 1069
145. BGH, a.a.O.
146. BGH NJW 1978, 2241, 2242; BGH BB 1980, 1068, 1069
147. Palandt/Putzo, vor § 459 Rdnr. 6; Erman/Grunewald vor § 459 Rdnr. 37 f.; kritisch Soergel/Huber, § 463 Rdnr. 69
148. BGH NJW 1978, 2241, 2242
149. BGH, a.a.O.; a.A. OLG Koblenz NJW-RR 1989, 337
150. BGH, a.a.O.; BGH BB 1980, 1068, 1069
151. BGH, a.a.O.

7. Das Institut der positiven Vertragsverletzung

ist, zählt hierzu.[152] Auch die durch den Mangel bedingte fehlende oder eingeschränkte Gebrauchstauglichkeit rechnet hierzu.[153] Die Kosten des Transports der Kaufsache zum Bestimmungsort sind deshalb Mangelschaden.[154] Auch die Kosten, welche der Besteller aufgewandt hat, um sich den Kaufpreis zu verschaffen, zählen in diese Kategorie.[155] Nicht zu dem Bereich des Mangelschadens zählen die Mangelbeseitigungsaufwendungen gemäß § 476a BGB; denn der sich an § 256 BGB orientierende Begriff der „Aufwendungen" ist streng von dem Begriff des Schadens zu unterscheiden, weil Schaden ein unfreiwilliges Vermögensopfer, eine „Aufwendung" hingegen die freiwillige Aufopferung von Vermögenswerten im Interesse eines anderen ist.[156]

Mangelfolgeschäden liegen dann vor, wenn der Besteller eine fehlerhaft gelieferte Sache einbaut oder verarbeitet und dadurch ein mit Mängeln behaftetes Werk hergestellt wird.[157] Freilich sind die De- und Remontagekosten, welche im Rahmen der Mangelbeseitigung anfallen, nicht Mangelschaden und auch nicht Mangelfolgeschaden, sondern Aufwendungen im Sinn von § 476a BGB, und zwar auch insoweit, als diese Aufwendungen zu einer Verletzung des sonstigen Eigentums des Bestellers führen.[158] Dies gilt freilich dann nicht, wenn als Folge des Einbaus einer mangelhaften Sache andere Sachen des Bestellers in Mitleidenschaft gezogen werden, auf die sich dann ihrerseits die De- und Remontage erstreckt.[159] Unerheblich ist in diesem Zusammenhang, in welcher Weise die Verarbeitung oder Verbindung vorgenommen wird.[160] Auch die Kosten der Ausbesserung sowie die erforderlichen Aufwendungen einer Neuherstellung fallen in den Bereich des Mangelfolgeschadens.[161] Ist der Besteller wegen der Lieferung einer mangelhaften Sache seinerseits Schadensersatzansprüchen Dritter ausgesetzt, so zählen auch diese zu dem Bereich des Mangelfolgeschadens.[162] Ohne Belang ist, ob der geltend gemachte Schadensersatzanspruch auf gesetzlichen oder vertraglichen Bestimmungen beruht; selbst ein Vergleich, der zwischen dem Dritten und dem Besteller akkordiert wird, ändert daran nichts.[163]

Bei Montagekosten ist stets zu prüfen, ob sie nicht dem Bereich der Vertragskosten gemäß § 467 Satz 2 BGB zuzurechnen sind, sofern der Käufer Wandelung begehrt.[164]

---

152. BGH WM 1972, 558, 560
153. BGH NJW 1978, 2241, 2242
154. RGDR 1941, 637, 638
155. Soergel/Huber, § 463 Rdnr. 83
156. Palandt/Heinrichs, § 256 Anm. 1
157. BGH BB 1967, 433
158. BGH NJW 1963, 805; BGH NJW 1963, 811
159. BGH BB 1980, 1068, 1069
160. BGH BB 1971, 287; BGHZ 60, 9
161. BGH BB 1980, 1068, 1069 – im Ergebnis offengelassen
162. BGH BB 1967, 433; BGH BB 1980, 1068, 1069; BGH MDR 1994, 670
163. Soergel/Huber, § 463 Rdnr. 84
164. BGHZ 87, 104, 108; Staudinger/Honsell, § 467 Rdnr. 24

b) Neben der Schlechtleistung ist die vom Schuldner/Lieferanten zu vertretende Verletzung von Nebenpflichten – wie bereits angedeutet – der wesentliche Anwendungsfall für das Institut der positiven Vertragsverletzung.[165] Unter diese Kategorie fallen deshalb sämtliche Handlungen, welche die Erreichung des Vertragszwecks gefährden, einschließlich der Verletzung von aus dem Vertrag folgenden Nebenpflichten, Untersuchungs-, Obhuts-, Auskunfts-, Anzeige-, Mitwirkungs- und sonstigen Pflichten sowie der Pflicht zur ordnungsgemäßen Mangelbeseitigung.[166] Die Schadensersatzhaftung des Lieferanten ergibt sich in diesen Fällen aus einer analogen Anwendung der §§ 280, 286, 325, 326 BGB.[167] Ausgenommen sind jedoch solche Folgeschäden, die außerhalb des Schutzzwecks der verletzten Vertragspflicht liegen.[168] Zur Verjährung S. 112.

8. Schadensersatz – Eigenschaftszusicherungen

Die Schadensersatzhaftung der §§ 463 Satz 1, 480 Abs. 2 BGB wegen Fehlens einer zugesicherten Eigenschaft ist zunächst gegenüber einer Beschaffenheitsvereinbarung nach § 459 Abs. 1 BGB abzugrenzen (a), sodann ist zu differenzieren, ob die Haftung auch das Risiko etwaiger Folgeschäden (b) erfaßt.

a) Ob eine Zusicherungshaftung gemäß § 463 BGB gegeben ist, hängt nach der Rechtsprechung des BGH zunächst davon ab, daß aus der Sicht des Bestellers der Wille des Lieferanten erkennbar wird, für das Bestehen und Vorhandensein einer bestimmten Eigenschaft der Kaufsache auch einstehen zu wollen, so daß praktisch eine garantiemäßige Haftungsübernahme des Lieferanten vorliegen muß.[169] Wie bei allen Willenserklärungen kann die Zusicherung des Lieferanten sowohl das durch Auslegung zu ermittelnde Ergebnis einer ausdrücklichen wie einer stillschweigenden Willenserklärung sein.

aa) Dabei ist im Auge zu behalten, daß eine **Beschreibung der Kaufsache** selbst in aller Regel nicht als Zusicherung, sondern lediglich als Festlegung der nach § 459 Abs. 1 BGB geschuldeten vertraglichen Beschaffenheit der Sache zu verstehen ist.[170] Folglich muß die Zusicherungserklärung des Lieferanten ein über die Beschaffenheit der Kaufsache hinausreichende Einstandspflicht begründen. Deshalb verneint auch – wie bereits gezeigt (S. 98) – die Rechtsprechung, daß eine Zusicherungshaftung dann vorliegt, wenn eine Sache nach DIN-Vorschriften oder aufgrund sonstiger technischer Regelwerke bestellt worden ist, weil dann nur eine Beschaffenheits-

---

165. BGH NJW 1954, 229
166. BGH NJW 1978, 260; Palandt/Heinrichs, § 276 Anm. 7 C m. w. N.
167. BGH NJW 1954, 229
168. Palandt/Heinrichs, § 276 Rdnr. 123
169. BGH ZIP 1995, 130, 131; BGH ZIP 1996, 279, 280; BGH ZIP 1996, 711, 712
170. BGH ZIP 1996, 279, 280

8. Schadensersatz – Eigenschaftszusicherungen

vereinbarung nach § 459 Abs. 1 BGB anzunehmen ist.[171] In diesen Fällen bestehen also nur Ansprüche auf Wandelung oder Minderung, nicht aber gemäß § 463 BGB auf Schadensersatz wegen Nichterfüllung.

bb) Die stets notwendige Abgrenzung zwischen Beschaffenheitsvereinbarung und Zusicherungshaftung ist vor allem in den Fällen ausgesprochen problematisch, in denen der Lieferant eine **stillschweigende Zusicherung** gemäß § 459 Abs. 2 BGB abgegeben haben soll. Während die Rechtsprechung in diesem Punkt zunächst ausgesprochen großzügig war,[172] hat sie nunmehr den Grundsatz aufgestellt, daß bei der Annahme einer stillschweigenden Zusicherung Zurückhaltung geboten ist, weil eine Ausnahme gegenüber der üblichen Beschaffenheitsvereinbarung zu begründen ist.[173] Deshalb bedarf die Bejahung einer stillschweigenden Zusicherung stets besonderer Begründung. Dies gilt vor allem beim Verkauf neu hergestellter Sachen.[174] Legt indessen der Besteller – für den Lieferanten erkennbar – besonderen Wert auf das Vorliegen einer bestimmten Eigenschaft, dann kann darin eine stillschweigende Zusicherung zu sehen sein, etwa beim Erwerb eines Fahrzeugs mit Anti-Blockiersystem. Doch Voraussetzung ist dabei, daß der Besteller den Abschluß des Vertrages von dem Vorhandensein eben dieser Eigenschaft abhängig macht.[175] Der Hinweis auf den Verwendungszweck reicht für sich allein genommen noch nicht aus, etwa beim Kauf von Beton nach DIN.[176]

b) Bei jeder Zusicherungserklärung ist zusätzlich gemäß §§ 133, 157, 242 BGB durch Auslegung – betrachtet aus der Perspektive eines redlichen Bestellers – zu prüfen, ob sich die Eigenschaftszusicherung lediglich – dies ist der gewöhnliche Fall – auf die Mangelfreiheit der Lieferung/Leistung bezieht, d.h. lediglich den Bereich des Mangelschadens erfaßt, oder ob sie darüber hinausgehend auch das Risiko etwaiger Mangelfolgeschäden einbezieht.[177] In den Worten des BGH bedeutet dies: Der Mangelfolgeschaden ist dann gemäß § 463 Satz 1 BGB zu ersetzen, falls die Auslegung ergibt, „daß die Zusicherung nicht nur zu dem Zweck gegeben wurde, dem Käufer zu einem ungestörten Genuß der Kaufsache zu verhelfen, sondern daß sie darüber hinaus auch das Ziel verfolgte, ihn gegen auftretende Mangelfolgeschäden abzusichern".[178] Dabei macht es keinen Unterschied, ob es sich um eine ausdrücklich abgegebene oder um eine Zusicherungserklärung handelt, die lediglich aus den Umständen des Einzelfalls aufgrund einer stillschweigenden, d.h. konkludenten Erklärung des Lieferanten gefolgert werden kann.[179]

---

171. BGH NJW 1968, 2238; BGH NJW 1981, 1501; BGH ZIP 1996, 279, 280
172. BGH BB 1972, 1069 mit ablehnender Anm. von Graf von Westphalen
173. BGH ZIP 1995, 130, 131; BGH ZIP 1996, 279, 280; BGH ZIP 1996, 711, 712
174. BGH ZIP 1996, 279, 280; BGH ZIP 1996, 711, 712
175. BGH ZIP 1995, 130, 131
176. BGH ZIP 1996, 279, 281
177. BGHZ 50, 200, 204
178. BGH, a.a.O.
179. BGH BB 1972, 1069 mit Anm. Graf von Westphalen

Wird zum **Beispiel** die Eignung eines Lackes zugesichert, die nach verschiedenen Fachgesprächen, Prüfungen und Tests entsprechend den Bedürfnissen und Wünschen des Bestellers hergestellt wurde, so ist es gleichgültig, daß die Parteien bei Vertragsabschluß „in erster Linie an die Haltbarkeit und Wetterfestigkeit des Lackes selbst und den Schutz des Holzwerkes gegen Einwirkungen von außen gedacht und mit der Möglichkeit anderer Schäden – insbesondere einer durch den hohen Wasserdurchlaufwiderstand des Lackes hervorgerufenen oder jedenfalls begünstigten Zerstörung des Holzes von innen – nicht gerechnet haben".[180] Unter dieser Voraussetzung erfaßt die Zusicherungserklärung auch das Risiko etwaiger Entwicklungsschäden, die nach dem damaligen, auf den Zeitpunkt des Vertragsabschlusses bezogenen Stand von Wissenschaft und Technik noch nicht erkennbar waren. Es ist auch irrelevant, daß der Lieferant keine ausdrückliche Zusicherungserklärung abgegeben hat, weil es ausreichend ist, daß diese aus den jeweiligen Umständen des Einzelfalls – hier: aus den verschiedenen Fachgesprächen, Prüfungen und Tests sowie den entsprechenden Anwendungsrichtlinien des Lieferanten – gefolgert werden kann. Wird zum Beispiel die Eignung eines Klebers zugesichert, dessen alleiniger, bestimmungsgemäßer Gebrauch darin besteht, beim Verlegen von Platten verwendet zu werden, so ist von Belang, ob sich die „wirtschaftlich ins Gewicht fallenden Schäden nur in den nach der Verarbeitung sich ergebenden Mangelfolgeschäden" zeigen, so daß eine Erstattung des gezahlten Kaufpreises „für den Käufer ohne wesentliche Bedeutung"[181] ist. Mehr noch: Wird in der Werbung erklärt, der Gebrauch einer Nottestamentmappe sei für bayerische Bürgermeister risiko- und problemlos, so erstreckt sich die Haftung auf Schadensersatz auch auf die Kosten, welche durch die Errichtung eines falschen Nottestaments auf die Gemeinde zukommen.[182] In der Praxis wird man kaum daran vorbeikommen, die immer weiter fortschreitende Präjudizienkette der BGH-Judikatur sorgfältig darauf abzuklopfen, ob Parallelität zwischen den bereits entschiedenen und dem zur Entscheidung anstehenden Sachverhalt besteht. Zu beachten ist jedoch die aufgezeigte, mittlerweile **restriktivere Tendenz** des BGH, stillschweigende Zusicherungen leichthin zu bejahen, denn das Haftungsrisiko zum Nachteil des Lieferanten ist sehr erheblich.

c) Die **Berechnung des Schadensersatzanspruchs** wegen Nichterfüllung gemäß § 463 BGB vollzieht sich aufgrund eines Wahlrechts des Lieferanten: Er kann die Kaufsache zurückgeben und seinen gesamten Nichterfüllungsschaden geltend machen; dies wird als Reklamation des „großen Schadensersatzes" umschrieben.[183] Der Lieferant kann aber auch in der Weise vorge-

---

180. BGHZ 59, 158, 161 f.
181. BGHZ 50, 200, 205
182. BGH NJW 1973, 843, 845
183. BGH ZIP 1995, 130, 131

9. Wandelung – Minderung

hen, daß er die mangelhafte Kaufsache behält und dann den Minderwert als „kleinen Schadensersatz" geltend macht.[184] Reklamiert der Lieferant den „großen Schadensersatz", dann ist er gemäß § 463 BGB in Verbindung mit den §§ 249 ff. BGB so zu stellen, wie er stände, wenn die Kaufsache die zugesicherte Eigenschaft hätte. Sein Anspruch richtet sich also auf die Herstellung des gleichen wirtschaftlichen Erfolgs.[185] Maßgebender Zeitpunkt ist hier das Datum, zu dem der Kaufabschluß hätte erfüllt werden sollen.[186] Im Hinblick auf den Ersatz etwaiger Mangelfolgeschäden ist scharf zu differenzieren: Wenn sich – wie dargestellt – die Zusicherung auch auf den Ersatz der Folgeschäden bezieht, dann erfaßt der Schadensersatzanspruch wegen Nichterfüllung auch diesen Schaden.[187] Soweit diese Voraussetzung jedoch nicht eingreift, kommt der Ersatz etwaiger Folgeschäden nur unter dem Gesichtspunkt der positiven Vertragsverletzung in Betracht.[188] Der praktische Unterschied ist durchaus wichtig. Denn der Anspruch aus § 463 BGB ist verschuldensunabhängig,[189] demgegenüber ist der aus positiver Vertragsverletzung abzuleitende Schadensersatz verschuldensabhängig. Doch kommt dem Besteller insoweit die gängige Beweislastumkehr zugute, weil es Sache des Lieferanten ist, den Nachweis anzutreten, daß der eingetretene Folgeschaden nicht auf einem Umstand beruht, den er zu vertreten hat.[190]

9. Wandelung – Minderung

Soweit der Lieferant einen **Fehler** gemäß § 459 Abs. 1 BGB zu vertreten hat, steht dem Besteller das Recht zu, gemäß § 462 BGB Wandelung oder Minderung zu verlangen. Aber auch dann, wenn der verkauften Sache gemäß § 459 Abs. 2 BGB eine zugesicherte Eigenschaft fehlt, ist der Besteller gemäß § 463 Satz 1 berechtigt, Wandelung oder Minderung zu begehren, sofern er nicht – wie dargestellt – von seinem Recht Gebrauch macht, wegen des Fehlens der zugesicherten Eigenschaft Schadensersatz wegen Nichterfüllung zu fordern. Ist die Sache allerdings lediglich der Gattung nach bestimmt, so kann der Besteller – neben dem Recht auf Wandelung oder Minderung – auch **Ersatzlieferung** gemäß § 480 Abs. 1 BGB geltend machen.

a) Nach der Rechtsprechung vollzieht sich die Wandelung des Kaufvertrages gemäß § 465 BGB in der Weise, daß der Besteller das Recht hat, Klage auf Durchführung der Wandelung zu erheben.[191] Die Wandelung ih-

---

184. BGH ZIP 1995, 130, 132
185. BGH ZIP 1995, 130, 132
186. Palandt/Putzo § 463 Rdnr. 20
187. Palandt/Putzo § 463 Rdnr. 15
188. Palandt/Putzo § 463 Rdnr. 15
189. BGH BB 1972, 1069 mit Anm. von Graf von Westphalen
190. Statt aller Palandt/Heinrichs § 282 Rdnr. 6 ff.
191. BGHZ 29, 148, 151

rerseits wird erst durch Vertrag zwischen Besteller und Lieferant vollzogen.[192] Das Verlangen nach Wandelung ist eine einseitige empfangsbedürftige Willenserklärung des Bestellers; sie zielt darauf ab, eine Einigung mit dem Lieferanten herbeizuführen, so daß dann ein Rückgewährsschuldverhältnis gemäß § 467 BGB entsteht, auf das die Bestimmungen der §§ 346 ff. BGB entsprechende Anwendung finden. Ist der Lieferant – gleichgültig aus welchen Gründen – nicht bereit, dem Wandelungsbegehren zu entsprechen, so bleibt dem Besteller lediglich die Wahl, Klage auf Durchführung der Wandelung zu erheben; unter dieser Voraussetzung ist die Wandelung freilich erst dann vollzogen, wenn Rechtskraft des Urteils gemäß § 894 ZPO vorliegt. Soweit der Lieferant auf Zahlung klagt, steht dem Besteller wegen des vom Lieferanten gemäß § 459 BGB zu vertretenden Mangels das Wandelungsrecht in der Weise zu, daß eine entsprechende Einrede erhoben werden kann. Dies ist insbesondere dann von Bedeutung, wenn gemäß § 478 Abs. 1 BGB bereits Verjährung gemäß § 477 BGB eingetreten ist, der Besteller aber den Mangel noch vor Ablauf der Verjährungsfrist dem Lieferanten gegenüber angezeigt hat. Unter diesen Voraussetzungen kann der Besteller auch nach der Vollendung der Verjährung die Zahlung des Kaufpreises insoweit verweigern, als er aufgrund der Wandelung dazu berechtigt sein würde. So gesehen wirkt die Wandelung wie eine dauernde Mängeleinrede.[193]

b) Die Wandelung wird gemäß § 467 BGB in der Weise durchgeführt, daß Besteller und Lieferant sich grundsätzlich so zu stellen haben, als sei der Kaufvertrag nicht geschlossen worden. Die **Rückgewähr** der beiderseitigen Leistungen erfolgt gemäß § 348 BGB Zug um Zug. Dies bedeutet: Der Besteller ist verpflichtet, die empfangene Sache – frei von Belastungen, die seit dem Empfang begründet worden sind – dem Lieferanten zurückzugeben. Die gezogene Nutzung hat er herauszugeben, und er ist verpflichtet, für nicht gezogene Nutzungen gemäß § 347 Satz 2 BGB Ersatz zu leisten. Der Lieferant ist demgegenüber verpflichtet, den empfangenen Kaufpreis zurückzuzahlen. Die Verzinsung beträgt 4 % p. a., gerechnet vom Empfang des Kaufpreises; bei beiderseitigen Handelsgeschäften können 5 % p. a. gemäß § 352 HGB verlangt werden. Notwendige Verwendungen, die der Besteller auf die Kaufsache gemacht hat, sind ihm zu ersetzen. Gemäß § 467 Satz 2 BGB ist der Lieferant darüber hinaus verpflichtet, dem Besteller auch die „Vertragskosten" zu ersetzen. Es handelt sich hierbei u. a. um die Kosten einer erforderlichen Mängelanzeige, um Fracht-, Einbau-, Montage- und Untersuchungskosten, einschl. von Transportkosten, Zöllen etc., sofern diese der Erhaltung, der Wiederherstellung oder der Verbesserung der Kaufsache dienen.[194]

---

192. Palandt/Putzo, § 465 Anm. 1 c dd
193. Palandt/Putzo, § 478 Rdnr. 7
194. Staudinger/Honsell, § 467 Rdnr. 34; Palandt/Putzo, § 467 Rdnr. 18

9. Wandelung – Minderung

c) Neben der Wandelung kann der Besteller gemäß §§ 459, 462, 465 BGB **Minderung** verlangen. Die Berechnung der Minderung ergibt sich aus § 472 BGB. Danach gilt: Bei der Minderung ist der Kaufpreis in dem Verhältnis herabzusetzen, in welchem zur Zeit des Verkaufs der Wert der Sache in mangelfreiem Zustand zu dem wirklichen Wert gestanden haben würde.

aa) Der Zweck der Minderung besteht darin, bei Fortbestand des Kaufvertrages die durch eine mangelhafte Sache hervorgerufene Störung des Äquivalenzverhältnisses zwischen vereinbartem Preis und Wert der Kaufsache zu beseitigen.[195] Aus dem Gesetzeswortlaut ergibt sich unmittelbar, daß sich die Wandelung und Minderung gegenseitig ausschließen. Welcher Rechtsbehelf ausgeübt wird, ist Sache des Bestellers; sein Wahlrecht erlischt, sobald entweder die Wandelung oder die Minderung vollzogen ist.

bb) Für den **Vollzug der Minderung** gilt § 465 BGB. Dies bedeutet: Der Besteller hat gegenüber dem Lieferanten einen Anspruch auf Durchführung der Minderung; deren Vollzug setzt eine entsprechende Einigung zwischen Besteller und Lieferant voraus. Fehlt sie, ist der Besteller gehalten, Klage auf Durchführung der Minderung zu erheben, so daß dann die Rechtskraft des Minderungsurteils gemäß § 894 ZPO das erforderliche Einverständnis des Lieferanten ersetzt.

cc) Die Berechnung der Minderung vollzieht sich gemäß § 472 BGB. Dies bedeutet: Die Eigenart der vertraglichen Kaufpreisbildung soll erhalten bleiben. Aus diesem Grund wird der geminderte, d.h. geschuldete Kaufpreis in der Weise bestimmt, daß er in das Verhältnis zum vereinbarten Preis gesetzt wird, entsprechend dem wirklichen Wert der Sache – also: mit Vorhandensein eines Mangels – zum Sollwert. Beispiel: Beträgt der Kaufpreis DM 8000,–, ist der Wert einer kaufmangelfreien Sache DM 9000,–, während die mangelhafte Sache DM 1000,– wert ist, so ergibt sich: Der zu zahlende, tatsächlich geschuldete Kaufpreis beträgt DM 888,89.

d) Ist die Kaufsache lediglich eine **Gattungssache**, weil sie nicht als bestimmte Sache (Speziesschuld) verkauft wurde, sondern gemäß § 243 Abs. 1 BGB lediglich von mittlerer Art und Güte sein muß, so hat der Besteller – im Falle eines Mangels – neben dem Anspruch auf Wandelung oder Minderung auch einen Anspruch auf Nachlieferung. Es handelt sich hierbei um einen Erfüllungsanspruch, nicht aber um einen typischen Gewährleistungsanspruch.[196]

aa) Bis zur Annahme hat der Besteller Anspruch auf Lieferung einer mangelfreien Sache mittlerer Art und Güte gemäß § 243 Abs. 1 BGB. Entspricht die nur der Gattung nach bestimmte Sache nicht diesem Standard, so ist der Besteller berechtigt, die Sache zurückzuweisen.[197] Gemäß § 480 Abs. 1 BGB ist der Besteller berechtigt, anstelle von Wandelung oder Min-

---

195. Jaunernig/Vollkommer, § 472 Anm. 1 c bb; Palandt/Putzo, § 472 Rdnr. 1
196. Palandt/Putzo, § 480 Rdnr. 4
197. Palandt/Putzo, § 480 Rdnr. 2

derung Nachlieferung zu verlangen. Diese ist dann vollzogen, wenn in entsprechender Anwendung von § 465 BGB eine Einigung zwischen Lieferant und Besteller herbeigeführt wurde, daß weder Wandelung noch Minderung, sondern Nachlieferung erfolgen soll. Soweit Einverständnis des Lieferanten vorliegt, wird ein Anspruch auf Rückgewähr der mangelhaften Sache Zug um Zug gegen Nachlieferung einer neuen, mangelfreien ausgelöst.[198]

bb) Von besonderer Wichtigkeit ist es, daß bereits bei Vorliegen des Nachlieferungsverlangens grundsätzlich Verzug gemäß § 284 BGB eintritt, so daß der Besteller berechtigt ist, Ersatz des Verzögerungsschadens gemäß § 286 BGB zu reklamieren (S. 66).[199]

e) In Einkaufs-AGB ist gelegentlich – **Formular**-Alternative – eine Vertragsgestaltung zu finden, die – strenggenommen – in Verkaufs-AGB anzutreffen ist und sich an dem Erscheinungsbild von § 11 Nr. 10 b AGBG orientiert. Hintergrund für diese Regelung ist die Feststellung: Der Besteller ist regelmäßig an einer Mangelbeseitigung/Ersatzlieferung interessiert; die „weitergehenden" Ansprüche auf Wandelung oder Minderung sind in der Regel nicht interessengerecht (S. 102 f.).

10. Gewährleistungs- und Verjährungsfrist

Die Gewährleistungsfrist des § 477 BGB ist gleichzeitig als Verjährungsfrist ausgeprägt; es gibt demzufolge keine besondere Gewährleistungsfrist für „versteckte" Mängel, obwohl das Gegenteil häufig in der Praxis behauptet wird.[200] § 477 BGB – und auf diese Vorschrift ist im Rahmen eines Kaufvertrages abzustellen – erfaßt nur solche Ansprüche, die sich unmittelbar aus Nachteilen wegen eines Sachmangels ergeben.[201] Erfaßt werden also die Gewährleistungsansprüche wegen Wandelung oder Minderung;[202] erfaßt wird aber auch der Nachlieferungsanspruch bei einer Gattungsschuld gemäß § 480 Abs. 1 Satz 2 BGB sowie der Anspruch wegen mangelhaft ausgeführter Nachlieferung.[203] Es fügt sich in dieses Bild, daß auch der Anspruch auf Durchführung einer Mangelbeseitigung gemäß § 476a BGB der kurzen Verjährungsfrist des § 477 BGB unterworfen ist; nichts anderes gilt für den Anspruch auf Schadensersatz wegen Nichterfüllung wegen Fehlens einer zugesicherten Eigenschaft gemäß §§ 463, 480 Abs. 2 BGB. Schließlich erstreckt sich die Verjährungsfrist des § 477 BGB auch auf **Mangelfolgeschäden**, die dem Institut der positiven Vertragsverletzung unterworfen sind.[204]

---

198. Palandt/Putzo, § 480 Rdnr. 6
199. BGH NJW 1985, 2526
200. Palandt/Putzo, § 477 Rdnr. 2
201. BGH NJW 1971, 654
202. § 462 BGB
203. Palandt/Putzo, § 477 Rdnr. 5
204. BGH BB 1980, 1068

11. Die Mängeluntersuchungs- und Rügepflicht

Die kurze Verjährungsfrist des § 477 BGB gilt jedoch nicht für solche Ansprüche, die wegen Verletzung einer **Nebenpflicht** geltend gemacht werden, sofern diese mit dem Mangel der Kaufsache in keinem unmittelbaren Zusammenhang steht.[205] Diese Ansprüche unterliegen der Verjährungsfrist des § 195 BGB, d.h. sie verjähren in 30 Jahren.[206]

11. Die Mängeluntersuchungs- und Rügepflicht – § 9 AGBG

a) Die Erfüllung der Obliegenheiten gemäß § 377, 378 HGB haben in der Einkaufspraxis überragende Bedeutung; sie werden jedoch nicht immer strikt beachtet. Dies gilt freilich dann nicht, wenn zwischen Besteller und Lieferant ein Qualitätssicherungssystem vereinbart worden ist (S. 113). Soweit in Einkaufs-AGB formularmäßig Abweichungen von den Erfordernissen der § 377, 378 HGB vorgenommen worden sind, bestehen regelmäßig sehr enge Grenzen, die sich aus § 9 Abs. 2 Nr. 1 AGBG ergeben.

b) Die §§ 377, 378 HGB unterscheiden – wie gezeigt (S. 95) – drei Fallgestaltungen: die Lieferung einer mangelhaften Sache, die Falschlieferung sowie eine Zuviel- oder Zuweniglieferung. Entscheidend kommt es stets auf die rechtzeitige Rüge an, weil gemäß § 377 Abs. 2 HGB das sog. Alles-oder-Nichts-Prinzip eingreift: mangels einer rechtzeitigen Rüge gilt die Ware als genehmigt. Es handelt sich hierbei um eine gesetzliche Fiktion. Die Unterlassung der geschuldeten Rüge ist kein Rechtsgeschäft, daher ist es auch nicht anfechtbar.[207] Die rechtzeitige Rüge sichert dem Besteller die ihm wegen des Mangels zustehenden Gewährleistungsansprüche, insbesondere die der §§ 459 ff. BGB. Soweit jedoch der Lieferant eine sonstige Nebenpflicht verletzt hat, die dem Besteller keine Ansprüche aus den §§ 459 ff. BGB gewähren, gilt die Genehmigungsfiktion des § 377 Abs. 2 HGB nicht, etwa bei Verpackungsmängeln.[208] Gleiches gilt für Ansprüche wegen einer Sachbeschädigung, die dem Besteller nach § 823 BGB zustehen, doch kann hier die nicht rechtzeitige oder nicht ordnungsgemäße Durchführung der Eingangskontrolle den Schadensersatzanspruch nach § 254 BGB wegen Mitverschuldens des Bestellers zugunsten des Lieferanten mindern.[209] Nach Ansicht des BGH greift auch dann § 377 HGB nicht ein, wenn der Lieferant es pflichtwidrig unterläßt, den Besteller davon in Kenntnis zu setzen, daß ein lange Zeit in gleicher Ausfertigung geliefertes Produkt abgeändert worden ist, so daß der Besteller seine Eingangskontrolle nicht auf eben diesen Umstand erstreckt.[210] Sofern der Lieferant eine Garantie – außerhalb einer Eigenschaftszusicherung für die Qualität des von ihm gelie-

---

205. BGHZ 47, 312, 319; Staudinger/Honsell, § 477 Rdnr. 27
206. Palandt/Putzo, § 477 Rdnr. 8
207. Baumbach/Hopt, § 377 Rdnr. 3
208. BGHZ 66, 213
209. BGH NJW 1988, 52
210. BGHZ 107, 331, 336; BGH ZIP 1996, 756

ferten Produkts abgibt – entfällt die Rügepflicht des § 377 HGB ebenfalls, weil dann ein ausreichender Vertrauenstatbestand gesetzt ist.[211]

c) Den Untersuchungs- und Rügeerfordernissen der §§ 377, 378 HGB kommt ein beträchtlicher Gerechtigkeitsgehalt zu.[212] Demzufolge gilt: Die Abbedingung des Erfordernisses einer unverzüglichen Rüge in Einkaufs-AGB – ohne Rücksicht auf die Natur des Mangels – ist mit den Grundwertungen der §§ 377, 378 HGB – gemessen an den Kriterien von § 9 Abs. 2 Nr. 1 AGBG – unvereinbar.[213] Daraus folgt zwingend: Die häufig in Einkaufs-AGB anzutreffende Klausel, wonach der „Lieferant auf den Einwand nicht rechtzeitiger Mängelrüge verzichtet", ist wegen Verstoßes gegen § 9 Abs. 2 Nr. 1 AGBG unwirksam.[214] Entscheidend ist in diesem Zusammenhang, daß der Lieferant ein vitales Interesse daran hat, rasch darüber unterrichtet zu werden, ob er mit Gewährleistungsansprüchen zu rechnen hat.[215]

aa) Bei der Abfassung der jeweiligen Rügeklausel ist exakt darauf zu achten, welcher Kaufvertragstyp zugrunde liegt; insbesondere ist zu berücksichtigen, ob – und gegebenenfalls: welche – **branchenspezifischen Besonderheiten** zu beachten sind. Dabei ist freilich im Auge zu behalten, daß es nicht auf die Branchenüblichkeit der Mängeluntersuchung im Rahmen von § 377 Abs. 1 HGB, sondern – dies ist entscheidend – auf deren Ordnungsgemäßheit ankommt.[216] Deshalb kann es durchaus im Sinn von § 9 Abs. 2 Nr. 1 AGBG bedenklich sein, wenn im Einkaufs-AGB nicht auf die Ordnungsgemäßheit der geschuldeten Mängeluntersuchung, sondern auf deren Üblichkeit abgestellt wird, weil und soweit dies gleichbedeutend ist mit einer Nicht-Ordnungsgemäßheit oder ihr gleichkommen kann.

bb) Soweit bei einer ordnungsgemäßen Mängeluntersuchung im Sinn von § 377 Abs. 1 HGB ein Mangel nicht entdeckbar ist, gilt § 377 Abs. 2 HGB: Es handelt sich dann um einen **versteckten Mangel**, der die unverzügliche Rügepflicht auslöst.[217] Aus diesem Grund ist es mit § 9 Abs. 2 Nr. 1 AGBG unvereinbar, die nach § 377 Abs. 1 HGB – unverzüglich nach Ablieferung – geschuldete Mängeluntersuchung hinauszuschieben, so daß dann für alle erst später entdeckten Mängel die Voraussetzungen von § 377 Abs. 2 HGB vorliegen, so daß es sich dann – mit anderen Worten – um „versteckte" Mängel handelt.

---

211. Baumbach/Hopt, § 377 Rdnr. 4
212. Thamm/Hesse, BB 1979, 1583, 1586; Ulmer/Brandner/Hensen, Anh. zu §§ 9–11 Rdnr. 299; a. M. Schmidt-Salzer, AGBG, F 160; Heinze, NJW 1973, 2182, 2184
213. BGH ZIP 1985, 1204, 1207; BGH NJW 1991, 2633, 2634
214. Wolf/Horn/Lindacher, § 9 Rdnr. E 69
215. BGH NJW 1991, 2633, 2634; OLG Frankfurt, ZIP 1985, 107
216. BGH BB 1976, 105; OLG Bamberg, BB 1975, 623
217. BGH BB 1977, 1019

12. Qualitätssicherungsvereinbarungen

Qualitätssicherungsvereinbarungen sind in der Industrie – insbesondere im Hinblick darauf, das erhebliche Produkthaftungsrisiko zu minimieren – üblich geworden.[218] Häufig gehen diese Qualitätssicherungsvereinbarungen Hand in Hand mit einem „Just-in-Time-Delivery"-System.[219] Rechtlich gewertet handelt es sich hierbei um einen Rahmenvertrag.[220] Da ein geschlossenes Qualitätssicherungssystem notwendigerweise mit mehreren Lieferanten abgeschlossen werden muß, handelt es sich regelmäßig um AGB im Sinn von § 1 Abs. 1 AGBG.[221]

a) Das **Formular** verzichtet darauf, ein Qualitätssicherungssystem vorzuschlagen; denn die praktische Erfahrung belegt notwendigerweise: Es sind jeweils die produkt- und branchenspezifischen Besonderheiten, die – im Verhältnis zwischen Besteller und Lieferant – exakter Vereinbarung bedürfen. Schematische Lösungen verbieten sich hier von vornherein. Indessen sind Qualitätssicherungsvereinbarungen komplexe und komplizierte Verträge; nur ein akkurates Zusammenwirken zwischen Technikern, Kaufleuten, Versicherungsexperten und Juristen sichert hier den gewünschten Erfolg, indem Risiken minimiert, verbleibende Risiken versicherungstechnisch abgefangen werden und – dies ist Aufgabe des Kaufmanns – das Gesamtkonzept kalkulatorisch zutreffend bewertet wird; Qualitätssicherungsvereinbarungen sind aufwendig und schwierig.

b) Sie sehen häufig vor, daß die Wareneingangskontrolle des Bestellers gemäß §§ 377, 378 HGB auf den Lieferanten im Rahmen einer **Ausgangskontrolle** verlagert wird. Soweit Gewährleistungsansprüche in Rede stehen, besteht kein Zweifel daran: Eine derartige Vereinbarung verstößt gegen § 9 Abs. 2 Nr. 1 AGBG.[222] Darüber hinaus ist zu unterstreichen, daß dem Besteller im Rahmen der Produzentenhaftung gemäß § 823 Abs. 1 BGB Kontrollpflichten obliegen.[223] Soweit diese – im Rahmen einer vertraglichen Vereinbarung – auf den Lieferanten abgewälzt werden, erhöht sich notwendigerweise das Haftungsrisiko des Lieferanten.[224] Dabei ist im Auge zu behalten, daß im Hinblick auf deliktsrechtliche Ansprüche die Warenein-

---

218. Quittnat, BB 1989, 572 ff.; Hollmann, PHI 1989, 146 ff.; Graf von Westphalen, Festschrift Der Betrieb, 1989, 223 ff.; Lehmann, BB 1990, 1849 ff.; Kreifels ZIP 1990, 489 ff.; Migge, VersR 1992, 665 ff.; Steinmann, BB 1993, 873 ff.; Steckler, BB 1993, 1225 ff.; Ensthaler NJW 1994, 873 ff.; Grunewald, NJW 1995, 1777 ff.
219. Wildemann, Das Just-in-Time-Konzept, 1988, 11 ff.
220. Zirkel, NJW 1990, 345, 346
221. Graf von Westphalen, a.a.O., 223, 224 ff.
222. Im einzelnen AGB-Klauselwerke/Graf von Westphalen, Qualitätssicherungsvereinbarungen Rdnr. 3 ff.
223. Schmidt-Salzer, BB 1979, 1 ff., Produkthaftungshandbuch/Foerste Bd. 1 § 25 Rdnr. 35 ff.
224. Graf von Westphalen, a.a.O., 223, 233 ff.; a.M. Hollmann, PHI 1989, 146, 154

gangskontrollpflichten gemäß §§ 377, 378 HGB nicht gelten,[225] daß aber gleichwohl die Grundsätze mitwirkenden Verschuldens gemäß § 254 BGB zum Zuge kommen, sofern der Besteller die ihm obliegenden Kontroll- und Rügepflichten nicht rechtzeitig erfüllt hat.[226] Die Einzelheiten sind sehr komplex; sie sind deshalb gesondert dargestellt (S. 84 ff.).

c) Soweit Qualitätssicherungsvereinbarungen darauf abzielen, die Wareneingangskontrolle gemäß §§ 377, 378 HGB sowie die deliktsrechtlichen Kontrollpflichten des Bestellers auf den Lieferanten zu verlagern, ist es unerläßlich, daß der Lieferant über ausreichenden **Versicherungsschutz** verfügt, um das – gesteigerte – Haftungsrisiko abzusichern. Er muß dafür Sorge tragen, daß der Ausschlußtatbestand von § 4 I 1 AHB (Allgemeine Haftpflichtversicherungs-Bedingungen) im Rahmen der Betriebshaftpflicht- und der Produkthaftpflicht-Versicherung abbedungen wird.[227] Erforderlich ist eine individualvertragliche Vereinbarung mit der jeweiligen Versicherung. Diese hat auch zu berücksichtigen, daß in der Literatur eine nicht ganz unbedeutende Meinung besteht, daß derart gestaltete Qualitätssicherungsvereinbarungen nach § 9 Abs. 1 AGBG unwirksam sind.[228]

13. Garantien

Im Kaufvertragsrecht hat sich seit langer Zeit die begriffliche Distinktion zwischen Zusicherung, unselbständiger und selbständiger Garantie herauskristallisiert.[229] Stets ist dabei durch Auslegung gemäß §§ 133, 157, 242 BGB zu unterscheiden, um welche Form es sich bei der jeweiligen Garantieerklärung handelt: Unter dem Begriff „Garantie" kann zunächst eine Eigenschaftszusicherung im Sinn der §§ 459 Abs. 2, 463 Satz 1 BGB verstanden werden. Unter dieser Voraussetzung ist eine Garantie nichts anderes als die Bekräftigung einer Zusicherungserklärung des jeweiligen Lieferanten.[230] Rechtlich gewertet bleibt es dann bei den gesetzlichen Gewährleistungsansprüchen des Bestellers. Abhängig von dem Ergebnis der jeweiligen Auslegung kann unter dem Begriff „Garantie" auch verstanden werden, daß der Lieferant eine **verschuldensunabhängige Einstandspflicht** rechtsgeschäftlich – über die Zusicherungserklärung hinaus – begründen will. Ein solches Auslegungsergebnis hat im Kaufrecht – unter Berücksichtigung von § 463 Satz 1 BGB – deswegen keine eigenständige Bedeutung, weil die Schadensersatzhaftung des § 463 Satz 1 BGB verschuldensunabhängig

---

225. BGH NJW 1988, 52
226. BGH a.a.O.
227. Graf von Westphalen, a.a.O., 223, 238; Hollmann, PHI 1989, 146, 156
228. Im einzelnen AGB-Klauselwerke/Graf von Westphalen, a.a.O. Rdnr. 9 ff. m.w.N.; vgl. auch Steckler, BB 1993, 1225 ff.
229. RGZ 165, 41, 46 f.; BGH BB 1975, 1507, 1508; BGH WM 1977, 365, 366; BGH NJW 1986, 1927
230. BGH NJW 1986, 1927

13. Garantien

ist.[231] Im Werkvertragsrecht ist dies freilich – unter Berücksichtigung der verschuldensabhängigen Einstandspflicht gemäß § 635 BGB – anders.[232] Bei allen diesen „Garantien" liegt eine unselbständige Garantieverpflichtung vor.

a) Von einer **selbständigen Garantieverpflichtung** ist dann die Rede, wenn der Lieferant – aufgrund der abgegebenen „Garantie" – für einen weitergehenden, leistungsunabhängigen Erfolg einstehen will.[233] Der mit einer solchen Garantie ins Auge gefaßte Erfolg muß deshalb außerhalb der Vertragsgemäßheit der Lieferung liegen.[234] Ein derartiger – selbständiger – Garantievertrag kann auch auf Schadloshaltung gerichtet sein. Mit der kaufrechtlichen Gewährleistungshaftung hat dies dann freilich nichts mehr zu tun, zumal sich die Verjährung eines solchen Garantieanspruchs nach § 195 BGB richtet.[235]

b) Unter Berücksichtigung der dargestellten Definitionen ist deshalb bei Abgabe einer „Garantie" durch den Lieferanten stets durch Auslegung gemäß §§ 133, 157, 242 BGB zu ermitteln, welche Verpflichtung der Lieferant übernommen hat. Dabei ist die Abgrenzung zwischen einem – selbständigen – Garantievertrag und einer Eigenschaftszusicherung gemäß § 459 Abs. 2 BGB einfach.[236] Gegenstand des – selbständigen – Garantievertrages sind nämlich im Rahmen eines Kaufvertrages nicht die gegenwärtigen Eigenschaften der Kaufsache – dann liegt regelmäßig nur eine Eigenschaftszusicherung im Sinn von § 459 Abs. 2 BGB vor –, sondern künftige, erst nach Gefahrenübergang eintretende Eigenschaften der Kaufsache oder auch Umstände, welche außerhalb der Kaufsache liegen und daher keine „Eigenschaften" im Sinn von § 459 Abs. 2 BGB sein können. Garantiert zum Beispiel der Lieferant eines zu erstellenden Ringofens, daß mit einer bestimmten Menge Steine zu einem bestimmten Preis ein entsprechender Jahresverdienst erwirtschaftet werden kann, so liegt darin nach der Judikatur des RG ein selbständiger Garantievertrag.[237] Nichts anderes gilt dann, wenn ein Lieferant acht Generatoren für eine Generatorenanlage eines Stahlwerks liefert und dabei „garantiert", daß nach Einbau eben dieser Generatoren der Kohleverbrauch in bestimmtem Maße verringert werde.[238]

c) Es ist in Einkaufs-AGB häufig, daß der Besteller vom Lieferanten verlangt, daß dieser die Eigenschaften der Kaufsache „garantiert". Soweit damit gemeint ist, daß der Lieferant – unabhängig vom zugrundeliegenden In-

---

231. BGH BB 1972, 1069
232. BGH BB 1975, 1507, 1508
233. RGZ 165, 41, 47; BGH BB 1975, 1507, 1508; Christoffel, Die Garantie im Rahmen kaufrechtlicher Sachmängelgewährleistung, 81 ff.
234. RG JW 1921, 828; BGH WM 1976, 977; BGH WM 1977, 718
235. RGRK-BGB/Mezger, § 477 Rdnr. 15
236. Soergel/Huber, § 459 Rdnr. 136
237. RG JW 1919, 241
238. RG JW 1921, 828

dividualvertrag – eine Eigenschaftszusicherungserklärung gemäß § 459 Abs. 2 BGB in Form einer „Garantie" geben soll, verstößt dies sowohl gegen das Vorrangprinzip von § 4 AGBG als auch gegen § 9 Abs. 2 Nr. 1 AGBG und ist unwirksam.[239] Diese Argumentation gilt erst recht, wenn das Ergebnis der Auslegung gemäß §§ 133, 157, 242 BGB darauf hinausläuft, in der bedungenen „Garantie" das Verlangen nach einer selbständigen Garantie zu sehen. Denn daß diese sowohl gegen das Vorrangprinzip von § 4 AGBG verstößt als auch – insbesondere – gegen die Wertungskriterien von § 9 Abs. 2 Nr. 1 AGBG gerichtet ist, ergibt sich bereits – von allen anderen Erwägungen abgesehen – aus der einfachen Feststellung: Unter diesen Voraussetzungen haftet der Lieferant auf den Eintritt des garantiemäßig abgesicherten Erfolges für einen Zeitraum von 30 Jahren, wie sich unmittelbar aus § 195 BGB ergibt.[240]

d) Im Ergebnis ist deshalb zu unterstreichen: Soweit der Besteller in seinen Einkaufs-AGB „Garantien" vom Lieferanten verlangt, ist dies regelmäßig nach § 4 AGBG zu beanstanden und gemäß § 9 Abs. 2 Nr. 1 AGBG unwirksam. Deshalb sind derartige Garantieerklärungen in Einkaufs-AGB strikt zu meiden.

14. Die Haltbarkeitsgarantie

In Einkaufs-AGB kommt es immer wieder vor, daß die gesetzliche Gewährleistungsfrist des § 477 BGB durch eine „Garantie" ersetzt wird. Unter diesen Voraussetzungen spricht man von einer „Haltbarkeitsgarantie".[241] Dabei ergeben sich folgende Einzelheiten:

a) Zwischen einer typischen Haltbarkeitsgarantie und einer selbständigen Garantie ergeben sich mannigfache Berührungen: Beide Erscheinungsformen einer Garantie sind nämlich auf die Zukunft gerichtet, d. h. auf das Vorhandensein und Vorhandenbleiben bestimmter, regelmäßig zugesicherter Eigenschaften. In der Regel wird jedoch die Haltbarkeitsgarantie des Verkäufers lediglich einen unselbständigen Garantievertrag darstellen.[242] Nur dann, wenn der dauerhafte Bestand von Eigenschaften durch den Hersteller im Rahmen einer Haltbarkeitsgarantie zugesichert wird, liegt regelmäßig ein selbständiger Garantievertrag vor.[243] Für die Frage der **Verjährung** des Gewährleistungsanspruchs gemäß § 477 BGB[244] hat diese Einordnung überragende Bedeutung: Denn die Gewährleistungshaftung der §§ 459 ff. BGB setzt zwingend voraus, daß der Mangel schon im Zeitpunkt des Gefahren-

---

239. AGB-Klauselwerke/Graf von Westphalen, Garantieklauseln Rdnr. 3 f.
240. vgl. Produkthaftungshandbuch/Graf von Westphalen, Bd. 1 § 7 Rdnr. 2
241. Loebell, BB 1973, 1237 ff.; Christoffel, a. a. O., 120 ff.; Soergel/Huber, § 459 Rdnr. 138 ff.
242. Staudinger/Honsell, § 459 Rdnr. 175; Groß/Wittmann, BB 1988, 1126, 1131
243. Tengelmann, NJW 1966, 2195, 2198
244. Christoffel, a. a. O., 140 ff.

14. Die Haltbarkeitsgarantie

übergangs – wenigstens „im Keim" – vorhanden war.[245] Daraus folgt: Bezieht sich die Haltbarkeitsgarantie auch auf solche Mängel, die im Zeitpunkt des Gefahrenübergangs noch nicht vorhanden sind, jedoch während der Garantiezeit auftreten, so liegt lediglich ein unselbständiger Garantievertrag vor.[246] Entscheidend ist nämlich, daß die Haltbarkeitsgarantie, soweit sie in Einkaufs-AGB vorkommt, zeitliche Begrenzungen enthält und regelmäßig – tatbestandlich – voraussetzt, daß der Besteller – während der Dauer der Haltbarkeitsgarantie – den Mangel gegenüber dem Lieferanten rügt.

b) Wesentlicher Zweck einer Haltbarkeitsgarantie ist, daß der Besteller während der angegebenen Garantiefrist den ungestörten Gebrauch der Sache behält. Tritt also ein Mangel während der Garantiezeit auf, so ist die Einstandspflicht des Lieferanten – entsprechend den Ausformulierungen der jeweiligen Haltbarkeitsgarantie – eingefordert. Wie die **Darlegungs- und Beweislast** in diesen Fällen verteilt ist, ist stets abhängig von der Ausformulierung der betreffenden Haltbarkeitsgarantie.[247] Regelmäßig dürfte es so sein, daß alle während der Garantiefrist auftretenden Mängel Garantie- oder Gewährleistungsansprüche gegenüber dem Lieferanten auslösen.[248] Ausgenommen sind solche Mänel, die zwar während der Garantiezeit auftreten, aber auf unsachgemäße, der vertraglichen Bestimmung zuwiderlaufende Benutzung der Sache zurückzuführen sind.[249] Notwendigerweise setzt ein Anspruch aus der Haltbarkeitsgarantie voraus, daß der Besteller den Nachweis erbringt, daß der Mangel innerhalb der Garantiefrist entstanden ist, während der Einwand des Lieferanten dahin zielt, der Besteller habe den Mangel selbst zu vertreten, was als rechtshindernde Einrede dahin zu verstehen ist, daß insoweit der Lieferant die Darlegungs- und Beweislast trägt.[250]

c) Das Verhältnis zwischen **Garantiefrist** und **Verjährungsfrist** ist problematisch. Es kann sein, daß die Vereinbarung dahin zielt, die Verjährungsfrist des § 477 BGB im Rahmen der Haltbarkeitsgarantie entsprechend zu verlängern.[251] Es kann aber auch sein, daß der Zweck der Haltbarkeitsgarantie darin besteht, den Beginn der gesetzlichen Verjährungsfrist des § 477 BGB erst mit dem Ablauf der Garantiefrist eintreten zu lassen.[252] Schließlich kann der Zweck einer solchen Haltbarkeitsgarantie darin gesehen werden, die Verjährungsfrist des § 477 BGB erst dann beginnen zu lassen, wenn und soweit der Besteller den Mangel innerhalb der Garantiefrist entdeckt

---

245. Staudinger/Honsell, § 459 Rdnr. 65; Palandt/Putzo, § 459 Rdnr. 6
246. Produkthaftungshandbuch/Graf von Westphalen, Bd. 1 § 7 Rdnr. 8
247. BGH BB 1961, 228, 229; BGH WM 1981, 952, 953
248. Soergel/Huber, § 459 Rdnr. 143
249. BGH NJW 1996, 2504; Christoffel, a.a.O., 129
250. BGH NJW 1996, 2504; Christoffel, a.a.O., 129f.
251. RG JW 1910, 1117; BGH BB 1962, 234
252. RGZ 65, 119, 121; RGZ 120, 211, 213

und auch gerügt hat.²⁵³ Inzwischen hat sich jedoch eine Regelauslegung herauskristallisiert: Übersteigt die Haltbarkeitsgarantie die Verjährungsfrist des § 477 BGB, so gilt: Alle während der Garantiefrist auftretenden Mängel lösen Ansprüche gegenüber dem Lieferanten aus; die Verjährungsfrist des § 477 BGB beginnt erst mit dem Zeitpunkt, in welchem der Mangel entdeckt und gerügt worden ist.²⁵⁴ Unter dieser Voraussetzung dient eine Haltbarkeitsgarantie – von der Verteilung der Darlegungs- und Beweislast bezogen auf den Zeitpunkt des Gefahrenübergangs einmal abgesehen – dazu, die Gewährleistungsfrist des Lieferanten auszudehnen, ohne gleichzeitig eine Regelung der Verjährungsfrist im Sinn von § 477 BGB herbeizuführen.²⁵⁵

d) Die Vereinbarung einer Haltbarkeitsgarantie in Einkaufs-AGB ist nicht schlechthin gemäß § 9 Abs. 2 Nr. 1 AGBG unwirksam. In der Regel wird man sie vielmehr – entsprechend der hier vorgesehenen Formulierung – insoweit als unbedenklich ansehen können, als eine zweijährige Garantiedauer nicht überschritten wird; denn dies entspricht auch – bezogen auf die Gewährleistungsfrist des § 477 BGB – der BGH-Judikatur.²⁵⁶ Dabei ist freilich auch zu berücksichtigen, ob die Haltbarkeitsgarantie lediglich die Gewährleistungsfrist des § 477 BGB zum Gegenstand hat oder ob sie – darüber hinausgehend – auch Eigenschaftszusicherungen betrifft oder sich gar – dies wäre dann weder mit § 4 AGBG noch mit § 9 Abs. 2 Nr. 1 AGBG vereinbar – auf Beschaffenheitsvereinbarungen im Sinn von § 459 Abs. 1 BGB bezieht (S. 96). Des weiteren ist im Rahmen der Inhaltskontrolle gemäß § 9 Abs. 2 Nr. 1 AGBG im Auge zu behalten, welche Ansprüche dem Besteller aufgrund der Haltbarkeitsgarantie zustehen. Liegen lediglich – entsprechend der hier gewählten Formulierung – gesetzliche Gewährleistungsansprüche gemäß §§ 459 ff. BGB zugrunde, so ist dies unbedenklich. Etwas anderes gilt dann, wenn – weitergehend – Schadensersatzansprüche aufgrund der Haltbarkeitsgarantie geltend gemacht werden. Denn unter dieser Voraussetzung spricht einiges dafür, daß es sich um einen selbständigen Garantievertrag handelt, so daß auch insoweit das Vorrangprinzip von § 4 AGBG zu berücksichtigen ist – mit der weiteren Konsequenz, daß § 9 Abs. 2 Nr. 1 AGBG derartige Klauselgestaltungen unterbindet.

15. Typische Gewährleistungsregelungen – AGB-Gesichtspunkte

a) Unter Berücksichtigung von § 476a BGB ist es unbedenklich, eine **Mangelbeseitigungspflicht** des Lieferanten zu vereinbaren. Das gleiche gilt – im Falle eines Gattungskaufs – für die Pflicht zur Ersatzlieferung gemäß § 480

---

253. BGH BB 1979, 185; vgl. auch Tengelmann, NJW 1966, 2195 ff.; Heisecke, NJW 1967, 238
254. BGH BB 1979, 185; Loebel, BB 1973, 1237, 1239; Staudinger/Honsell, § 477 Rdnr. 176; Soergel/Huber, § 459 Rdnr. 214
255. im einzelnen Produkthaftungshandbuch/Graf von Westphalen, Bd. 1 § 7 Rdnr. 12 f.
256. BGH ZIP 1990, 237

15. Typische Gewährleistungsregelungen – AGB-Gesichtspunkte

Abs. 1 BGB. Ob die Verankerung eines Mangelbeseitigungsanspruchs des Bestellers gemäß § 476 a BGB auch dann im Sinn von § 9 Abs. 1 AGBG unbedenklich ist, wenn das Verhältnis Vertriebshändler/Lieferant – Besteller in Rede steht, und wenn – dies kann branchenspezifisch möglich sein – dem Vertriebshändler/Lieferanten kein eigener Reparaturservice zur Verfügung steht und er auch nicht auf irgendwelche „Garantien" des Herstellers zurückgreifen kann, kann nur unter besonderer Berücksichtigung der Umstände des jeweiligen Einzelfalls exakt beantwortet werden.[257] Dabei ist zu berücksichtigen, daß § 476 a BGB davon ausgeht, daß das Recht auf Mangelbeseitigung anstelle des Rechts auf Wandelung oder Minderung vorgesehen ist. Daraus ist abzuleiten: Hat der Besteller seinen Anspruch auf Mangelbeseitigung neben den gesetzlichen Ansprüchen auf Wandelung oder Minderung in den Einkaufs-AGB verankert, so kann eine solche Kumulation – gemessen an den Wertungskriterien von § 9 Abs. 1 AGB-Gesetz – unwirksam sein, sofern der Vertragshändler/Lieferant zu Leistungen verpflichtet wird, für die er seinerseits gegenüber seinem Hersteller keinen Freistellungs- oder Erstattungsanspruch geltend machen kann.[258] Das **Formular** berücksichtigt diesen Gesichtspunkt nicht (S. 102). Diese Einschränkungen gelten jedoch nicht, sofern ein Ersatzlieferungsanspruch gemäß § 480 Abs. 1 BGB vorgesehen ist. Denn aus der gesetzlichen Wertung des § 480 Abs. 1 BGB folgt bereits, daß dem Besteller der Ersatzlieferungsanspruch – ohne Rücksicht auf eine vertragliche Regelung – neben der Wandelung oder der Minderung zusteht.[259]

b) Unwirksam im Sinn von § 9 Abs. 2 Nr. 1 AGBG ist es allemal, wenn der Besteller sich das Recht ausbedingt, eine etwaige Mangelbeseitigung auf Kosten des Lieferanten vorzunehmen, sofern nicht die engen Voraussetzungen des Verzuges gemäß § 633 Abs. 3 BGB gegeben sind.[260] Denn die dem Lieferanten zustehenden Gewährleistungsrechte – und der Anspruch auf Mangelbeseitigung zählt hierzu – sind gleichzeitig Pflichten, auf deren Einhaltung der Lieferant bestehen kann. Ob dies auch dann gilt, wenn die betreffende Klausel in den Einkaufs-AGB darauf abhebt, daß Gefahr im Verzug ist oder ein sonstiger dringlicher Eilfall vorliegt, läßt sich nicht generell sagen, ist aber im Zweifel zu verneinen.[261] Denn der Besteller hat ein vitales Interesse daran, daß der Mangel – gerade bei Eilbedürftigkeit oder dann, wenn Gefahr im Verzug ist – rasch beseitigt wird, zum Beispiel aus übergeordneten Sicherheitsinteressen heraus. Das **Formular** berücksichtigt diesen Gesichtspunkt in der alternativen Fassung. In allen anderen Fällen aber belastet eine Selbsthilfeklausel den Lieferanten

---

257. Dagegen Wolf/Horn/Lindacher, AGBG, § 9 Rdnr. E 70
258. Graf von Westphalen, NJW 1980, 2227 ff. – KFZ-Branche
259. vgl. Heinze, NJW 1973, 2182, 2184
260. Thamm/Hesse, BB 1979, 1586
261. Wolf/Horn/Lindacher, AGBG, § 9 Rdnr. E 71

in unangemessener Weise und ist deshalb gemäß § 9 Abs. 2 Nr. 1 AGBG zu beanstanden, weil dadurch das legitime Interesse des Lieferanten, den Mangel zu überprüfen und ihn möglichst kostengünstig zu beseitigen, vernachlässigt wird.[262]

c) Unwirksam im Sinn von § 9 Abs. 2 Nr. 1 AGBG ist es, wenn sich der Besteller wegen eines gewährleistungspflichtigen Mangels Schadensersatzansprüche ausbedingt, die ihm nur unter den engen Voraussetzungen des § 463 Satz 1 BGB zustehen.[263] Dies geschieht überaus häufig. Denn in Einkaufs-AGB wird z. B. bestimmt, daß auch Beschaffenheitsvereinbarungen im Sinn von § 459 Abs. 1 BGB als zugesicherte Eigenschaften „gelten". Die Unwirksamkeit gemäß § 9 Abs. 2 Nr. 1 AGBG ist unmittelbar einleuchtend, wenn man sich folgende Gesichtspunkte vor Augen führt:

aa) Der Lieferant, der eine Beschaffenheit im Sinn von § 459 Abs. 1 BGB vereinbart, haftet lediglich gemäß §§ 459 Abs. 1, 462, 480 Abs. 1 BGB auf Wandelung, Minderung und Nachlieferung; für etwaige Mangelfolgeschäden haftet er nur unter der Voraussetzung, daß ihn ein Verschulden trifft, weil dann Ansprüche aus positiver Vertragsverletzung ausgelöst werden.[264] Demgegenüber hafter der Lieferant bei einer ausdrücklich oder stillschweigend zugesicherten Eigenschaft gemäß § 459 Abs. 2 BGB auf Schadensersatz wegen Nichterfüllung. Auf ein etwaiges Verschulden kommt es nicht an;[265] die Haftung kann – abhängig vom Inhalt der jeweiligen Zusicherungserklärung – entweder auf die Vertragsgemäßheit der jeweiligen Lieferung erstreckt werden oder sich auf das Risiko etwaiger Mangelfolgeschäden beziehen.[266] Diese unterschiedlichen Rechtsfolgen ergeben sich daraus, daß bei einer Eigenschaftszusicherung im Sinn von § 459 Abs. 2 BGB – wegen der weitreichenden Rechtsfolge des § 463 Satz 1 BGB – ein **Garantiewille** auf seiten des Lieferanten vorhanden sein muß: Die Zusicherungserklärung ist eben doppelstöckig (S. 98 f.), weil sie zum einen eine Beschaffenheitsvereinbarung gemäß § 459 Abs. 1 BGB einschließt, zum anderen aber voraussetzt, daß der Lieferant gegenüber dem Besteller – unter Berücksichtigung aller Umstände des Einzelfalls und der Gebote von Treu und Glauben gemäß §§ 133, 157, 242 BGB – die Bereitschaft hat erkennen lassen, für die Folgen einstehen zu wollen, sofern der Kaufsache die zugesicherte Eigenschaft fehlt.[267] Die weitreichenden Rechtsfolgen können eben nicht durch Einkaufs-AGB unabhängig vom Individualvertrag „geschaffen" werden,

---

262. Thamm/Hesse, BB 1979, 1583, 1586; im einzelnen auch Hanisch, Allgemeine Einkaufs- und Bestellbedingungen in der metallverarbeitenden Industrie (Diss. München 1981), 132 ff.
263. Schmidt-Salzer, AGBG, F 168; Schmidt, NJW 1991, 144, 147
264. BGH BB 1980, 1068
265. BGH BB 1972, 1069
266. BGHZ 50, 200 ff.
267. BGHZ 59, 158, 160; BGH WM 1982, 696, 697; BGH ZIP 1985, 416, 417

ohne daß dies nach § 9 Abs. 2 Nr. 1 AGBG wegen der darin liegenden unangemessenen Benachteiligung des Lieferanten unwirksam ist.

bb) Besonders plastisch wird dieser Zusammenhang, wenn man sich vor Augen führt, daß zum Beispiel – wie bereits angesprochen – der Verkauf nach **DIN-Normen** keine Eigenschaftszusicherung, sondern eine Beschaffenheitsvereinbarung im Sinn von § 459 Abs. 1 BGB ist, sofern die gelieferte Ware mit den Normen nicht übereinstimmt und deshalb in ihrer Gebrauchstauglichkeit beeinträchtigt ist.[268] Eine stillschweigende Eigenschaftszusicherung gemäß § 459 Abs. 2 BGB liegt in diesen Fällen regelmäßig nicht vor.[269]

cc) Unter Berücksichtigung der Wertungskriterien von § 9 Abs. 2 Nr. 1 AGBG ist es deshalb im Auge zu behalten, daß eine Eigenschaftszusicherung – sie beruht ja auf einem erkennbaren Garantiewillen – regelmäßig **individualvertraglichen Charakter** besitzt.[270] Dieser individualrechtliche Charakter der Zusicherung kann aber nicht durch AGB-Klauseln in Einkaufs-AGB „herbeigezaubert" werden, ohne daß dies gegen das Vorrangprinzip von § 4 AGBG verstößt und deshalb auch nach § 9 Abs. 2 Nr. 1 AGBG unwirksam ist.[271] Die insoweit erforderliche unangemessene Benachteiligung des Lieferanten liegt darin, daß der Ersatz des Mangelschadens – Minderwert, Reparaturkosten und entgangener Gewinn – auf dem „Umweg" über eine Eigenschaftszusicherung gemäß § 459 Abs. 2 BGB Gegenstand des Schadensersatzanspruchs gemäß § 463 Satz 1 BGB ist, während der Schadensersatzanspruch wegen Nichteinhaltung einer Beschaffenheitsvereinbarung gemäß § 459 Abs. 1 BGB lediglich dazu führt, daß Mangelfolgeschäden aufgrund positiver Vertragsverletzung reklamiert werden können.[272] Durch die weiterreichende Schadensersatzhaftung aufgrund einer lediglich formularmäßig begründeten Eigenschaftszusicherung verschafft sich der Besteller haftungsrechtliche Vorteile, die ihm nach näherer Maßgabe der getroffenen Individualabrede nicht zustehen.[273]

d) Schließlich verstößt es gegen § 9 Abs. 2 Nr. 1 AGBG, wenn der Besteller in den Einkaufs-AGB Schadensersatzansprüche vorsieht, ohne auf das Element des **Verschuldens** abzuheben. Im Bereich einer Eigenschaftszusicherung gemäß § 459 Abs. 1 BGB ist freilich anerkannt, daß der Anspruch des Bestellers auf Schadensersatz wegen Nichterfüllung gemäß § 463 Satz 1 BGB verschuldensunabhängig ist.[274] Doch ist im übrigen der Schadenser-

---

268. BGH NJW 1968, 2238, 2240; BGHZ 59, 303, 306; BGH NJW 1974, 1503; BGH WM 1980, 1035; BGH NJW 1981, 1501
269. Soergel/Huber, § 459 Rdnr. 181; a. M. Marburger, Die Regeln der Technik im Recht, 1979, 509 ff.
270. BGHZ 50, 200, 206 f.
271. Schmidt, NJW 1991, 144, 147
272. BGH BB 1980, 1068
273. Hanisch, a. a. O., 145 ff.
274. BGH BB 1972, 1069 m. Anm. von Graf von Westphalen

satzanspruch auf Ersatz etwaiger Mangelfolgeschäden verschuldensabhängig (S. 101 ff.). Zur Konsequenz hat dies, daß dem Lieferanten der Nachweis in Einkaufs-AGB nicht abgeschnitten werden darf, daß ihn im Einzelfall kein Verschulden trifft, was sich unmittelbar aus der Rechtsregel der §§ 282, 285 BGB ableitet.[275] Derartige Klauseln sehen zum Beispiel vor, daß der Lieferant verpflichtet ist, alle Mehraufwendungen zu tragen, die sich aus einem „versteckten" Mangel ergeben, zum Beispiel Bearbeitungsaufwand etc. Eine derart textierte Klausel vernachlässigt das für die Schadensersatzhaftung maßgebende Verschuldensprinzip und verstößt deshalb gegen § 9 Abs. 2 Nr. 1 AGBG.

e) Wie im **Formular** vorgeschlagen, ist eine Verlängerung der gesetzlichen Gewährleistungsfristen in Einkaufs-AGB durchaus möglich, weil und soweit ein besonderes Interesse des Bestellers hierfür vorliegt.[276] Dies ist grundsätzlich zu bejahen, weil die Gewährleistungsfrist des § 477 BGB – sechs Monate – ausgeprochen kurz ist: Zugelieferte und vom Besteller verarbeitete Teile haben regelmäßig die Gewährleistungsfrist des § 477 BGB überschritten, wenn sie vom Besteller in den Markt geliefert werden. Unter Berücksichtigung aller vertragsspezifischen und branchenspezifischen Besonderheiten hat der BGH den Regelsatz aufgestellt: Die Verlängerung der Gewährleistungsfrist auf 24 Monate – und davon geht das Formular aus – verstößt nicht gegen § 9 Abs. 2 Nr. 1 AGBG.[277] Sollten besondere Gesichtspunkte im Einzelfall vorliegen, so ist eine geringfügige Verlängerung der Frist von zwei Jahren statthaft. Dabei ist jedoch stets zu berücksichtigen, daß die Interessen des Bestellers eindeutig die Interessen des Lieferanten an der Einhaltung der durch das Gesetz gezogenen Grenze des § 477 BGB übersteigen müssen, etwa bei komplizierten technischen Anlagen oder Geräten.[278]

f) Das **Formular** sieht davon ab, Hemmungs- und Unterbrechungstatbestände der §§ 477, 639 BGB gesondert zu regeln. Für diesen Verzicht ist entscheidend, daß es in Einkaufs-AGB gegen die Wertungskriterien von § 9 Abs. 2 Nr. 1 AGBG verstößt, würde der Besteller – bei Vorliegen eines einfachen Hemmungstatbestandes, etwa bei Überprüfen des Mangels durch den Lieferanten – bestimmen, daß die Gewährleistungsfrist in der Weise unterbrochen ist, daß nach Prüfung und etwaiger Beseitigung des Mangels eine neue Gewährleistungsfrist zu laufen beginnt.

---

275. Wolf/Horn/Lindacher, AGBG, § 9 Rdnr. E 73
276. BGH ZIP 1990, 237, 239
277. BGH ZIP 1990, 237, 239; Graf von Westphalen, ZIP 1984, 529, 532; vgl. auch Thamm/Hesse, BB 1979, 1583, 1586
278. Wolf/Horn/Lindacher, AGBG, § 9 Rdnr. E 72; Ulmer/Brandner/Hensen, AGBG, Anh. zu §§ 9–11 Rdnr. 298; Thamm/Hesse, BB 1979, 1583, 1586; so in der Sache auch BGH ZIP 1990, 237, 239

§ 7
Produkthaftung – Freistellung – Haftpflichtversicherungsschutz

(1) Soweit der Lieferant für einen Produktschaden verantwortlich ist, ist er verpflichtet, uns insoweit von Schadensersatzansprüchen Dritter auf erstes Anfordern freizustellen, als die Ursache in seinem Herrschafts- und Organisationsbereich gesetzt ist und er im Außenverhältnis selbst haftet.

(2) In Rahmen seiner Haftung für Schadensfälle im Sinne von Abs. (1) ist der Lieferant auch verpflichtet, etwaige Aufwendungen gemäß §§ 683, 670 BGB sowie gemäß §§ 830, 840, 426 BGB zu erstatten, die sich aus oder im Zusammenhang mit einer von uns durchgeführten Rückrufaktion ergeben. Über Inhalt und Umfang der durchzuführenden Rückrufmaßnahmen werden wir den Lieferanten – soweit möglich und zumutbar – unterrichten und ihm Gelegenheit zur Stellungnahme geben. Unberücksichtigt bleiben sonstige gesetzliche Ansprüche.

- Alternative:
Ersatzlos streichen: keine Regelung: Abwicklung von Schadensfällen nach jeweiliger Rechtslage.

(3) Der Lieferant verpflichtet sich, eine Produkthaftpflicht-Versicherung mit einer Deckungssumme von DM 10 Mio. pro Personenschaden/Sachschaden – pauschal – zu unterhalten; stehen uns weitergehende Schadensersatzansprüche zu, so bleiben diese unberührt.

- Alternativ:
Die Fixierung der angemessenen Deckungssummen ist produkt- und branchenspezifisch; unter Berücksichtigung der damit vorgegebenen Schadensadäquanz sollten die Einzelheiten jeweils geprüft werden.

Erläuterungen zu § 7:

Nach der von Steffen[1] entwickelten Terminologie liegt eine „vertikale Arbeitsteilung" immer dann vor, wenn bei der Herstellung eines Endprodukts Werkstoffe halbfertig oder Wareneinzelteile bzw. komplette Bauteile von einem Lieferanten bezogen und vom Besteller in das Endprodukt eingebaut worden sind.[2] Anerkanntermaßen gilt in diesem Zusammenhang der Grundsatz,[3] daß sowohl der Lieferant als auch der Besteller für das jeweilige Endprodukt – im Rahmen der Verkehrssicherungspflicht des § 823 Abs. 1 BGB – verantwortlich sind.[4] Andererseits: Die im Rahmen der „vertikalen Arbeits-

---

1. RGRK-BGB/Steffen, § 823 Rdnr. 271
2. Kullmann/Pfister, Produzentenhaftung, Kza. 3250 S. 2; Produkthaftungshandbuch/ Foerste, Bd. 1 § 25 Rdnrn. 35 ff.
3. im einzelnen Schmidt-Salzer, BB 1979, 1 ff.
4. BGH NJW 1968, 247 – Schubstrebe; BGH NJW 1994, 517, 519 – Gewindeschneidemittel

teilung" eingeschalteten Lieferanten sind keineswegs für sämtliche Gefahren des Endprodukts verantwortlich.[5] Für den Lieferanten ergibt sich dies schon daraus, daß sein Produkt – nach durchgeführtem Einbau und Vertrieb durch den Besteller – seinem Einflußbereich entzogen ist. Demgegenüber haftet der Besteller keineswegs für alle Pflichtverletzungen des Lieferanten, zumal dieser – schon mangels sozialer Abhängigkeit – nicht Verrichtungsgehilfe im Sinn von § 831 BGB ist.[6] Es kommt also alles entscheidend darauf an, ob und unter welchen Voraussetzungen der Besteller berechtigt ist, seine Produkthaftung durch die Einschaltung von Lieferanten zu begrenzen.[7]

a) Der Besteller ist im Rahmen der **Verkehrssicherungspflicht** gemäß § 823 Abs. 1 BGB verpflichtet, die Konstruktion so zu wählen, daß das Produktteil, welches er selbst nicht herstellen will, nach Material und Belastbarkeit die Funktionen erfüllen kann, die es im Endprodukt erfüllen soll. Folglich ist der Besteller gehalten, das vom Lieferanten zu erstellende Produkt technisch zutreffend zu spezifizieren.[8] Der Besteller kann deshalb die fabrikationstechnische Verantwortlichkeit für das Teilprodukt an den Lieferanten delegieren. Allerdings darf er nur solche Lieferanten einschalten, die die Gewähr dafür bieten, daß ihre Produkte die nach dem Stand von Wissenschaft und Technik mögliche Sicherheit aufweisen. Folglich muß der Lieferant ausreichend organisiert sein und über zuverlässiges Personal verfügen.[9] Erforderlich ist des weiteren, daß der Besteller den Lieferanten vertraglich exakt einbindet, so daß der Lieferant das jeweilige Teil nach der genauen Spezifikation des Bestellers und in der Qualität liefert, die dem Stand der Technik bzw. den jeweiligen Vorgaben entspricht.[10] Von besonderer Bedeutung ist schließlich, daß der Besteller verpflichtet ist, die zugelieferten Teile sorgfältig zu prüfen, sofern ihm dies möglich ist.[11]

b) **Prüfungspflichten** im Sinn von § 823 Abs. 1 BGB bestehen immer dann, wenn eine Auftragsfertigung besondere Gefahrenmomente birgt. Dies ist insbesondere dann zu bejahen, wenn Anlaß für die Annahme besteht, daß Fehler oder Mängel vorliegen könnten, die geeignet sind, Rechtsgüter Dritter zu schädigen.[12] An dieser Stelle verzahnt sich die vom Besteller durchzuführende Kontrollpflicht mit den Pflichten, die regelmäßig Gegenstand von Qualitätssicherungsvereinbarungen sind. Da insoweit stets die Einzelheiten des Falles zu berücksichtigen sind, kann dieses Problem nur angedeutet werden

---

5. BGH BB 1990, 306 – Expander
6. BGH NJW 1976, 46, 47; BGH NJW 1994, 2756 – Subunternehmer
7. BGH NJW 1975, 1827, 1828; BGH NJW 1977, 379, 381; BGH VersR 1977, 839, 849; Brüggemeier, WM 1982, 1294, 1305; Lemppenau, Betr 1980, 1679, 1680
8. Produkthaftungshandbuch/Foerste, Bd. 1 § 25 Rdnr. 38
9. OLG Düsseldorf, NJW 1978, 1693
10. Lemppenau, Betr 1980, 1679, 1681
11. Kullmann/Pfister, a. a. O., Kza. 3250 S. 8; vgl. auch BGH NJW 1975, 1827, 1828; einschränkend Produkthaftungshandbuch/Foerste, Bd. 1 § 25 Rdnr. 60 f.
12. BGH BB 1977, 717; BGH BB 1990, 306

§ 7 Produkthaftung – Freistellung – Haftpflichtversicherungsschutz

– verbunden mit dem Hinweis, daß Bedenken gemäß § 9 Abs. 1 AGBG bestehen, soweit der Besteller die Wareneingangskontrolle abbedingt, um statt dessen eine Warenausgangskontrolle beim Lieferanten durchzuführen.[13]

c) Des weiteren ist zu berücksichtigen, daß in der Literatur die Auffassung vertreten wird,[14] daß der Besteller nur dann berechtigt ist, seine deliktsrechtliche Verantwortlichkeit auf den Lieferanten zu überwälzen, wenn er gleichzeitig – bezogen auf voraussichtlich eintretende Schadensereignisse – sicherstellt, daß der Lieferant über einen **ausreichenden Haftpflichtversicherungsschutz** verfügt. Da damit zu rechnen ist, daß die Judikatur diesen Gesichtspunkt aufgreifen wird, geht das **Formular** hier von der Verpflichtung aus, daß der Lieferant eine den Umständen nach angemessene Produkthaftpflicht-Versicherung abschließt. Die Einzelheiten, welche Deckung – bezogen auf Sach- und Personenschäden – adäquat ist, lassen sich nicht generell beantworten; Branchen- und Produktspezifisches überwiegt, die Einzelheiten müssen aufgrund exakter Beratung des Bestellers textiert werden.

d) Im Zentrum der praktischen Probleme im Verhältnis Besteller – Lieferant steht die **Produktbeobachtungsverpflichtung**.[15] Wesentliches Element der Produktbeobachtungspflicht ist, notfalls eine Rückrufaktion durchzuführen, wenn auf andere – schonendere – Weise der Rechtsgüterschutz Dritter vor fehlerhaften Produkten nicht gewährleistet werden kann. Ob der Lieferant überhaupt verpflichtet ist, eine Rückrufaktion durchzuführen, ist umstritten.[16] Es finden sich allerdings auch Stimmen, die dies mit Recht bejahen.[17] Zur Entlastung des Lieferanten von dieser Verpflichtung wird geltend gemacht, daß der Besteller – gleichgültig, ob er in der Funktion des Assemblers oder des Endherstellers auftritt – den Abnehmer- und Kundenkreis exakt kennt, und daß er deshalb viel leichter in der Lage ist, etwa aufgetretene Mängel und Ursachen des Produkts zu beurteilen, um dann – von sich aus – entscheiden zu können, ob eine Rückruf- oder Warnaktion erforderlich ist.[18] Diese Argumente wiegen insbesondere dann schwer, wenn ein Rückruf auch solche Produkte betrifft, die – außerhalb des Einfluß- und Herrschaftsbereichs des Lieferanten – aufgrund der eigenen Vertriebspolitik des Bestellers ins Ausland verbracht worden sind. Ob

---

13. Graf von Westphalen, Festschrift Der Betrieb, S. 223 ff.; a. M. Hollmann, PHI 1989, 146 ff., Quittnat, BB 1979, 571 ff.
14. Kullmann/Pfister, a. a. O., Kza. 3250 S. 14; MünchKomm./Mertens, § 823 Rdnr. 197
15. BGH BB 1987, 717 m. Anm. von Schmidt-Salzer; BGH NJW 1994, 517, 519 – Gewindeschneidemittel; Ulmer, ZHR 152 (1988), 564 ff.; Kunz, BB 1994, 450 ff.
16. Diederischen, DAR 1976, 312, 316; ders. NJW 1978, 1281, 1286; Löwe, DAR 1978, 288, 289, 295 f.; Ulmer, ZHR 152 (1988), 564 ff.; Birkmann DAR 1990, 124 ff.
17. grundlegend OLG Karlsruhe NJW-RR 1995, 594- Dunstabzugshaube; Kullmann/Pfister, a. a. O., Kza. 3250 S. 4 f.; Produkthaftungshandbuch/Foerste, Bd. 1, § 25 Rdnr. 91
18. vgl. auch Brendl, Produkthaft- und Produzentenhaftung, Gruppe 13, 171

der Lieferant mit einer solchen Risikoerhöhung rechnen muß – zu denken ist etwa an die „Product Liability" in den USA – ist zweifelhaft und – wenn überhaupt – nur unter Berücksichtigung der jeweiligen Umstände des Einzelfalls sowie des aktuellen Kenntnisstandes des Lieferanten zu beantworten. Geht man von der Richtigkeit dieser Argumente aus, dann muß die im **Formular** vorgesehene Freistellungspflicht des Lieferanten – abhängig von den Umständen des Einzelfalls – sowohl **gegenständlich** (Rückruf) als auch **geographisch** (Vertriebsbereich außer USA) eingeschränkt werden.

Soweit der Besteller eine Rückrufaktion durchführt, die die Ursache in einem vom Lieferanten hergestellten fehlerhaften Produkt hat, so ist daran zu denken, daß der Besteller jedenfalls dann ein Geschäft des Lieferanten führt, sofern man davon ausgeht, daß der Lieferant seinerseits zur Produktbeobachtung – und damit auch zur Durchführung eines Rückrufs – verpflichtet ist. Unter dieser Voraussetzung sind die insoweit anfallenden Aufwendungen vom Lieferanten zu tragen, weil und soweit der vom Besteller durchgeführte Rückruf eine Maßnahme war, die im Geschäftsinteresse des Lieferanten lag, so daß Ansprüche aus den §§ 683, 670 BGB sowie aus §§ 830, 840, 426 BGB zur Entstehung gelangen können.[19]

e) Die **ordnungsgemäße Delegation von Pflichten** im Rahmen der Produzentenhaftung gemäß § 823 Abs. 1 BGB[20] kann – darüber dürfte Einvernehmen bestehen – nicht im Rahmen simpler Einkaufs-AGB bewerkstelligt werden. Insbesondere kann die technisch-vertragsrechtliche Einbindung des Lieferanten nur gelingen, wenn diese – technisch abgesichert – durch umfassende Vereinbarungen vorgenommen wird.

aa) Unter dieser Einschränkung steht auch die in dem **Formular** verwendete Freistellungsverpflichtung.[21] Die hier vorgesehene Textierung der Freistellungsverpflichtung geht davon aus, daß die Ursache – sowohl für den Haftungs- als auch für den Rückruffall – im Herrschafts- und Organisationsbereich des Lieferanten gesetzt worden ist.[22] Eine weitergehende Freistellung, die sich etwa auch auf das Risiko des Endprodukts bezieht – und damit die genuinen Pflichten des Bestellers umfaßt – ist regelmäßig nach § 9 Abs. 1 AGBG bedenklich. Insbesondere ist darauf hinzuweisen, daß der Versicherungsschutz des Lieferanten unter Beachtung des Ausschlußtatbestandes von § 4 I 1 AHB (Allgemeine Haftpflichtversicherungs-Bedingungen) gefährdet sein könnte – ein Gesichtspunkt, der ganz allgemein für Qualitätssicherungsvereinbarungen hohe Relevanz besitzt.[23]

---

19. grundlegend OLG Karlsruhe a. a. O.; Hollmann, PHI 1989, 146, 154
20. Schmidt-Salzer, BB 1979, 1 ff.
21. Schmidt-Salzer/Hollmann, EG-Richtlinie, Produkthaftung, Bd. 1 Rdnrn. 224 ff.; Rdnr. 229; Küpper, VP 1990, 28 ff.; vgl. auch Graf von Westphalen, NJW 1979, 838 ff.
22. vgl. OLG Karlsruhe a. a. O.; Küpper, VP 1990, 28, 30
23. Hollmann, PHI 1989, 146, 156

§ 7 Produkthaftung – Freistellung – Haftpflichtversicherungsschutz   127

bb) Gelangt man zu dem Resultat, daß eine genuine Rückrufverpflichtung des Lieferanten eines Teilprodukts nicht besteht (S. 126), so könnte es sich empfehlen, von der im **Formular** vorgeschlagenen Streichung von Abs. (2) Gebrauch zu machen. Dies ist unschädlich: Entweder gelangt die Judikatur zu dem Ergebnis, daß auch der Lieferant rückrufpflichtig sein kann, weil und soweit der Produktfehler von ihm gesetzt ist, dann handelt es sich um eine gesetzliche Pflicht, die im Verhältnis zwischen Lieferant – Besteller auch Ansprüche gemäß §§ 683, 670 BGB entstehen läßt, sofern der Besteller – trotz vorhandener Lieferantenverantwortlichkeit – die Rückrufaktion durchgeführt hat. Gelangt hingegen die Judikatur zu dem Ergebnis, daß die textierte Klausel mit der Rechtslage gemäß § 823 Abs. 1 BGB im Einklang steht, so ist eine Inhaltskontrolle dieser Klausel ohnedies nach § 8 AGBG gesperrt, weil die Klausel dann lediglich die Gesetzeslage reflektiert.

f) Im Anwendungsbereich von § 1 **ProdHaftG haftet** sowohl der Hersteller eines Zubehörteils als auch der Hersteller des Gesamtprodukts, wie sich unmittelbar aus § 4 Abs. 1 ProdHaftG ergibt. Im Außenverhältnis gilt § 5 ProdHaftG; danach ist eine gesamtschuldnerische Kanalisation der Haftung zugunsten des Geschädigten vorgesehen, weil und soweit ein Konkurrenzverhältnis unter den Herstellern im Sinn von § 4 ProdHaftG gegeben ist.[24] Demzufolge hat der Hersteller des Endprodukts für Fehler des Teilprodukts – ohne besondere Entlastungsmöglichkeit – einzustehen – mit der Konsequenz, daß ein gesamtschuldnerischer Ausgleich gemäß § 5 Satz 2 ProdHaftG vollzogen wird, der sich an § 426 Abs. 1 BGB sowie an § 254 BGB ausrichtet. Allerdings ist die Haftung des Herstellers eines Zubehörteils gemäß § 1 Abs. 3 ProdHaftG ausgeschlossen, sofern der Fehler des Teileherstellers auf konstruktiven Vorgaben des Endherstellers beruht.[25]

Soweit ein Händler/Lieferant gemäß § 4 Abs. 3 ProdHaftG haftet, weil er nicht in der Lage ist, innerhalb der bedungenen Monatsfrist den Vorlieferanten oder den Hersteller des fehlerhaften Produkts zu benennen, dürfte eine Freistellung regelmäßig entbehrlich und leerlaufend sein: Es ist schlechterdings nicht vorstellbar, daß der Besteller/Händler in seinen Einkaufs-AGB eine Freistellungsverpflichtung vorsieht, um sicherzustellen, daß er insoweit Regreß nehmen kann, obwohl er es gegenüber dem Geschädigten verabsäumt hat, rechtzeitig im Sinn von § 4 Abs. 3 ProdHaftG den Lieferanten des fehlerhaften Produkts zu benennen.

---

24. Rolland, Produkthaftungsrecht, § 5 Rdnr. 6; Taschner/Frietsch, Produkthaftungsgesetz, § 5 Rdnr. 5
25. Rolland, Produkthaftungsrecht, § 1 Rdnrn. 147 ff.

§ 8
Schutzrechte

(1) Der Lieferant steht dafür ein, daß im Zusammenhang mit seiner Lieferung keine Rechte Dritter innerhalb der Bundesrepublik Deutschland verletzt werden.

(2) Werden wir von einem Dritten dieserhalb in Anspruch genommen, so ist der Lieferant verpflichtet, und auf erstes schriftliches Anfordern von diesen Ansprüchen freizustellen; wir sind nicht berechtigt, mit dem Dritten – ohne Zustimmung des Lieferanten – irgendwelche Vereinbarungen zu treffen, insbesondere einen Vergleich abzuschließen.

(3) Die Freistellungspflicht des Lieferanten bezieht sich auf alle Aufwendungen, die uns aus oder im Zusammenhang mit der Inanspruchnahme durch einen Dritten notwendigerweise erwachsen.

Inhalt der Erläuterungen zu § 8:

1. Rechtsmängelhaftung   2. Klauselgestaltung

1. Rechtsmängelhaftung

Aus § 434 BGB folgt, daß der Lieferant verpflichtet ist, dem Besteller den gekauften Gegenstand „frei von Rechten" zu verschaffen, die von Dritten gegen den Besteller geltend gemacht werden können. Der gesetzliche Zweck dieser Regelung besteht darin, die Erfüllungspflicht gemäß § 433 Abs. 1 BGB zu ergänzen: Dem Besteller soll die Sache so verschafft werden, daß er darüber nach Belieben verfügen kann, ohne durch Rechte Dritter beschränkt zu werden.[1] § 434 BGB erfaßt alle dinglichen Rechte, außer dem Eigentum; insoweit ist § 433 Abs. 1 BGB Spezialvorschrift. Obligatorische Rechte werden jedoch nur dann von § 434 BGB – und damit von der im Formular vorgeschlagenen Klausel – erfaßt, soweit sie den Dritten zum Besitz berechtigen und etwa durch Ausübung eines Zurückbehaltungsrechts dem Besteller entgegengehalten werden können, wie zum Beispiel Miet- und Pachtrechte.[2]

a) Gemäß § 433 Abs. 1 BGB ist der Lieferant verpflichtet, dem Besteller Besitz zu verschaffen und **Eigentum zu übertragen**. Da § 434 BGB die Vorschrift von § 433 Abs. 1 BGB ergänzt, folgt daraus: Solange Rechte Dritter bestehen, die dem Besteller entgegengehalten werden können, hat der Lieferant seine Hauptpflicht nicht erfüllt. Zur Konsequenz hat dies, daß der Lieferant verpflichtet ist, die entgegenstehenden Rechte Dritter zu beseitigen.[3]

---

1. Palandt/Putzo, § 434 Rdnr. 1
2. BGH NJW-RR 1988, 79; BGH NJW 1990, 1106; BGH NJW 1991, 2700
3. Palandt/Putzo, § 434 Rdnr. 8

Demzufolge steht dem Besteller das Recht zu, nach § 440 BGB vorzugehen, solange der Lieferant seinen Verpflichtungen nicht nachgekommen ist. Das bedeutet: Der Besteller hat die Einrede des nicht erfüllten Vertrages gemäß §§ 320, 321 BGB; er ist – als unmittelbare Folge der vom Lieferanten zu vertretenen Nichterfüllung – von seiner Pflicht zur Kaufpreiszahlung gemäß § 323 BGB entbunden. Er kann aber auch vom Vertrag zurücktreten, wie sich aus § 440 BGB in Verbindung mit §§ 325, 326 BGB ergibt. Schadensersatzansprüche wegen Nichterfüllung stehen indessen dem Besteller nur zu, wenn und soweit die Voraussetzungen der §§ 440 Abs. 2 bis 4, 441 BGB erfüllt sind. Dies bedeutet: Gemäß § 440 Abs. 2 BGB kann der Besteller Schadensersatz wegen Nichterfüllung nur verlangen, wenn er die Sache dem berechtigten Dritten mit Rücksicht auf dessen Recht herausgegeben hat. Der Gesetzgeber geht nämlich davon aus, daß dem Besteller durch die bloße Behauptung eines zum Besitz berechtigten Rechtes eines Dritten noch kein Schaden entsteht, solange er nicht die Sache herausgibt oder sonst einer der Fälle eintritt, die § 440 Abs. 2 BGB im Auge hat.

b) Gemäß § 439 BGB ist stets in diesen Fällen zu berücksichtigen, ob die Haftung des Lieferanten nicht wegen **Kenntnis** des Bestellers **vom Rechtsmangel** ausgeschlossen ist. § 439 BGB setzt jedoch positive Kenntnis des Rechtsmangels im Zeitpunkt des Verfahrensabschlusses voraus.[4] Fahrlässige Unkenntnis, aber auch bloße Kenntnis der einen Rechtsmangel begründenden tatsächlichen Verhältnisse reicht nicht aus.[5] Allerdings kann die bewußte Risikoübernahme unter dem Blickwinkel des § 439 BGB als Verzicht auf etwaige Gewährleistungsansprüche ausgelegt werden, wofür allerdings die Darlegungs- und Beweislast den Lieferanten trifft.[6] Ob dem Schadensersatzanspruch des Bestellers mitwirkendes Verschulden gemäß § 254 BGB entgegengehalten werden kann, ist nunmehr durch den BGH abschließend im negativen Sinn geklärt:[7] Im Rahmen der Gewährleistung ist grundsätzlich für die Anwendung von § 254 Abs. 1 BGB kein Raum; vor allem aber ist entscheidend, daß bei einem Schadensersatzanspruch wegen Nichterfüllung – vgl. § 440 Abs. 2 BGB – nur ein Verhalten relevant ist, daß dem Abschluß des Vertrages zeitlich nachfolgt.[8]

2. Klauselgestaltung

Die Klausel richtet sich an dem gesetzlichen Leitbild aus. Der Freistellungsanspruch, der dem Besteller gegenüber dem Lieferanten zusteht, zielt darauf ab, die entgegenstehenden Rechte des Dritten zu beseitigen, so daß dem Besteller der ungehinderte Besitz und die Nutzung der Sache verbleiben, zum Beispiel durch eine entsprechende Lizenzzahlung an den Dritten.

---

4. BGH WM 1979, 276, 277; BGH ZIP 1990, 315, 317
5. BGH ZIP 1990, 325, 317
6. BGH WM 1973, 556, 557; BGH ZIP 1990, 315, 317
7. BGH ZIP 1990, 315, 318
8. BGH ZIP 1990, 315, 318

a) Der Umfang des Freistellungsanspruchs geht weiter als in § 440 Abs. 2 BGB bezeichnet. Denn dort ist ein Schadensersatzanspruch normiert, der – wie dargelegt – davon abhängig ist, daß der Besteller dem Dritten die Sache mit Rücksicht auf dessen Recht herausgegeben hat. Demgegenüber ist der hier textierte Freistellungsanspruch darauf gerichtet, unter Berücksichtigung von § 256 BGB sicherzustellen, daß der Besteller – als Folge einer entsprechenden Verpflichtung des Lieferanten – so gestellt wird, wie er stände, wenn der Lieferant ordnungsgemäß erfüllt hätte. Demzufolge gewährt § 257 BGB dem Besteller einen Befreiungsanspruch: Hat er zum Beispiel wegen des entgegenstehenden Rechts eines Dritten anwaltlichen Rat in Anspruch genommen und auf diese Weise eine Verbindlichkeit begründet, so werden diese Aufwendungen von § 257 BGB erfaßt. So gesehen bestehen gegen die hier textierte Klausel keine Bedenken im Sinn von § 9 Abs. 2 Nr. 1 AGBG.

b) Da der Lieferant nicht immer darüber unterrichtet ist, ob der Besteller die Sache lediglich innerhalb der Bundesrepublik Deutschland verwendet oder diese auch – eingebaut in ein Endprodukt – in das Ausland verbringt, ist es sachgerecht, aber im Sinn von § 9 Abs. 2 Nr. 1 AGBG auch erforderlich, die hier vorgeschlagene Rechtsmängelgewährleistung auf die Fälle zu beschränken, daß Rechte Dritter entgegenstehen, die – es gilt das Territorialitätsprinzip – innerhalb der Bundesrepublik Deutschland von einem Dritten geltend gemacht werden können. Diese Beschränkung ist sachlich gerechtfertigt, zumal in der Literatur mit guten Gründen die Auffassung vertreten wird: Bezieht sich die Rechtsmängelgewährleistung des Lieferanten auch auf ausländische Rechte Dritter, so liegt in der entsprechenden Forderung des Bestellers, auch hiervon freigestellt zu werden, eine unangemessene Benachteiligung des Lieferanten, sofern dieser den Umständen nach nicht weiß, in welches Land die von ihm gelieferte Sache verbracht wird.[9] Abhängig von den Umständen des Einzelfalls könnte es sich deshalb empfehlen, in Einkaufs-AGB bestimmte Länder aufzuführen, für die eine entsprechende Gewährleistungshaftung des Lieferanten begründet wird, weil und soweit der Lieferant Kenntnis davon hat, daß sein Produkt auch in diese Länder verbracht wird.[10]

---

9. Wolf/Horn/Lindacher, AGBG, § 9 E Rdnr. 75; Thamm/Hesse, BB 1979, 1583, 1587
10. Bunte, Handbuch der AGB, 191 Anm. 12

§ 9
Eigentumsvorbehalt – Beistellung – Werkzeuge – Geheimhaltung

(1) Sofern wir Teile beim Lieferanten beistellen, behalten wir uns hieran das Eigentum vor. Verarbeitung oder Umbildung durch den Lieferanten werden für uns vorgenommen. Wird unsere Vorbehaltsware mit anderen, uns nicht gehörenden Gegenständen verarbeitet, so erwerben wir das Miteigentum an der neuen Sache im Verhältnis des Wertes unserer Sache (Einkaufspreis zuzüglich MwSt) zu den anderen verarbeiteten Gegenständen zur Zeit der Verarbeitung.

(2) Wird die von uns beigestellte Sache mit anderen, uns nicht gehörenden Gegenständen untrennbar vermischt, so erwerben wir das Miteigentum an der neuen Sache im Verhältnis des Wertes der Vorbehaltssache (Einkaufspreis zuzüglich MwSt) zu den anderen vermischten Gegenständen zum Zeitpunkt der Vermischung. Erfolgt die Vermischung in der Weise, daß die Sache des Lieferanten als Hauptsache anzusehen ist, so gilt als vereinbart, daß der Lieferant uns anteilmäßig Miteigentum überträgt; der Lieferant verwahrt das Alleineigentum oder das Miteigentum für uns.

(3) An Werkzeugen behalten wir uns das Eigentum vor; der Lieferant ist verpflichtet, die Werkzeuge ausschließlich für die Herstellung der von uns bestellten Waren einzusetzen. Der Lieferant ist verpflichtet, die uns gehörenden Werkzeuge zum Neuwert auf eigene Kosten gegen Feuer-, Wasser- und Diebstahlschäden zu versichern. Gleichzeitig tritt der Lieferant uns schon jetzt alle Entschädigungsansprüche aus dieser Versicherung ab, wir nehmen die Abtretung hiermit an. Der Lieferant ist verpflichtet, an unseren Werkzeugen etwa erforderliche Wartungs- und Inspektionsarbeiten sowie alle Instandhaltungs- und Instandsetzungsarbeiten auf eigene Kosten rechtzeitig durchzuführen. Etwaige Störfälle hat er uns sofort anzuzeigen; unterläßt er dies schuldhaft, so bleiben Schadensersatzansprüche unberührt.

(4) Der Lieferant ist verpflichtet, alle erhaltenen Abbildungen, Zeichnungen, Berechnungen und sonstigen Unterlagen und Informationen strikt geheimzuhalten. Dritten dürfen sie nur mit unserer ausdrücklichen Zustimmung offengelegt werden. Die Geheimhaltungsverpflichtung gilt auch nach Abwicklung dieses Vertrages; sie erlischt, wenn und soweit das in den überlassenen Abbildungen, Zeichnungen, Berechnungen und sonstigen Unterlagen enthaltene Fertigungswissen allgemein bekannt geworden ist.

(5) Soweit die aus gemäß Abs.(1) und/oder Abs.(2) zustehenden Sicherungsrechte den Einkaufspreis aller unserer noch nicht bezahlten Vorbehaltswaren um mehr als 20 % übersteigt, sind wir auf Verlangen des Lieferanten zur Freigabe der Sicherungsrechte nach unserer Wahl verpflichtet.

Inhalt der Erläuterungen zu § 9:
1. Eigentumsvorbehalt
2. Werkzeuge – Auftragsfertigung – Geheimhaltung
3. Freigabepflicht

1. Eigentumsvorbehalt

Eigentumsvorbehaltsregeln in Einkaufs-AGB sind selten; sie sind indessen unabdingbar, sofern der Besteller – und davon geht dieses **Formular** aus – Teile für die Fertigung beim Lieferanten freistellt. Unter dieser Voraussetzung stellt sich stets die Frage, in welcher Weise sich der Besteller gegen den Verlust seines Eigentums sichern kann.

a) Nach der Rechtsprechung des BGH scheitert die Vereinbarung eines einfachen Eigentumsvorbehalts nicht daran, daß der Lieferant seinerseits Verkaufs-AGB verwendet, sofern die Einkaufs-AGB beim Lieferanten einer Person zugehen, welche für die inhaltliche Ausgestaltung von Verträgen zuständig – oder allgemein – dem Lieferanten bekannt ist.[1] Dieser Gesichtspunkt gilt erst recht, wenn die Einkaufs-AGB – und davon geht das Formular aus – eine Abwehrklausel enthalten, weil auf diese Weise dem Lieferanten von vornherein klar notifiziert wird, daß er seinerseits nicht uneingeschränkt mit der Geltung seiner Verkaufs-AGB rechnen kann. Mehr noch: Was dem Lieferanten im Hinblick auf seine Eigentumsvorbehaltssicherung recht ist, ist dem Besteller nicht minder recht. Freilich ist es ein Unterschied: Der Lieferant strebt die Eigentumsvorbehaltssicherung als Warenkreditsicherheit an, so daß der Eigentumsvorbehalt – sofern keine anderweitige Klauselgestaltung vorliegt – gemäß § 455 BGB erlischt, sobald der Lieferant Zahlung erhalten hat. Demgegenüber will der Besteller – bei Vereinbarung eines Eigentumsvorbehalts in seinen Einkaufs-AGB – sein Eigentum dagegen schützen, daß der Lieferant eine **Be- oder Verarbeitung** gemäß § 950 BGB vornimmt, weil ja diese gesetzliche Regel dahin führt, dem Lieferanten als dem Be- und Verarbeiter das Eigentumsrecht an der hergestellten Sache zuzuweisen.

b) Nach der Typizität des Eigentumsvorbehalts ist deshalb der Besteller darauf angewiesen, einen verlängerten Eigentumsvorbehalt durchzusetzen. Dabei ist freilich im Auge zu behalten: Sofern Einkaufs- und Verkaufs-AGB bei Vertragsabschluß miteinander kollidieren, geht die BGH-Judikatur dahin, den verlängerten Eigentumsvorbehalt – im Gegensatz zum einfachen Eigentumsvorbehalt – nicht anzuerkennen.[2] Erforderlich ist nämlich, daß – gerade wegen der Kollision von Einkaufs- und Verkaufs-AGB beim Vertragsabschluß – ein **Konsens** über die Vereinbarung eines verlängerten Ei-

---
1. BGH NJW 1982, 1749; BGH NJW 1985, 1838; BGH WM 1986, 1081, 1082; BGH WM 1988, 740; BGH WM 1989, 1342, 1343
2. BGH WM 1986, 643; BGH NJW-RR 1991, 357; OLG Köln BB 1994, 1740

gentumsvorbehalts erzielt wird. Daraus folgt: Läßt sich im Verhältnis zum Lieferanten die Kollision von Einkaufs- und Verkaufs-AGB nicht vermeiden, so spricht vieles dafür, die für die Beistellung von Teilen erforderliche Eigentumsvorbehaltssicherung individualvertraglich zu akkordieren.

c) Es entspricht der typischen Struktur eines verlängerten Eigentumsvorbehalts, daß sich der Besteller dagegen absichert, daß er infolge einer Weiterverarbeitung an der Sache durch den Lieferanten gemäß § 950 BGB das Eigentum verliert. Die BGH-Judikatur anerkennt, daß § 950 BGB durch Vereinbarung ausgeschaltet werden kann.[3] Ob durch die Verarbeitung eine neue bewegliche Sache entsteht, ist insoweit entscheidend; hierfür ist die Verkehrsanschauung maßgebend, wobei wirtschaftliche Gesichtspunkte vorrangig sind.[4] Doch sind stets die Umstände des Einzelfalls von ausschlaggebender Bedeutung; Zeit und Intensität des Produktionsprozesses sowie die Erheblichkeit der Änderung – Form- oder Substanzänderung – sind im Auge zu behalten.

d) Das **Formular** geht davon aus, daß die Verarbeitung „für" den Besteller vorgenommen wird. Zur Konsequenz hat dies, daß er das Eigentum an der neuen Sache erwirbt. Dies ist nur dann ausgeschlossen, wenn der Wert der Verarbeitung erheblich geringer ist als der Wert der verarbeiteten/umgebildeten Sache/Stoffe.[5] Dabei ist als „Wert" der Verarbeitung der Wertzuwachs zu verstehen, den der verarbeitete Stoff durch die Verarbeitung seiner Normsache erfährt; der tatsächliche Aufwand für die Nachweisleistung ist unerheblich.[6] Der BGH[7] formuliert die Auslegungsregeln: Bei einem Wertverhältnis von 100 (Stoffwert) : 60 (Verarbeitung) wird die Wertdifferenz in Höhe von 40% als erheblich angesehen.

2. Werkzeuge – Auftragsfertigung – Geheimhaltung

Daß eine Auftrags- oder Lohnfertigung zwischen Besteller und Lieferant vereinbart wird, ist häufig. Regelmäßig reflektieren deshalb auch Einkaufs-AGB diesen Sachverhalt, wenn zum Beispiel Werkzeuge nach Plänen des Bestellers vom Lieferanten gefertigt werden – mit der Maßgabe, daß der Lieferant dann berechtigt, aber auch verpflichtet ist, mit Hilfe dieses Werkzeuges die vom Besteller benötigten Teile herzustellen. In welcher Weise sich dann die Amortisation der Werkzeugkosten vollzieht, bedarf individualvertraglicher Abrede. Diese in AGB zu formulieren, erscheint wegen der Vielgestaltigkeit des Sachverhalts abwegig.

a) Regelmäßig stellt der Besteller im Rahmen der Lohn- und Auftragsfertigung dem Lieferanten Zeichnungen zur Verfügung, nach denen das Werk-

---

3. BGHZ 14, 114, 117f.; BGHZ 20, 159, 163f.; Serick, BB 1975, 381, 384
4. BGH WM 1971, 564, 565
5. BGH BB 1972, 197, 198
6. BGHZ 18, 226, 228; BGHZ 56, 88, 90f.
7. BGH BB 1972, 197, 198

zeug herzustellen ist. Soweit dies der Fall ist, könnte es sich empfehlen, über die in Abs. (4) des **Formulars** verankerte Absicherung eine Geheimhaltungsverpflichtung vorzusehen, um das Know-How des Bestellers zu schützen.

b) Die für die Werkzeuge vorgesehene Eigentumsvorbehaltssicherung muß den Tatbestand des § 930 BGB erfassen: Das vom Lieferanten hergestellte Werkzeug steht im Eigentum des Bestellers. Demzufolge hat der Besteller das freie Verfügungsrecht; er kann deshalb auch dem Lieferanten – wie hier vorgeschlagen – untersagen, Teile mit Hilfe des Werkzeugs zu fertigen, welche für Wettbewerber/Dritte vorgesehen sind.

c) In der Praxis sollte man jedoch erwägen, ob man nicht für Werkzeugbedingungen **gesonderte AGB** einsetzt, um – auch unter Berücksichtigung des jeweiligen Individualvertrages – den Umständen des Einzelfalls optimal gerecht werden zu können. So gesehen sind die hier in den Einkaufs-AGB wiedergegebenen Klauseln lediglich ein ganz schmales Korsett.

3. Freigabepflicht

Die Rechtsprechung der verschiedenen Senate des BGH zur Frage, unter welchen Voraussetzungen fiduziarische Sicherheiten nach § 9 AGBG wirksam bzw. unwirksam sind, ist nicht mehr im einzelnen zu übersehen.[8] Es geht stets um die Frage, ob eine Deckungsgrenze vereinbart sein muß, um eine unangemessene Benachteiligung des Sicherungsnehmers zu verhindern, einschließlich eine an diese Deckungsgrenze anknüpfenden ermessensunabhängigen Freigabeklausel. Mit Sicherheit ist davon auszugehen, daß der Große Senat diese Frage in absehbarer Zeit entscheiden wird müssen[9], um die erforderliche Rechtssicherheit herzustellen. Da nicht sicher ist, wie diese Entscheidung ausfallen wird, ist hier eine Klausel – im Gegensatz zur ersten Anlage – gewählt worden, die eine Deckungsgrenze ebenso vorsieht wie eine daran anschließende Freigabepflicht, die – bezogen auf das Überschreiten der Deckungsgrenze – ermessensunabhängig ist und dem Sicherungsnehmer – hier: dem Lieferanten – das Recht gewährt, Freigabe überschießender Sicherheiten zu fordern.

---

8. BGH WM 1996, 1436; BGH WM 1996, 1439; BB 1997, 329; Serick WM 1997, 345 ff.; ders., BB 1996, 1777 ff.; Pfeiffer, ZIP 1997, 49 ff.; Ganter WM 1996, 1705 ff.
9. BGH BB 1997, 329

§ 10
Gerichtsstand – Erfüllungsort

(1) Sofern der Lieferant Vollkaufmann ist, ist unser Geschäftssitz Gerichtsstand; wir sind jedoch berechtigt, den Lieferanten auch an seinem Wohnsitzgericht zu verklagen.

(2) Sofern sich aus der Bestellung nichts anderes ergibt, ist unser Geschäftssitz Erfüllungsort.

- Alternativ *für den nicht-kaufmännischen Verkehr*:
  Keine entsprechende Regelung. Falls praktisches Bedürfnis, dann folgende Klausel:

  (1) Falls der Besteller nach Vertragsabschluß seinen Wohnsitz oder gewöhnlichen Aufenthaltsort aus dem Geltungsbereich der Bundesrepublik Deutschland verlegt, ist Gerichtsstand der Geschäftssitz des Lieferanten. Dies gilt auch, falls Wohnsitz oder gewöhnlicher Aufenthalt des Bestellers im Zeitpunkt der Klageerhebung nicht bekannt sind.

  (2) Übernahme von Abs. (2).

Inhalt der Erläuterungen zu § 10:

1. Gerichtsstandsklauseln
2. Salvatorische Klauseln
3. Trennbarkeit von AGB-Klauseln
4. Ersatz-AGB
5. Erfüllungsortklauseln
6. Nicht-kaufmännischer Verkehr

1. Gerichtsstandsklauseln

Gerichtsstandsvereinbarungen unter Vollkaufleuten werden gemäß § 38 Abs. 1 ZPO zugelassen – gleichgültig, ob es sich um Handelsgeschäfte oder um Privatgeschäfte handelt. Darin liegt – gemessen an § 24 Nr. 1 AGBG – ein Unterschied, weil diese Bestimmung alle Kaufleute, d. h. auch Minderkaufleute, einschließt, aber nur deren Handelsgeschäfte, nicht deren Privatgeschäfte erfaßt.

In gleicher Weise gestattet § 29 Abs. 2 ZPO eine an den Erfüllungsort[1] anknüpfende Gerichtsstandsvereinbarung nur dann, wenn sie zwischen Vollkaufleuten getroffen wird.

Die Bestimmungen der §§ 29 Abs. 2, 38 Abs. 1 ZPO gelten für Individualvereinbarungen ebenso wie für AGB-Klauseln. Soweit aber AGB-Klauseln für eine Gerichtsstandsvereinbarung herangezogen werden, gelten die Bestimmungen des AGBG ungekürzt.[2]

a) Die Vorschriften über die örtliche, sachliche – aber auch über die international-prozeßrechtliche – Zuständigkeit stellen nicht nur Zweckmäßig-

---

[1] vgl. §§ 269, 270 BGB
[2] BGH NJW 1983, 1320, 1322; BGH ZIP 1987, 1185, 1186; OLG Köln, ZIP 1989, 1068

keitsregelungen dar, sondern enthalten Gerechtigkeitserwägungen, die berechtigten Interessen der Parteien dienen.[3] In den §§ 12 ff. ZPO liegt demzufolge ein wesentlicher Grundgedanke der gesetzlichen Regelung im Sinn von § 9 Abs. 2 Nr. 1 AGBG.

b) Ob Gerichtsstandsvereinbarungen in AGB-Klauseln gegen § 9 Abs. 2 Nr. 1 AGBG verstoßen, wenn sie einen Gerichtsstand bestimmen, der nicht denjenigen entspricht, die sich aus den §§ 12 ff. ZPO ergeben, ist umstritten.[4]

Das OLG Köln[5] hat eine Gerichtsstandsvereinbarung als überraschend gemäß § 3 AGBG qualifiziert, in der ein Gerichtsort gewählt war, der mit dem Sitz des AGB-Verwenders nicht übereinstimmte, obwohl für diesen wie auch für seinen Geschäftspartner ein gemeinsamer gesetzlicher Gerichtsstand bestand.[6] Ausdrücklich offengelassen hat das OLG Köln[7] allerdings die Antwort auf die Frage, ob eine Gerichtsstandsvereinbarung auch dann als überraschend im Sinn von § 3 AGBG ist, die weder mit dem eigenen Geschäftssitz des AGB-Verwenders noch mit dem des Geschäftspartners übereinstimmt. Denn das Überraschungsmoment lag in dem vom OLG Köln entschiedenen Fall, wie bereits kurz angedeutet, darin, daß beide Vertragspartner einen gemeinsamen gesetzlichen Gerichtsstand begründet hatten. Das OLG Karlsruhe hat jedoch mit überzeugender Begründung die Unbedenklichkeit einer Gerichtsstandsvereinbarung bejaht.[8] Dem ist zu folgen.

c) Wenn – wie im **Formular** vorgeschlagen – die Gerichtsstandsvereinbarung dahin geht, den Gerichtsstand am Sitz des AGB-Verwenders zu begründen, so ist dies deswegen mit § 9 Abs. 2 Nr. 1 AGBG vereinbar, weil dort auch regelmäßig der Erfüllungsort gemäß § 269 BGB liegt, sofern eine Holschuld – bezogen auf die Sachleistung – vereinbart wurde.

d) Für den nicht-kaufmännischen Bereich ist – alternativ – eine Gerichtsstandsvereinbarung vorgesehen, welche den Text von § 38 Abs. 3 ZPO wiederholt. Dies ist nach § 9 Abs. 2 Nr. 1 AGBG nicht zu beanstanden.

2. Salvatorische Klauseln

Ungeachtet der eindeutigen gesetzlichen Regelung von § 6 Abs. 2 AGBG finden sich in AGB-Verträgen immer wieder salvatorische Klauseln. Sie

---

3. Wolf/Horn/Lindacher, AGBG, § 9 Rdnr. G 140; Zöller/Vollkommer, ZPO, § 38 Rdnr. 5; Thomas/Putzo, ZPO, § 38 Anm. 3 f.
4. bejahend: Ulmer/Brandner/Hensen, AGBG, Anh. zu §§ 9 bis 11 Rdnr. 402; Wolf/Horn/Lindacher, AGBG, § 9 Rdnr. G 140; Soergel/Stein, BGB, § 9 AGBG Rdnr. 78; verneinend: Palandt/Heinrichs, AGBG, § 9 Rdnr. 87; Löwe/Graf von Westphalen/Trinkner, AGBG, § 9 Rdnr. 95
5. OLG Köln, ZIP 1989, 1068
6. OLG Köln, ZIP 1989, 1068, 1069
7. OLG Köln, a. a. O.
8. OLG Karlsruhe NJW 1996, 2041

3. Trennbarkeit von AGB-Klauseln

zielen darauf ab, im Fall der Unwirksamkeit einer AGB-Klausel nicht das dispositive Recht heranzuziehen, sondern eine nun erst zu schaffende Regelung eingreifen zu lassen, deren wirtschaftlicher Erfolg dem der unwirksamen möglichst nahe kommt. Diese Klauseln sind wegen Verstoßes gegen § 6 Abs. 2 AGBG gemäß § 9 Abs. 2 Nr. 1 AGBG unwirksam.[9] Entscheidend ist: sofern eine AGB-Klausel wegen Verstoßes gegen die §§ 9 ff. AGBG unwirksam ist, richtet sich der Inhalt des Vertrages nach dispositivem Recht.

Zu den gesetzlichen Vorschriften im Sinn von § 6 Abs. 2 AGBG gehören freilich auch die von der Rechtsprechung im Lauf der Jahre herausgebildeten ungeschriebenen Rechtsgrundsätze.[10] Aus diesem Grund ist auf die §§ 133, 157, 242 BGB – zum Zweck der Lückenfüllung – dann im Wege der ergänzenden Vertragsauslegung zurückzugreifen, wenn das dispositive Recht keine Regelung für den entsprechenden Vertragstyp oder als Ersatzlösung für die als unwirksam qualifizierte AGB-Klausel zu Verfügung stellt.[11]

3. Trennbarkeit von AGB-Klauseln

Im Rahmen der Unwirksamkeitssanktion von § 6 Abs. 2 AGBG ist stets zu berücksichtigen, ob es sich um inhaltlich voneinander trennbare, einzeln aus sich heraus verständliche Regelungen in AGB handelt, welche auch dann Gegenstand einer gesonderten Wirksamkeitsprüfung sein können, wenn sie in einem äußeren sprachlichen Zusammenhang mit anderen, unwirksamen Regelungen stehen.[12] Soweit dies zu bejahen ist, erfolgt eine gesonderte Wirksamkeitskontrolle mit der Maßgabe, daß keineswegs die gesamte Klausel der Unwirksamkeitssanktion gemäß § 6 Abs. 2 AGBG verfällt, sondern nur derjenige Teil, der unmittelbar als unwirksam im Sinn von § 9 AGBG zu qualifizieren ist.[13] Diese Rechtsregel gilt freilich dann nicht, wenn der als unwirksam anzusehende Rest der AGB-Klausel im Gesamtgefüge des Vertrages nicht mehr sinnvoll ist, insbesondere, wenn der als unwirksam beanstandete Klauselteil von so entscheidender Bedeutung ist, daß von einer gänzlich neuen, von der bisherigen völlig abweichenden Vertragsgestaltung gesprochen werden muß.[14] Unter dieser Vorausset-

---

9. OLG Celle WM 1994, 893; LG Köln, NJW-RR 1987, 885, 886; Palandt/Heinrichs, AGBG, § 6 Rdnr. 7; Erman/Hefermehl, AGBG, § 6 Rdnr. 14; Ulmer/Brandner/Hensen, AGBG, § 6 Rdnr. 55; a. M. Wolf/Horn/Lindacher, AGBG, § 6 Rdnr. 41 ff.; Michalski/Römermann, NJW 1994, 886
10. Palandt/Heinrichs, AGBG, § 6 Rdnr. 5
11. BGH NJW 1985, 621, 622; BGH NJW 1985, 2585, 2587; Ulmer/Brandner/Hensen, AGBG, § 6 Rdnrn. 46 ff.
12. BGH NJW 1982, 178, 181; BGH NJW 1982, 2311, 2312 f.; BGH NJW 1985, 320, 325; BGH WM 1987, 1338, 1349; BGH NJW 1988, 2106, 2107; BGH ZIP 1989, 783, 784
13. BGH ZIP 1989, 783, 784
14. BGH ZIP 1989, 783, 785

zung ergreift dann die Unwirksamkeit gemäß § 9 AGBG die Gesamtklausel.[15] Die Abgrenzung zwischen Teil- und Unwirksamkeit und Gesamt-Unwirksamkeit einer einheitlichen AGB-Klausel ist nicht immer ganz leicht zu finden.

4. Ersatz-AGB

Unwirksam sind auch Ersatz-AGB, die bei Unwirksamkeit der Erstregelung hilfsweise gelten sollen.[16] In der kaufmännischen AGB-Praxis sind derartige Klauseln selten. Sie sind allerdings schon unter dem Gesichtswinkel von § 2 AGBG problematisch; ihre Unangemessenheit kann auch als Umgehungstatbestand gemäß § 7 AGBG qualifiziert werden.[17] Daraus folgt unmittelbar: § 6 Abs. 2 AGBG kann lediglich durch Individualvereinbarungen wirksam abbedungen werden.

5. Erfüllungsortklauseln

Diese scheitern, wie aufgezeigt (S. 79, 82), am Vorrangprinzip von § 4 AGBG. Soweit dies der Fall ist, greift auch § 9 AGBG ein. Deshalb ist hier vorsichtig textiert.

6. Nicht-kaufmännischer Verkehr

Wegen der zwingenden Bestimmung von § 38 Nr. 1 ZPO sind Gerichtsstandsvereinbarungen im nicht-kaufmännischen Bereich entbehrlich. Soweit die Ausnahmeregelung von § 38 Abs. 2 ZPO etwas anderes bestimmt, mag man dies, wenn hierzu überhaupt praktischer Anlaß besteht, übernehmen. Erfüllungsortklauseln werden stets an § 4 AGBG gemessen. Daher sollte im nicht-kaufmännischen Verkehr, wenn überhaupt, dann Abs. (2) übernommen werden.

---

15. BGH NJW 1984, 2816, 2817; BGH ZIP 1989, 783, 785
16. OLG München, NJW-RR 1988, 796; Palandt/Heinrichs, AGBG, § 6 Rdnr. 7; offengelassen in BGH NJW 1990, 718
17. im einzelnen Fall, ZIP 1987, 690 ff.

Sachregister

(Die Zahlen verweisen auf die Seiten)

Abladeklauseln 73
Ablehnungsandrohung 68 f.
Abwehrklauseln 22 ff., 38, 132
– Eigentumsvorbehalt 132
Akkreditivklausel 51
Angebot 39 ff.
– Angebotsbindung 40 ff.
– Annahme 40 f.
– Auftragsbestätigung 40
– Erlöschen des Antrages 40
– freibleibendes 40
– im nicht-kaufmännischen Verkehr 44
– unverbindliches 40
Angebotsklauseln 43 f.
– Dissens zwischen Bestellung und Auftragsbestätigung 43
Angebotsunterlagen 44
– Geheimhaltung 44
– technische Dokumentationen 44
– urheberrechtlicher Schutz 44
Annahme 40 ff.
– Annahmefrist 40
– Dissens 41
– kollidierende AGB 41
– konkludente 41
– laufende Geschäftsbeziehungen 41
– modifizierte Auftragsbestätigung 42
Annahmeverzug 59, 61 ff., 66 ff.
– Darlegungs- und Beweislast 68
– Ersatz der Mehraufwendungen 65
– Gemeinkosten 68
– bei Holschuld 62
– beim Kaufvertrag 62
– Lagerkosten 67
– objektbezogene Kosten 68
– Schadensersatz 67
– Schadenspauschale 77 f.
– und Schuldnerverzug 66 f.
– tatsächliches Angebot 62
– Verschulden 63
– Versicherungskosten 67
– beim Werkvertrag 62
– wörtliches Angebot 62
Aufrechnungsrechte 51 ff.
– Akkreditivklausel 51
– Aufrechnungsverbotsklauseln 51 f.
– Barzahlungsvereinbarung 54
– gesetzlicher Ausschluß der Aufrechnung 51 f.
– Kasse gegen Dokumente 51
– Kasse gegen Faktura 52
– Kasse-Klausel 52
– Konzernverrechnungsklauseln 53
– Netto-Kasse 52
– stillschweigender Ausschluß 51
– unerlaubte Handlung 52
– Verzicht auf das Erfordernis der Fälligkeit 54
– vorsätzliche Vertragsverletzung 52
Aufrechnungsverbotsklauseln 51 f.
Aushandeln von AGB 11 ff.
– Abänderungsbereitschaft 11, 13
– Bedeutung der Unterzeichnung 12
– Darlegungs- und Beweislast 13
– Gestaltungsfreiheit 12
Ausschließlichkeitsklauseln 22 ff., 41

Beschaffenheitsvereinbarungen 120 f.
Bestätigungsklauseln 32 f., 38 f.

CIF 73

DIN-Normen 121

Eigenschaftszusicherung 97 ff., 104 ff., 120
– Beschaffenheitsvereinbarung 97
– DIN-Normen 98
– Gebrauchsanweisungen 99
– konkludente 99
– Mangelfolgeschäden 102 f.
– Mangelschaden 102 f.
– Minderung 97
– Nachlieferung 97
– positive Vertragsverletzung 97
– Schadensersatz wegen Nichterfüllung 97, 107 f.
– Wandelung 97
– Werbeerklärungen 99
Eigentumsvorbehalt 131 ff.
– Abwehrklausel 132
– bei Auftrags- oder Lohnfertigung 133
– bei Be- oder Verarbeitung 132

Sachregister

- einfacher 29, 132
- Geheimhaltungspflicht des Lieferanten 134
- kollidierende AGB 132
- verlängerter 132
- Warenkreditsicherheit 132
- an Werkzeugen des Bestellers 133
Eigentumsvorbehaltsklauseln 28 f.
Einbeziehung im kaufmännischen Verkehr 13 ff.
- Abdruck von AGB auf Rechnungen 15 f.
- Abdruck von AGB auf Warenbegleitpapieren 15 f.
- Abdruck von AGB in Prospekten 15
- ausdrücklicher Hinweis 14
- Verwendung branchenüblicher AGB-Klauseln 16
- Drucktechnische Gestaltung der AGB 17
- Einbeziehungswillen 15
- Erkundigungspflicht des Lieferanten 17
- Ersatzteilbestellung 16
- Geltung für künftige Verträge 15
- Kongruenz zwischen Individualvertrag und AGB 14 f.
- konkludenter Hinweis 14
- künftige Geschäftsbeziehungen 16
- laufende Geschäftsbeziehungen 15
- modifizierte Auftragsbestätigung 18 f.
- Möglichkeit zumutbarer Kenntnisnahme 17
- Nachbestellung 16
- Schweigen 18
Einbeziehungen im nicht-kaufmännischen Verkehr 36 ff.
- Abdruck der AGB auf einem Lieferschein 37
- Abdruck der AGB auf einer Rechnung 37
- ausdrücklicher Hinweis 36
- Bestätigungsklauseln 38
- Darlegungs- und Beweislast 38
- Drucktechnische Gestaltung der AGB 37
- Einverständnis des Lieferanten 38
- fernmündlicher Vertragsabschluß 37
- modifizierte Auftragsbestätigung 36
- Möglichkeit zumutbarer Kenntnisnahme 36 ff.
- mündlicher Vertragsabschluß 37
- Vertragsabschlußklauseln 38
Einbeziehungsklauseln 22
einseitige Änderungsbefugnisse 45
- Kündigungsklauseln 45

- der Lieferzeit 74
Erfüllungsgehilfe 64 ff.
- Großhändler 65
- Hilfspersonen des Erfüllungsgehilfen 65
- Kaufvertrag 65
- Substitut 65
- Subunternehmer 65
- Verschulden 64
- Versendungskauf 65
- Werklieferungsvertrag 65
- Werkvertrag 65
Erfüllungsort 79 ff., 138
- ausdrückliche Vereinbarung 80 ff.
- bei Bringschuld 82
- Handelsklauseln 80
- bei Holschuld 82
- konkludente Vereinbarung 80
- Kostentragungsklauseln 80
- Lieferung „frei Haus" 81
- Transportkosten 81
- Transportversicherung 81
- Verpackungskosten 81
- Wiederbeschaffungsklauseln 81
Erfüllungsortklauseln 138
Ersatz-AGB 138
Ersatzlieferungsanspruch 110, 118

Fehler 96
- objektiver Fehlerbegriff 96
- subjektiver Fehlerbegriff 96
FOB 73
Freistellungs- oder Erstattungsanspruch 119
Freistellungsanspruch 129
- Aufwendungen 129
- bei Rechtsmängelhaftung 129

Garantie 114 ff.
- Eigenschaftszusicherung 115
- Garantievertrag 115
- Haltbarkeitsgarantie 116 ff.
- beim Kaufvertrag 114
- selbständige 115
- unselbständige 115
- und Verjährung 116
- beim Werkvertrag 115
- und Zusicherung 114
Gattungskauf 54
Gattungsschuld 109
Gefahrenübergang 82
- Gegenleistungsgefahr 82
- Untergang der Kaufsache 83
- Verschlechterung der Kaufsache 83
Geltungsbereich der AGB 35 ff.
Geltungsklauseln 25 f., 38
Gerichtsstandsklauseln 135

Sachregister

- Erfüllungsort 135
  - bei Holschuld 136
  - internationale Zuständigkeit 135
  - im nicht-kaufmännischen Verkehr 136
  - örtliche Zuständigkeit 135
  - sachliche Zuständigkeit 135
  - überraschende Klauseln 136
  - Geltung unter Vollkaufleuten 136
- Gewährleistungsansprüche 110
  - Verjährung 110, 116
  - Gewährleistungsfrist 110
  - Verlängerung 112
  - bei versteckten Mängeln 110

- Haftungsbegrenzungsklauseln 26 f.
- Haftungsfreizeichnungsklausel 26 f., 52 f.
- Haltbarkeitsgarantie 116
  - Darlegungs- und Beweislast 118
  - Garantievertrag 116
  - Verhältnis zwischen Garantie- und Verjährungsfrist 117
  - Verjährung 116
- Handelsklauseln 80
  - ab Werk 80
  - fob 80
  - fob Flughafen 80
  - frachtfrei 80
  - frei Bestimmungsort 81
  - frei Haus 81
- Hinweisklausel 8, 14
- Höhere-Gewalt-Klausel 71

- Individualvereinbarung 10

- Kasse gegen Dokumente 51
- Kasse gegen Faktura 52
- Kasse-Klausel 52
- kaufmännisches Bestätigungsschreiben 19 ff., 29
  - ausdrückliche Einbeziehung 21
  - deklaratorisches 19
  - und Einbeziehung von AGB 19 ff.
  - Grundsatz von Treu und Glauben 20
  - guter Glaube des Absenders 20
  - konkludente Einbeziehung 21
  - nachträgliche Einbeziehung der AGB 20
  - Schweigen 20, 21
  - vertragskonstitutives 20
  - Vorrangprinzip des Individualvertrages 21 f.
  - Widerspruch zwischen AGB und dispositivem Recht 21
  - Widerspruch zwischen AGB und Individualvertrag 21

- kaufmännisches Fixgeschäft 73 f.
  - Abladeklauseln 73
  - FOB, CIF 73
  - Incoterms 1980 73
  - Vorrangprinzip des Individualvertrages 73
- Kaufpreis 46 ff.
  - bargeldlose Zahlung 47
  - Beweislast für rechtzeitige Zahlung 48
  - Bezahlung mit Zahlungsmitteln eigener Wahl 50
  - Mehrwertsteuer 47
  - Scheck 50 f.
  - Skonto 48 f.
  - Umsatzsteuer 46
  - Wechsel 49 ff.
- kollidierende Einkaufs- und Verkaufs-AGB 22 ff., 48 f.
  - Annahme des Angebots 41
  - Eigentumsvorbehaltsklauseln 26 f., 134
  - Einbeziehungsklauseln 22 ff.
  - Geltung des dispositiven Rechts 25
  - gesonderter Widerspruch gegen die AGB 27
  - Haftungsbegrenzungs- und Haftungsfreizeichnungsklauseln 26 f.
  - Kongruenzprinzip 24
  - Konsens-Dissens-Prinzip 24 ff.
  - modifizierte Auftragsbestätigung 23
  - Schweigen 23, 26
  - Skonto 48 f.
  - Theorie des letzten Wortes 23
- Konzernverrechnungsklauseln 53
- Kündigungsklauseln 45

- Lieferverzug 59 ff., 66, 71 f., 75 ff., 77 f., 110
  - Erfüllungsanspruch 66
  - bei höherer Gewalt 71
  - Interessenfortfall 67
  - kalendermäßige Bestimmung der Lieferzeit 71 f.
  - beim Kaufvertrag 60
- Lieferverzug, Mahnung 61
  - Nachlieferungsverlangen 110
  - Rücktritt vom Vertrag 73
  - Schadensersatz wegen Nichterfüllung 66, 73
  - Schadenspauschale 75 ff.
  - wegen Streiks 71
  - Verzögerungsschaden 72
  - Verzugsschaden 66
  - Vertragsstrafe 77 f.
  - beim Werkvertrag 60

Lieferzeit 56 f.
- Annahmeverzug 58
- ausdrückliche Vereinbarung 56
- Dissens 57
- einseitige Abänderungsbefugnisse 74
- Erfüllungsort 57
- konkludente Vereinbarung 56
- modifizierte Auftragsbestätigung 57
- Schuldnerverzug 68
- sofortige Leistung 57
- unverzügliche Leistung 57
Lieferzeitklauseln 71

Mängelanzeige 91 ff.
- Form 94
- Nachschieben von Beanstandungen 93
- Substantiierungspflicht 92 f.
- bei Teil- oder Sukzessivlieferungen 92
- Zugang 94
Mangelbeseitigung 99 f.
- Ersatzlieferung 100 f.
- Fehlschlagen der Mangelbeseitigung 100 f.
- Mangelbeseitigungsaufwendungen 99
- Nachbesserung 99
- Vertragslösungsrecht 101
- Wandelung und Minderung 99 f.
Mangelbeseitigungsanspruch 119 f.
- bei Gefahr in Verzug 119
- Selbsthilfeklausel 119
Mangelbeseitigungspflicht 118 f.
Mangelfolgeschäden 120 f.
Mängelrüge 27, 84, 90 ff., 111
- Ersatzlieferungsanspruch 90 f.
- Rügefrist 94 f.
- Rügeobliegenheit 89 f.
- Serienschaden 89
- Sukzessivlieferung 90
- Teillieferung 90
- Unverzüglichkeit 93 f.
- versteckter Mangel 90
- Verzicht auf Mängelrüge 112
- Wareneingangskontrolle 27
Mangelschaden 105, 121 f.
- entgangener Gewinn 102, 121
- Gutachterkosten 102
- Minderwert 121
- Nutzungsausfall 102
- Reparaturkosten 102, 121
Mängeluntersuchung 84 ff.
- durch Augenschein 88
- chemische Untersuchung 88
- durch Inbetriebnahme der Sache 87
- Nachuntersuchung 91 f.

- offener Mangel 85
- Produktbeobachtungspflicht 91
- Qualitätssicherungsvereinbarung 113
- durch einen Sachverständigen 87 f.
- Stichproben 85
- Tunlichkeit 88
- Untersuchungspflicht nach dem Handelsbrauch 86 f.
- durch Verbrauch der Sache 88
- versteckter Mangel 85
- Zumutbarkeit 89 f.
Minderung 107 ff., 118 ff.
- Berechnung 109
- Vollzug 109
modifizierte Auftragsbestätigung 18 f., 23, 36, 41, 42, 57

Nachfristsetzung 68 ff.
- und Ablehnungsandrohung 68
- angemessene 69
- Deckungskauf 70 f.
- entbehrliche 69 f.
- Interessenfortfall 70 f.
- Lieferzeitklauseln 71
- Rücktritt vom Vertrag 70
- Schadensersatz wegen Nichterfüllung 70
Nachlieferungsanspruch 109 f., 120 f.
Netto-Kasse 52

positive Vertragsverletzung 101 ff., 121
- Mangelbeseitigungsaufwendungen 103
- Mangelfolgeschäden 102 ff.
- Mangelschaden 102 f.
- Verjährungsfrist 110
- Verletzung von Nebenpflichten 104
Preisanpassungsklauseln 51
Produktbeobachtungspflicht 91, 125 f.
- Rückruf- oder Warnaktion 125
Produkthaftpflicht 125
Produkthaftungsgesetz 126 f.
Produzentenhaftung 125 f.
- Delegation von Pflichten 126 f.
- Freistellungsverpflichtung 126
- Anwendung des Produkthaftungsgesetzes 127 f.
- Qualitätssicherungsvereinbarungen 126

Qualitätssicherungsvereinbarungen 86, 113 f., 124 ff.
- „Just-in-Time-Delivery"-System 113
- Mängeluntersuchung 86
- Produkthaftungsrisiko 113
- Versicherungsschutz 114

Sachregister

- Warenausgangskontrolle 114
- Wareneingangskontrolle 114

Rechtsmängelhaftung 128 ff.
- Darlegungs- und Beweislast 129
- dingliche Rechte 128
- Einrede des nichterfüllten Vertrages 129
- Freistellungsanspruch 130
- Kenntnis vom Rechtsmangel 129 f.
- mitwirkendes Verschulden 129
- obligatorische Rechte 129
- Rücktritt vom Vertrag 129
- Schadensersatzanspruch wegen Nichterfüllung 129
- Territorialitätsprinzip 130 f.
- Verzicht auf Gewährleistungsansprüche 129
- Zurückbehaltungsrechte 128
Regreß 127
Rückruf- oder Warnaktion 125

salvatorische Klauseln 136 f.
- und dispositives Recht 137 f.
- und ergänzende Vertragsauslegung 137 f.
Schadenspauschale 75 ff.
- Abschneiden des Gegenbeweises 76 f.
- Beweislastverteilung 76 f.
- branchentypischer Durchschnittsschaden 76 f.
- bei Lieferverzug 76 ff.
- und Vertragsstrafe 76 ff.
Scheck 49 f.
Scheck-Wechsel-Verfahren 50
Schriftformklauseln 28 ff.
- ausdrückliche Aufhebung der Schriftform 29
- Bestätigungsklauseln 32 f.
- Beweisvermutung der Urkunde 30
- Briefwechsel 28
- Duldungs- und Anscheinsvollmacht 33 ff.
- eigenhändige Unterschrift 28 f.
- einfache Schriftformklauseln 31
- Geltung im nicht-kaufmännischen Bereich 34
- gewillkürte Schriftform 29
- kaufmännisches Bestätigungsschreiben 29
- konkludente Aufhebung der Schriftform 29 f.
- Nebenabreden 29
- telegrafische Übermittlung 28
- Vertragsänderungen 29
- Vollständigkeitsklauseln 30 f., 34
Selbsthilfeklausel 119

Skonto 48 f.
- Barzahlungsvereinbarung 48
- kollidierende AGB 48 f.
- Schweigen 48
- Skontofrist 48
- Skontohöhe 48
Spezieskauf 54

Transportkosten 81
Transportversicherung 81 f.
Trennbarkeit von AGB-Klauseln 137
- bei Gesamtunwirksamkeit 137
- bei Teilunwirksamkeit 137

Unmöglichkeit 58 ff., 66 f.
- anfängliche 58 f.
- dauernde 58
- nachträgliche 58 f.
- nicht zu vertretende 58 f.
- positives Interesse 66
- Rücktritt vom Vertrag 66
- Schadensersatz wegen Nichterfüllung 66 f.
- vorübergehende 58
Untersuchungs- und Rügepflicht 111 f.
- bei versteckten Mängeln 112
- Verzicht auf Mängelrüge 111
Unvermögen 59 f.
- anfängliches 59
- nachträgliches 59

Verjährungsfrist 110 f., 117, 122
- Garantie 114
- und Garantiefrist 117
- und Gewährleistungsfrist 110 f.
- Hemmungs- oder Unterbrechungstatbestände 122
Verjährungsfrist, Mangelbeseitigung 111
- Mangelfolgeschäden 110
- Nachlieferungsanspruch 110 f.
- positive Vertragsverletzung 110
- Verletzung einer Nebenpflicht 111
- Wandelung und Minderung 109 f.
- zugesicherte Eigenschaften 110
Verkehrssicherungspflicht 124 ff.
Verpackungskosten 81
Verrichtungsgehilfe 124
Verschulden 63 ff., 121
- Erfüllungsgehilfe 64 f.
- Fahrlässigkeit 63 f.
- Vorsatz 63
Versicherungsschutz 124 f.
vertikale Arbeitsteilung 123
Vertragsabschlußklauseln 22 ff., 38 f., 43 f.
- Schweigen 43

Vertragsstrafe 75 ff.
- bei Bauverträgen 77
- Höhe der Vertragsstrafe 77
- und Individualabrede 78
- Kumulierung von Schadensersatz und Vertragsstrafe 78 f.
- bei Lieferverzug 77 f.
- und Schadenspauschale 75 ff.
- Vorbehalt der Annahme 79
Vollständigkeitsklauseln 30 f., 34
Vorformulierung für eine Vielzahl von Verträgen 9

Wandelung 107 ff., 118 ff.
- gezogene Nutzungen 108
- notwendige Verwendungen 108
- Vertragskosten 108
- Vollzug 108 f.
Warenausgangskontrolle 113, 125
Wareneingangskontrolle 113, 125

Wechsel 49 ff.
- Haftungsausschluß 50 f.
- Haftungsfreizeichnungsklausel 50 f.
- Wechsel- und Diskontspesen 50
Wiederbeschaffungsklauseln 81

Zahlungsverzug 54 ff.
- aufschiebende Einrede 54
- dauernde Einrede 54
- Gattungskauf 54
- Mahnung 55
- Mangelbeseitigungsanspruch 55
- Nachbesserungsanspruch 55
- Spezieskauf 54
Zurückbehaltungsrechte 51 ff.
- beiderseitige Fälligkeit der Gegenforderung 52
- Grundsatz der Verhältnismäßigkeit 53
- bei begründeten Mängelrügen 53

In gleicher Ausstattung sind erschienen:

Schachner
Kauf und Verkauf von Gesellschaftsanteilen

Von Dr. Georg Schachner, Rechtsanwalt und Steuerberater

1995.VI, 106 Seiten. Kartoniert DM 35,–
ISBN 3-406-40032-9 (Band 27)

Das Werk behandelt die gesellschaftsrechtlichen und steuerrechtlichen Aspekte des Anteilskaufs und -verkaufs. Die Themen: • Gewährleistung • Haftungsfragen • Besteuerung von Veräußerungsgewinnen • steuerliche Behandlung des Kaufpreises beim Käufer • gewerbesteuerliche und grunderwerbsteuerliche Folgen • Mitbestimmung • Gesamtrechtsnachfolge • kartellrechtliche Probleme.

Lutje/Dünnbier
Kauf und Verkauf eines Gewerbebetriebes

Von Nikolaus Lutje und Steffen Dünnbier, Rechtsanwälte

1996.VIII, 122 Seiten. Kartoniert DM 36,–
ISBN 3-406-40306-9 (Band 28)

Der Kauf und Verkauf von kleinen, mittelständischen Betrieben hat in den letzten Jahren erheblich an Bedeutung gewonnen. Die Autoren legen ein differenziertes Vertragsmuster vor, welches neben den rechtlichen Aspekten auch die steuerlichen und wirtschaftlichen Zielvorgaben berücksichtigt.

Verlag C. H. Beck · 80791 München